Lienker

UNTERRICHTSMATERIALIEN ZUR ARBEITSLEHRE

D1670982

Reihe Information - Dokumentation - Kooperation

Konzeption und Betreuung : Henning Haft,
Werner Dierks, Elke Plänitz, Kurt Riquarts,
Gerda Schulte-Umberg, Ulrike Skaumal,
Hans-Jürgen Waldow

Redaktion dieses Bandes : Kurt Riquarts

Heinrich Lienker

Unterrichtsmaterialien zur Arbeitslehre

Eine annotierte Bibliographie — Stand 1980

IPN—Institut für die Pädagogik der Naturwissenschaften Kiel
Aulis Verlag Deubner & Co KG Köln

Institut für die Pädagogik der Naturwissenschaften
an der Universität Kiel

IPN

Karl Frey, Geschäftsführender Direktor
Uwe Hameyer, Vorsitzender des Wissenschaftsausschusses
Thorsten Kapune, Leiter der Zentralabteilung
Gerhard Schaefer, Direktor am Institut
Johann Weninger, Direktor am Institut
Walter Westphal, Direktor am Institut

Alleinauslieferung Aulis Verlag Deubner & Co KG, Köln

Bestell-Nr. 5421 ISBN 3-7614-0575-8

1980—Alle Rechte beim Institut für die Pädagogik der Naturwissenschaften
    Olshausenstraße 40-60, D- 2300 Kiel 1

Druck und Einband Schmidt & Klaunig, Kiel

ZUSAMMENFASSUNG

Der Band dokumentiert und analysiert Curriculumelemente, Unterrichtseinheiten und Projekte zu den Themenbereichen *"Arbeit und Technik"*, *"Qualifikation und Beruf"*, *"Reproduktion und Freizeit"*, *"Betriebspraktikum"* und *"Betriebserkundung"*. Erfaßt werden 284 Dokumente aus dem Bereich der Sekundarstufe I und II sowie der außerschulischen Jugend- und Erwachsenenbildung. Zusammenstellungen zeigen Entwicklungstrends, informieren über erprobte Themen und geben Hinweise zur Aktualisierung sowie Erweiterung eigener Versuche im Arbeitslehreunterricht.

Neben der bibliographischen Erfassung eines jeden Dokuments ergänzen Hinweise über Einsatzmöglichkeiten (Schulart, Jahrgangsstufe, Schulfach, Dauer) und bisher bekannt gewordene Erprobungsversuche das Angebot. Ferner sind thematische und inhaltliche Schwerpunktsetzungen erfaßt und Fehlstellen im Bestand curricularer Planungsmaterialien benannt.

Eine gesonderte Erhebung von fünfzig im Querschnitt nach Themenbereichen und Problemfeldern ausgewählten Unterrichtseinheiten verweist auf neuere didaktisch-methodische Entwicklungsmomente.

SUMMARY

The book documents and analyzes curriculum elements, instruction units and projects dealing with the topic areas *"work and technology"*, *"qualification and profession"*, *"reproduction and recreation"*, *"business practicum"* and *"familiarization with firms"*. Included are 284 documents from secondary levels I and II as well as out-of-school youth and adult education. Surveys show trends in development, provide information about tested topics and make suggestions for updating and expanding one's own experiments in teaching work theory.

The bibliography of each individual document is supplemented by suggestions for application (type of school, age level, school subject, duration) and by trial experiments. Thematic and contentual focal points are also included and gaps in the curricular planning material are pointed out.

A special survey of 50 instruction units, selected at random, according to topic areas and problem orientation, provides references to more recent didactic-methodological development factors.

6

ABKÜRZUNGEN

AWT	=	Arbeit - Wirtschaft - Technik (Bezeichnung entsprechend den in den Ländern der Bundesrepublik Deutschland geltenden Bestimmungen)
DGB	=	Deutscher Gewerkschaftsbund
DIFF	=	Deutsches Institut für Fernstudien an der Universität Tübingen
DIPF	=	Deutsches Institut für Internationale Pädagogische Forschung (Frankfurt)
GEW	=	Gewerkschaft Erziehung und Wissenschaft
GS	=	Gesamtschule
HIBS	=	Hessisches Institut für Bildungsplanung und Schulentwicklung
IGS	=	Integrierte Gesamtschule
IPN	=	Institut für die Pädagogik der Naturwissenschaften an der Universität Kiel
KGS	=	Kooperative Gesamtschule
PINC	=	Projektgruppe Integriertes Naturwissenschaftliches Curriculum (Berlin)
PZ	=	Pädagogisches Zentrum (Berlin)
RPZ	=	Regionales Pädagogisches Zentrum
Sek. I	=	Sekundarstufe I
Sek. II	=	Sekundarstufe II
UE	=	Unterrichtseinheit
Ustd	=	Unterrichtsstunde

INHALTSVERZEICHNIS

AUFGABENSTELLUNG UND ANLAGE DER UNTERSUCHUNG

1. Zielsetzung und Fragestellung

Der vorliegende Arbeitsbericht gibt einen Überblick über Curriculumelemente für den Arbeitslehre- bzw. Polytechnikunterricht. Es werden nahezu 300 Unterrichtseinheiten zu den Themenbereichen "Arbeit und Technik", "Qualifikation und Beruf", "Reproduktion und Freizeit", "Betriebspraktikum" und "Betriebserkundung" erfaßt, referiert und ausgewertet. Die Dokumentation will Lehrern, Erziehungswissenschaftlern sowie Lehramtanwärtern und -studenten, aber auch den interessierten Jugend- und Erwachsenenbildnern Basisinformationen und Orientierungshilfen zur Verfügung stellen. Sie sollen die Planung, Konstruktion, Realisierung und Evaluation von adressatenzentrierten und problembezogenen Lehr- und Lernprozessen abkürzen und gegebenenfalls um alternative didaktisch - methodische Varianten bereichern helfen. Darüber hinaus möchte die vorliegende Untersuchung Anregungen und Impulse zur schrittweisen Veränderung und Innovation schulischer Praxis geben.

Der Arbeitsbericht dokumentiert und systematisiert zunächst die Unterrichtseinheiten, die auf den Bücher- und Lehrmittelmarkt oder als Zeitschriftenaufsätze verfügbar sind. Ferner ist intendiert, die sogenannte graue Literatur, die bislang nur höchst unsystematisch und mehr sporadisch erfaßt ist, soweit als möglich für die Unterrichts- und Forschungspraxis zu erschließen. Weitergehende Fragestellungen sind: Können auf der Grundlage der erfaßten Materialien thematische und inhaltliche Schwerpunktsetzungen festgemacht werden? Für welche Problemfelder, Themenbereiche und Themen lassen sich quantitative und qualitative curriculare Desiderate diagnostizieren? Wie verteilen sich die erhobenen Unterrichtseinheiten nach Schulformen? Welche Jahrgangsstufen gelten als bevorzugte Adressaten? Welche Lernbereiche oder Kombinationen von Schulfächern im Umfeld des Arbeitslehrunterrichts stehen im Vordergrund? Weitergehend sind innovatorische Trends von Interesse, von denen zukünftig didaktisch - methodische Impulse und Anregungen für die Konkretisierung und Weiterentwicklung von schulischen Curricula ausgehen könnten.

2. Zur Durchführung der Untersuchung

Die Dokumentation erfaßt Unterrichtsbeispiele und -projekte zur allgemeinen Arbeitslehre aus dem Zeitraum von 1970 bis einschließlich Juli
1980. Berücksichtigt werden sowohl Curricula, die in der schulischen
Praxis entwickelt und erprobt wurden als auch Modellversuche von pädagogischen Institutionen und erziehungswissenschaftlichen Hochschul-
einrichtungen, ferner bis zu Unterrichtsmodellen vorangetriebene Handreichungen von Lehrplan- und Richtlinienkommissionen und wissenschaftliche Arbeiten, in denen didaktische Ansätze und Positionsbestimmungen anhand unterrichtspraktischer Beispiele konkretisiert und exemplifiziert werden. In die Dokumentation integriert wurden ebenfalls Unterrichtshilfen aus der außerschulischen Jugend- und Erwachsenenbildung, insoweit Anregungen und Orientierungshilfen für den Fach- und
Projektunterricht in der Sekundarstufe I und im Sekundarbereich II zu
erwarten sind. Bei der Bestimmung des Gegenstandsbereiches der Untersuchung wurde dagegen in den Fällen restriktiv verfahren, in denen ein
unmittelbarer Bezug zu Themenbereichen der Arbeitslehre nicht zu erkennen war. Nicht einbezogen wurden Unterrichtseinheiten zur Wirt-
schafts- und Haushaltslehre, zum Technikunterricht und zum Textilen
Gestalten, die weder explizit als Bestandteile der Arbeitslehre definiert werden noch als Integrationsvorhaben konzipiert sind. Ausgeklammert werden ebenfalls solche Unterrichtsentwürfe, die zwar unterrichtliche Zielvorgaben benennen, aber auf methodische Ausarbeitungen verzichten.

Die Erstellung des Arbeitsberichts setzte eine umfangreiche Such-, Sam-
mel- und Sortierarbeit voraus. Zur bibliographischen Erfassung der curricularen Materialien wurden ausgewertet:

(1) Die Kataloge der Universität, der Pädagogischen Hochschule, der
Fachhochschule, der Stadtbibliothek, der Laborschule und des Oberstu-
fenkollegs in Bielefeld, ferner der Bestand der Bibliothek des Kieler
Instituts für die Pädagogik der Naturwissenschaften.

(2) Die Dokumentation der Zeitschrift "schule - arbeitswelt", der Pädagogischen Zentralstelle Marburg, des Landesinstituts für Curriculumentwicklung und Weiterbildung in Nordrhein-Westfalen, des Max-Planck-Instituts für Bildungsforschung und des Instituts für die Pädagogik der Naturwissenschaften [1].

(3) Zurückgegriffen wurde weiterhin auf Verweise in der Fachliteratur, auf Verlagsprogramme sowie auf Privatbestände von Fachkollegen.

(4) In die Untersuchung einbezogen wurden ferner folgende Zeitschriften:

- arbeiten + lernen
- Die Arbeitslehre
- betrifft: erziehung
- Betrifft uns
- Demokratische Erziehung
- Deutsche Jugend
- didaktik - arbeit, technik, wirtschaft
- Dortmunder Hefte für Arbeitslehre und Sachunterricht
- Gegenwartskunde
- Lebendige Schule
- Pädagogische Welt
- Politische Didaktik
- schule - arbeitswelt
- Westermanns pädagogische Beiträge
- Zeitschrift für Pädagogik
- Zeitschrift für Technik im Unterricht
- Zeitschrift für Technik und Wirtschaft im Unterricht

3. Aufbau der Dokumentation

Die inhaltliche Anordnung der erfaßten und dokumentierten Curriculumelemente folgt vornehmlich einer von Horst ZIEFUSS entworfenen begrifflich -analytischen Systematik zu Themenbereichen und Problemfeldern des Arbeitslehreunterrichts. Darüber hinaus werden Betriebspraktika und Betriebserkundungen, die als integrale Bestandteile des Arbeitslehreunterrichts angesehen werden können, gesondert ausgewiesen. Ein Titelverzeichnis, das der Dokumentation vorangestellt ist, soll das Auffinden von speziellen Unterrichtseinheiten erleichtern.

---

[1] Pädagogische Zentralstelle Marburg: Unterrichtsmaterialien für die Sekundarstufe, Marburg: o. J..
Landesinstitut für Curriculumentwicklung und Weiterbildung: Materialien zum Unterricht in der Sekundarstufe I. Schwerpunkt: Arbeitslehre. Düsseldorf: 1979.
MÜLLER - BRETTEL, M.: Die Diskussion der Arbeitslehre 1964 - 1979. Berlin: Max-Planck-Institut für Bildungsforschung, 1979.
MIKELSKIS, H.: Materialien zum Thema Kernkraftwerke, Köln: Aulis, 1979.

Um innerhalb der zugrundegelegten Systematik eine erste und häufig noch
skizzenhafte Zusammenschau von Hinweisen und Markierungspunkten zu gewinnen, aus denen sich didaktisch-methodische Entwicklungslinien in einer ersten Annäherung ablesen lassen, werden zu jedem Gliederungsaspekt
in exemplarischer Perspektive jeweils zwei Unterrichtseinheiten hervorgehoben, referiert und kommentiert, die nach Auffassung des Autors am
ehesten geeignet erscheinen, in ihrer Summe weitergehende Trendanalysen
und -aussagen zu ermöglichen.

Hinsichtlich der Dokumentation der Unterrichtseinheiten wurden zwei unterschiedliche Verfahren gewählt:

(1) Die bibliographische Erfassung der hervorgehobenen sogenannten *Orie-
tierungseinheiten* erfolgt auf der Grundlage des folgenden Schemas:

- Autor
- Titel
- Verlag, Erscheinungsort und -jahr, Seitenzahl
  oder falls nicht vorhanden:
  Herausgeber oder Bezugsmöglichkeit mit Adresse
- Einsatzmöglichkeit: Schulart, Jahrgangsstufe, Schulfach oder Lernbe-
  reich, vorgesehene Unterrichtsdauer
- Erprobungshinweise
- Literaturhinweise

Zu den letzten drei Punkten werden nur in den Fällen Angaben gemacht,
in denen die Unterrichtseinheiten entsprechende Hinweise explizit enthalten.

Die ausgewählten Orientierungseinheiten werden ferner anhand eines Ra-
sters unter inhaltlichen Gesichtspunkten referiert, dokumentiert und
kommentiert:

- Inhaltliche Schwerpunkte und Aufbau
- Zielsetzungen
- Methoden
- Kritische Anmerkungen

(2) Die Dokumentation der übrigen Curriculumelemente folgt, wenngleich
in kompremierter Anordnung, den bibliographischen Darstellungskatego-
rien der Orientierungseinheiten. Aus den nachfolgenden inhaltlichen
Hauptabschnitten ist lediglich der Bereich "Inhaltliche Schwerpunkte
und Aufbau" verblieben, zu dem in Kurzfassung vornehmlich Angaben zur
thematischen Abfolge der erfaßten Unterrichtseinheiten skizziert werden.

UNTERRICHTSMODELLE

ARBEIT und TECHNIK - Produktionstechnik und Arbeitsorganisation

Nr. 1

DILLING, H., REINHARD, J.: Fließfertigung, Arbeitshilfen zur Produktionstechnik. Ravensburg: Otto Maier, 1976, 73 S.

Einsatzmöglichkeit: 8. u. 9. Jg.; Arbeitslehre/Polytechnik; Technisches Werken/Wirtschaft.

Erprobungshinweise: Entwicklung und Erprobung in zahlreichen Haupt- und Realschulen unter Mitarbeit von Lehramtsstudenten.

Literaturhinweise: Besprechung in DE 1/78, S. 166 f.

Inhaltliche Schwerpunkte und Aufbau

Das Projekt ist so konzipiert, daß mit Hilfe von Schülerarbeitsbögen der Prototyp eines LKW/Sattelschleppers als Pritschenwagen, Kastenwagen, Kipper bzw. Tieflader entwickelt und die Fertigung organisiert werden kann. Die Schüler setzen sich in der Einstiegsphase mit den betrieblichen Arbeitsbedingungen und den Auswirkungen der fortschreitenden Technisierung auf die Tätigkeiten des Arbeiters in der Fließfertigung auseinander. Die Frage "Wie wird Fließbandarbeit möglich?" leitet zu der Fragestellung über, ob und wie Fließfertigung im Unterricht modellhaft nachgeahmt werden könne. Die Planung und Durchführung der unterrichtlichen Produktionsarbeiten wird unter technischen und betriebswirtschaftlichen Aspekten vorgenommen: Entwicklung und Bau der Vorschlagsmodelle, Auswahl und Bau des Prototyps, Rationalisierung und räumliche Gliederung der Fertigung, Experimentierphase, Zeit- und Taktzeitermittlung, Erstellung eines Arbeitsplans, Nullserie: Probelauf der Produktion, Fertigung der festgelegten Stückzahl nach der vorgegebenen Taktzeit, Auswertung und Reflexion. In einer abschließenden Phase der UE werden zwei themenzentrierte Betriebserkundungen organisiert.

Die Arbeitshilfen setzen sich aus mehreren Teilen zusammen: In den Informationen für Lehrer werden die erforderlichen technischen, ökonomischen und arbeitspsychologischen Grundlagen der UE sachanalytisch entwickelt. In didaktischer und methodischer Perspektive wird aufgezeigt, wie das Projekt unter variablen institutionellen und räumlichen Bedingungen realisiert werden kann. Druck- bzw. Kopiervorlagen für Schülerarbeitsbögen, Lesetexte und ein Anhang mit Zeichnungen von Modellen und Vorrichtungen sollen dem Lehrer die Unterrichtsvorbereitung erleichtern.

Zielsetzungen

Das Projekt Fließfertigung soll einige Aspekte des Problemfeldes "Arbeitsteilung" in den Blickpunkt rücken. Der Schwerpunkt liegt im technischen, betriebswirtschaftlich-organisatorischen, sozialen und arbeitspsychologischen Bereich. Die gesellschaftlichen Bedingungsfaktoren von Fließarbeit werden weitgehend ausgeklammert. Die Autoren sind der Ansicht, daß diese Zielebene in der Gesellschaftslehre/Sozialkunde thematisiert werden sollte. Das bedeutet jedoch nicht, daß politische Momente völlig eliminiert würden. So impliziert z. B. die unterrichtliche Auseinandersetzung mit der Situation des Arbeiters am Arbeitsplatz und mit Problemen der Humanisierung der Arbeitswelt immer zugleich auch die Berücksichtigung politischer Fragestellungen.

ARBEIT und TECHNIK - Produktionstechnik und Arbeitsorganisation

Methoden

Zur unterrichtlichen Erschließung der Themenstellung wurde die Projekt-
methode gewählt. Im Zentrum der UE steht die Produktion eines Spiel-
fahrzeuges. Der Arbeitsprozeß soll dabei in der Perspektive der höchst-
möglichen Simulation der arbeitsorganisatorischen und betrieblichen
Wirklichkeit organisiert werden. Die Autoren gehen davon aus, daß der
Projektvorschlag in bestimmten Bereichen der Planung, des Fertigungs-
prozesses und der Simulation taktgebundener Arbeit (als Arbeit unter
Zeitdruck) der Realität recht nahe kommt. Auf der anderen Seite sind
die Erfahrungen und Einsichten, die die Schüler in der praktischen Arbeit gewinnen, aufgrund der nur nachgeahmten institutionellen Voraussetzungen prizipiell begrenzt. Das Projekt wird daher durch themenbezogene Betriebserkundungen ergänzt und korrigiert.

Kritische Anmerkungen

An den Arbeitshilfen gefällt die übersichtliche Strukturierung und Aufbereitung. Die Fertigungsverfahren und -arten, weiterhin die Organisationsformen der Fließfertigung und die Auswirkungen der Fließbandarbeit
auf die arbeitenden Menschen werden in komprimierter Form fachwissenschaftlich aufbereitet. Die didaktisch-methodischen Vorschläge geben
einen guten Überblick über den Ablauf des Projekts und die zugeordneten
Schülerarbeitsmaterialien. Die graphisch und drucktechnisch in hoher
Qualität gestalteten Quellenmaterialien, Schülerarbeitsbögen und technischen Zeichnungen eignen sich ohne weiteres zur Vervielfältigung. Insofern handelt es sich hierbei um Handreichungen für den Lehrer, die
insbesondere auch dann, wenn eine fachbezogene wissenschaftliche Ausbildung und eine entsprechende fachdidaktische Praxis nicht eingebracht
werden kann, eine den Lernbedürfnissen der Schüler adäquate Gestaltung
des Unterrichts unterstützen können. Aber gerade im Hinblick auf den
fachfremden Lehrer, der von den Autoren als Adressat besonders hervorgehoben wird, wäre es wünschenswert gewesen, wenn der didaktisch-methodische Abschnitt der Arbeitshilfen weniger skizzenhaft abgefaßt worden
wäre. Die umfangreichen Vorerfahrungen aus der Entwicklungs- und Erprobungsphase des Projekts hätten eine komplexere curriculare Aufbereitung der Themenstellung zudem geradezu angeboten.

Die Autoren setzen sich mit den Auswirkungen der Fließbandarbeit auf
den Menschen abwägend auseinander. Sie verweisen einerseits auf qualifikatorische, körperliche und psychische Beanspruchungen und Belastungen. Andererseits stellen sie fest, daß es ungeachtet dessen eine pro-
zentual nicht näher bestimmbare Gruppe von Arbeitern gebe, die mit ihrer Tätigkeit am Band durchaus zufrieden sei und deshalb monotone Arbeiten gegenüber qualifikatorisch anspruchsvolleren bevorzugten. Diese Beurteilung der Fließbandarbeit basiert auf der Prämisse, daß bei
Massen- und Serienprodukten die Fließfertigung als prinzipiell opti-
male Organisationsform angesehen werden müsse. Der Übergang zu neuen
Methoden der Arbeitsgestaltung, der ausführlich dokumentiert wird, erscheint in dieser Konzeption somit weniger als technisch und ökonomisch bedingt, denn als Resultat gesellschaftlicher Prozesse (soziale Sicherung, Bildungsniveau, Informationsmöglichkeiten). Diese These,
die fachwissenschaftlich keineswegs als abgesichert gelten kann, wird
nicht weiter hinterfragt. Ungeachtet dessen scheint es mir sachlich
und methodisch problematisch zu sein, wenn die Erfahrungen und Einsich-

ARBEIT und TECHNIK - Produktionstechnik und Arbeitsorganisation

ten, die die Schüler im Prozeß der handwerklichen arbeitsteiligen Produktion gewinnen, in der UE assoziativ auf industrielle Produktionsweisen transferiert werden sollen.

Nr. 2

KNOPFF, H. J. u. a.: Kollektives Lernen - Demontage, Amalyse, Curriculumeinheit: "Wer sagt, daß Mädchen dümmer sind?"
Hrsg.: Bielefelder Lehrergruppe. Bezug über: H. J. Knopff, Universität Bielefeld, Laborschule, Universitätsstr. 3 c, 4800 Bielefeld 1.

Einsatzmöglichkeit: Sek. I; Arbeitslehre, Technik, Physik, Deutsch, Gemeinschaftskunde; 15 Std.

Erprobungshinweise: Das Projekt wurde zunächst an der Bielefelder Laborschule evaluiert. Die Revisionsfassung kam in mehreren Hauptschulklassen zum Einsatz.

Literaturhinweise: Schule kann anders sein. Drei Versuche zu handlungsorientiertem Lernen in Hauptschulen und zur Arbeit im Lehrerteam. Reinbek bei Hamburg: Rowohlt. 1979. S. 187 - 258.

Inhaltliche Schwerpunkte und Aufbau

Zunächst beschäftigen sich die Curriculumelemente mit den Problemen Demontage, Destruktion, Schülerverhalten und Fertigkeitserwerb in schülergesteuerter Gruppenarbeit. Mit Hilfe von unterschiedlichen Spielen werden unter Beteiligung möglichst aller Schüler soziale Verhaltensweisen erprobt und Begriffe wie Analogie, Zuordnung, gemeinsames Tun, kooperatives Handeln praktisch erfahrbar. In einer resümierenden Einheit soll das bisher Gelernte geübt und angewendet werden. In einer weiteren Sequenz werden unterschiedliche Rollen von Jungen und Mädchen thematisiert. In den folgenden drei Curriculumeinheiten werden Fahrräder und andere Gegenstände demontiert, die Bauelemente der verschiedenen Geräte zugeordnet und kategorisiert. Die gewonnenen Erkenntnisse werden auf Funktionszusammenhänge von Maschinenelementen im Sinne von Analogieschlüssen übertragen.

Bestandteile des Projektentwurfs sind: Schülerarbeitsbögen; Beschreibung der Curriculumentwicklung; Angaben zu den Instrumenten und Ergebnissen der Evaluation.

Zielsetzungen

Die Lernenden sollen

- Funktionen von Maschinen verstehen können;
- Materialien beurteilen und Werkzeuge wählen können;
- Zusammenhänge zwischen technischen Möglichkeiten und naturwissenschaftlichen Gesetzmäßigkeiten erkennen;
- komplexe Situationen strukturieren und auf wesentliche Sachverhalte konzentrieren können;
- den Transfer vom Gelernten auf das Berufsleben vollziehen können.

ARBEIT und TECHNIK - Produktionstechnik und Arbeitsorganisation

Die Lernenden sollen ihre Fertigkeiten auf den Gebieten Montage, Demontage; Löten, Reparieren; Werkzeuggebrauch; Werkzeichnen und graphi-
sches Darstellen sowie Protokollführung und Medienbenutzung entwickeln
und einüben.

Methoden

Die Demontage wird als Erkenntnismittel verstanden. Sie soll dazu beitragen, das phänomenologische Erkennen von Natur und Technik durch das
Finden von Zusammenhängen, Analogieschlüssen und Transfermöglichkeiten
zu erweitern und zu vertiefen.

Das Projekt verfolgt ein didaktisch-methodisches Grundkonzept, in dem
der Lehrer sein bisheriges Rollenverständnis zurücknimmt, um angstfreie
Lehr- und Lernsituationen zu arrangieren und ein Gruppenbewußtsein entstehen zu lassen, in dem kollektive Bildungs- und Erziehungsprozesse
möglich werden.

Kritische Anmerkungen

Die Unterrichtsreihe gibt eine erfahrungsbezogene und schülerzentrierte
Einführung in den naturwissenschaftlich-technischen Unterricht. Es werden die Funktionszusammenhänge von technischen Produkten und Verfahrensweisen veranschaulicht und verdeutlicht, indem die Schüler lernen zu
konstruieren, zu demontieren, zu strukturieren, nachzuerfinden, zu syn-
thetisieren, zu beschreiben und zu dokumentieren, ohne bereits in der
Anfangsphase mit Theorien und Modellen aus den Bereichen der Naturwis-
senschaft und der Technik konfrontiert zu werden.

Das Curriculum betont die sozialen Aspekte des Lernens. Im Mittelpunkt
steht das Training von selbsttätiger Gruppenarbeit. Darüber hinaus werden gezielt Zugangsformen und Arbeitsverfahren entwickelt und bereitgestellt, die Schülern aus unterschiedlichen sozialen und familialen
Bezügen die Chance eröffnen, ihre jeweiligen Kenntnisse, Fähigkeiten
und Fertigkeiten einzubringen und zu entfalten. Durch die besondere
methodische Gestaltung der Schülerarbeitsbögen wird die Selbsttätig-
keit der Arbeitsgruppen zusätzlich angeregt und unterstützt. Der Lehrer
übernimmt in diesem Konzept über weite Strecken des Unterrichts ausschließlich beobachtende und beratende Funktionen.

Die Realisierung des Unterrichtsmodells setzt eine technische Mindest-
ausstattung des Werkraums voraus. Die für die Demontage/Montage zusätzlich vorgesehenen Geräte und Maschinen dürften sich relativ leicht be-
schaffen lassen.

Nr. 3

GEW, Landesverband Niedersachsen (Hrsg.): Arbeit als Dienstleistung.
                In: ders.: Materialien zur Arbeitslehre in Nieder-
                sachsen, Hannover 1979[3]. S. 185 - 194.

Einsatzmöglichkeit: 18 Unterrichtsstunden.

Lerninhalte:

1. Der Unterschied zwischen Produktion und Dienstleistung.
2. Der Arbeitsplatz des Beschäftigten im Dienstleistungsbereich.

ARBEIT UND TECHNIK - Produktionstechnik und Arbeitsorganisation

3. Die Dienstleistungen sind für die menschliche Gemeinschaft lebens-
notwendig.
4. Preisvergleich von gleichartigen Dienstleistungsangeboten.

Nr. 4

ARNDTS, R., u. a.: Schüler produzieren Textilien und informieren sich
über Arbeitsplätze in der Bekleidungsindustrie.
Materialien für den Unterricht der 8. Jahrgangsstufe an Berliner Gesamtschulen. Berlin: Pädagogisches Zentrum, 1978². 43 S.

Themenstellungen der UE sind:
1. Herstellung und Verkauf von Textilerzeugnissen. 2. Orientierung über
Schwierigkeiten bei der Herstellung in Form von Kurzlehrgängen. 3. Herstellen von Prototypen und Musterstücken. 4. Kalkulation der Preise.
5. Analyse der Finanzierungsmöglichkeiten und Einkauf der Werk- und
Hilfsstoffe. 6. Planung des Arbeitsablaufs. 7. Fertigung (arbeitsteilig oder in Gruppen). 8. Lieferung und Abrechnung. 9. Analyse des Ar-
beitsprozesses unter technischen und sozialen Aspekten. 10. Analyse der
Arbeitsbedingungen in der Bekleidungsindustrie anhand von Texten, Filmen, Referaten und durch eine Betriebserkundung.

Nr. 5

AUFDERHEIDE, H.: Arbeitslehre 2: Kraftfahrzeug und Kraftfahrzeugbetrieb, Technik, Wirtschaft, Beruf. Limburg: Frankonius, 1979. 245 S.

Einsatzmöglichkeit: Sekundarstufe I; Arbeitslehre; 59 Ustd.

Erprobungshinweise: Das Unterrichtsmodell wurde mehrfach erprobt und
überarbeitet.

Das Unterrichtsmodell integriert Teilbereiche der Technik- und Wirtschaftslehre und der Berufskunde. In der technischen Dimension lernen
die Schüler durch Skizzieren, Konstruieren und Demontieren von Kraft-
maschinen, Kraftübertragungsmechanismen und Bremsen transferfähige
Funktionszusammenhänge am Unterrichtsbeispiel Kraftfahrzeug kennen.
Unter wirtschaftlichen Aspekten werden Aufgabenstellungen und Aufbauorganisation eines Handwerkbetriebes in betrieblicher und gesamtwirtschaftlicher Hinsicht erkundet. Der berufskundliche Teilbereich des
Lernfeldes "Kraftfahrzeug und Kraftfahrzeugbetrieb" thematisiert Ursachen und Gründe für Berufswechsel und -mobilität, klärt berufliche
Anforderungen und gibt Hilfen für die Berufswahlentscheidung.

Nr. 6

BARTHEL, M. u. a.: Unterrichtseinheit "Strukturwandel in der Bauindustrie".
In: Heinrich, B., Krankenhagen, G. (Hrsg.): Audi-
visuelle Medien im Arbeitslehrunterricht. Stuttgart: Klett, 1973. S. 81 - 96.

ARBEIT UND TECHNIK - Produktionstechnik und Arbeitsorganisation

Am Problem des Stukturwandels in der Bauindustrie wird exemplarisch
die Interdependenz von technischen, wirtschaftlichen und politischen
Entscheidungen unterrichtlich erschlossen.

Nr. 7

BÖTTGER, EWERT, M. u. a.: Gesellschaftsrelevanter Technikwirkungsbereich
am Beispiel der Kunststoffverarbeitung. Regio-
nales Pädagogisches Zentrum (Hrsg.), Aurich, o. J.

Einsatzmöglichkeit: 6. Jg.; Arbeitslehre

Erprobungshinweise: Gesamtschulen Niedersachsen.

Zur Vorbereitung der Betriebserkundung lernen die Schüler das Material
Kunststoff und mögliche Verwendungszusammenhänge kennen. In der Betriebserkundung führen die Schüler eine Betriebsbesichtigung durch
und bilden Aspektgruppen, die Interviews durchführen. Abschließend wird
exemplarisch der Zusammenhang zwischen technischen Neuerungen und Ar-
beitsplatzveränderungen erarbeitet.

Nr. 8

CASPARS, A. F.: Produkt und Serie. Eine methodisch-didaktische Handreichung zum Bereich Produktionstechnik. Ravens-
burg: Otto Maier Verlag, 1974, 55 S.

Einsatzmöglichkeit: Das Projekt ist für die Sek. I erarbeitet und wird
in der Erweiterung als Arbeitslehreprojekt fächerübergreifend durchgeführt.

Das Werkprojekt "Baukasten", in dem die Schüler einen Baukasten entwickeln und herstellen, wird durch einen "Einblick in die Spielwaren-
industrie" um wirtschaftliche und sozialpolitische Aspekte erweitert.

Nr. 9

DYHR, A.: Unterrichtseinheit: Die Herstellung von Normteilen in Serie.
Rationalisierung eines Produktionsprozesses.
In: Die Arbeitslehre 1976, 1, 17 - 30.

Es werden verschiedene Fertigungsverfahren im Unterricht praktisch nachvollzogen. Folgende Themenstellungen werden in den Unterrichtsprozeß integriert: 1. Das Arbeitssystem. 2. Arbeit und Leistung. 3. Gestaltung des
Arbeitsplatzes und -vorganges. 4. Gestaltung des Arbeitsablaufs zwischen mehreren Arbeitsplätzen. 5. Der Informationsfluß. 6. Arbeitssicherheit und Unfallverhütung. 7. Kostenrechnung.

Nr. 10

GÖRGEN, R., u. a.: Der einfache Arbeitsprozess - Menschliche Arbeitskraft, Werkzeuge, Werkstoffe. Berlin(West): Projektgruppe Integriertes Naturwissenschaftliches
Curriculum (PINC), 1975. 47 S.

Einsatzmöglichkeit: 7. Jg.; Physik; 16 Ustd.

ARBEIT UND TECHNIK - Produktionstechnik und Arbeitsorganisation

Im Unterricht werden nacheinander und in ihren wechselseitigen Beziehungen die Aspekte menschliche Arbeitskraft, Werkzeuge und Vorrichtungen und deren Funktion und Werkstoffe thematisiert.

Nr. 11

HOMME, G.: Rationalisierung eines Arbeitsablaufes. In: Schneidewind, K.
              (Hrsg.): Planung und Beispiel. Ergebnisse eines
              Hamburger Arbeitskreises zum Problem von Theorie
              und Praxis der Arbeitslehre. Materialien zur Ar-
              beitslehre, Band 1. Stuttgart: Klett, 1971.
              S. 54 - 59.
Einsatzmöglichkeit: 8. Klasse; Arbeitslehre.

In der Unterrichtseinheit wird den Schülern die Rationalisierung eines Arbeitsablaufes am Beispiel des Radwechsels an Kraftfahrzeugen verdeutlicht. Es werden Notwendigkeiten, Möglichkeiten und Grenzen der Rationalisierung erarbeitet. Betriebserkundungen in mehreren Betrieben werden als didaktisches Mittel eingesetzt.

Nr. 12

IGS LINDEN: Arbeitsteilung (Bsp. Bau von Marionetten). Regionales Pä-
              dagogisches Zentrum (Hrsg.), Aurich, o. O. u. J.
Erprobungsheinweise: 7. Jgst.; Gesamtschulen

Die Schüler erarbeiten handwerklich-arbeitsteilig eine Mationettenpuppe. Die betriebswirtschaftlichen und gesellschaftlichen Dimensionen der handwerklichen Arbeit werden dabei vermittelt. In einem Exkurs wird der Begriff der Arbeit erschlossen und auf die handwerkliche Tätigkeit der Schüler bezogen.

Nr. 13

JAHN, K. u. a.: Serienfertigung als Problem. In: Jahn, K. u. a. .Ein-
              führung zur Arbeitswelt. Frankfurt: Diesterweg,
              1970 [2]. S. 10 - 49.
Einsatzmöglichkeit: 40 - 60 Ustd.

Für die Ablage von Arbeitsmappen und das Aufstellen einer Handbücherei werden Bücherregale kalkuliert, gezeichnet und in Einzel- und Serienproduktion gefertigt. Angestrebt werden Erkenntnisse über Vorteile, Notwendigkeit und Problematik der Serienfertigung und erste Einblicke in gesellschaftlich-politische Auswirkungen technologisch-ökonomischer Prozesse.

ARBEIT UND TECHNIK - Produktionstechnik und Arbeitsorganisation

Nr. 14

KATTNER, K.: Unterrichtseinheit: Problemfeld Arbeitsplatz.
In: Bundeszentrale für politische Bildung (Hrsg.):
Schule und Arbeitswelt. Schriftenreihe der Bundes-
zentrale für politische Bildung. Band 111. Bonn:
Eigenverlag, 1976. S. 165 - 170.

Erprobungshinweise: 7. u. 8. Jg.; Gesamtschulen

Es werden betriebliche Arbeitsplätze nach festgelegten Kriterien be-
schrieben. Es erfolgt eine Einführung in die Grundzüge der Arbeitswis-
senschaft und die gesellschaftlichen Probleme einer Humanisierung der
Arbeitsbedingungen.

Nr. 15

KLEY, O.: Moderne Unterrichtsgestaltung. Stundenvorbereitung. Arbeitslehre, Technisches Werken. 30 Beispiele. Dorn-
burg-Frickhofen: Frankonius, 1976. 255 S.

Einsatzmöglichkeit: 5. - 10. Jgst. der Sek. I.

In fünf Kapiteln werden zu den Themen Fertigungs- und Verfahrenstech-
nik, Bautechnik, Maschinentechnik, Steuerungs- und Regelungstechnik sowie Informationstechnik jeweils sechs Unterrichtseinheiten vorgestellt.
Die Elektrotechnik wird, soweit sie sich für die praktische Werkarbeit
nutzen läßt, in den anderen Themenbereichen mitbehandelt. Darüber hinaus
enthalten die Stundenbilder Hinweise auf mögliche wirtschafts- und berufskundliche Fragestellungen.

Nr. 16

KREHNKE, J.: Projekt Zeichenmappe. Kriterien der Einzel- und Fließfertigung in einem Produktionsprojekt.
In: Die Arbeitslehre 1979, 2, 98 - 109.

Es werden Zeichenmappen in handwerklicher Arbeit und in Fließbandpro-
duktion gefertigt. Die unterschiedlichen Produktionsweisen werden gegeneinander abgewogen.

Nr. 17

KUHAUPT, E.: Produktentwicklung: z. B. Leuchten aus Hart-PVC-Rohren.
In: Unterricht 1978, 2, 32 - 48

Am Beispiel der Herstellung von Hart-PVC-Rohren werden Aspekte der Technik, Ökonomie und Sozialökonomie in ihrer wechselseitigen Abhängigkeit thematisiert.

ARBEIT UND TECHNIK - Produktionstechnik und Arbeitsorganisation

Nr. 18

KULTUSMINISTERIUM DES LANDES NIEDERSACHSEN (Hrsg.): Arbeitslehre -
Aufbau eines Beratungssystems, Schulversuch und
Schulreform. Berichte. Analysen-Ergebnisse. Band
13. Hannover: Schrödel, 1976, 197 S.

Der Darstellung des Modellversuchs Arbeitslehre in Niedersachsen sind
didaktische Modelle zur Arbeitslehre hinzugefügt. Das Unterrichtsmodell
"Arbeitsbewertung" gliedert sich in 4 Kapitel: 1. Spielsituation: Hier
lernen die Schüler die besonderen Bedingungen, Anforderungen und Tätig-
keitsmerkmale eines Arbeitsplatzes im Spiel in der Klasse kennen. 2. Die
Arbeitsplatzerkundung: Durch einen Betriebsbesuch werden die im Unterricht erlernten Inhalte vertieft. Im 3. Lehrgang wird der Produktions-
ablauf in seinen einzelnen Arbeitsschritten dargestellt. In einer abschließenden Fallstudie soll exemplarisch verdeutlicht werden, welche
Folgen technische Veränderungen mit sich bringen. Die Unterrichtseinheit wendet sich an Schülerinnen der Sek. I., die bereits das Verfahren
der Betriebserkundung kennen. - Erprobt.

In einem weiteren Unterrichtsmodell für das 8. Schuljahr zum Thema
"Rationalisierung" wird der Einstieg in Form eines Rollenspiels gesucht.
Die Schüler erkennen sowohl die gegensätzlichen Interessenpositionen
von Unternehmern und Arbeitnehmern als auch die im Konfliktfall schwä-
chere Position der Gewerkschaften. Die UE entspricht der didaktischen
Konzeption des Lehrplans für den Verwaltungsbezirk Oldenburg des Landes Niedersachsen.

Nr. 19

KULTUSMINISTERIUM RHEINLAND - PFALZ (Hrsg.): Arbeitslehre. Eine didaktische Handreichung mit 27 Unterrichtsmodellen.
Mainz: v. Hase & Koehler, 1977 S. 304 - 367.

Einsatzmöglichkeit: 7. u. 8. Jg.; Wirtschaftskunde, Berufskunde, Tech-
niklehre, Haushaltslehre; 32 Ustd.

Im Kooperationsunterricht des 8. Hauptschuljahres des Landes Rheinland-
Pfalz, in dem die Fächer Wirtschafts-, Technik- und Haushaltslehre di-
daktisch integriert sind, werden in Projektarbeit Ursachen, Formen und
Folgen horizontaler Arbeitsteilung erkundet und analysiert.

Nr. 20

LUGERT, W. - D.: Zur Kritik bürgerlichen Unterrichts. Modelle zur Ar-
beits- und Wirtschaftslehre. Starnberg: Raith
1973. S. 33 - 46.

Es werden die in unserer Gesellschaft vorfindbaren Formen der Arbeitsteilung untersucht. Im Vordergrund steht die Problemstellung, inwieweit
die Art und Weise der menschlichen Arbeit andere Bereiche menschlichen
Lebens beeinflußt und durchdringt.

ARBEIT UND TECHNIK - Produktionstechnik und Arbeitsorganisation

Nr. 21

Klassenlage als Ausgangspunkt politischer Bildung. Voraussetzungen und
    Methoden. In: Lürs, U. u. a.: Selbsterfahrung und
    Klassenlage. München. Juventa, 1971. S. 101 - 176.

Die Autoren beschreiben ein Lehrgangsprojekt, das mit Schülern einer
neunten Hauptschulklasse im Jugendhof Dornberg durchgeführt wurde. In
dem sog. "Fließbandarbeit-Modell" werden die Seminarteilnehmer veranlaßt, unter relativ starken Repressionen durch Lärm, Zeitstoppen, Um-
besetzungen usw. Anlagekörbchen arbeitsteilig herzustellen. Das Ziel des
einwöchigen Lehrgangs bestand darin, den Schülern zentrale betriebliche
Interessenkonflikte modellhaft erfahrbar zu machen.

Nr. 22

NITZSCHMANN, J.: Projekt Serienfertigung als Problem. Beispiel: Textil-
    produktion Projektunterricht in einem Sozioökolo-
    gie-Kurs an der Gesamtschule in Großalmerode.

    Materialien zum Unterricht Polytechnik 7. u. 8.
    Jahrgangsstufe. Projekt des Hessischen Kultusmi-
    nisters am Deutschen Institut für Internationale
    Pädagogische Forschung. Frankfurt a. M.: 1975.
    138 S.

Die Schüler erwerben in dem kursbezogenen Projekt ein praktisches und
analytisches Verständnis für technisch-organisatorische Prozesse, wirtschaftliche Zusammenhänge und betriebliche Situationsfelder.

Nr. 23

GEW, Landesverband Niedersachsen (Hrsg.): Schüler fertigen Frühstücks-
    brettchen. In: ders.: Materialien zur Arbeitslehre
    in Niedersachsen, Hannover 1979[3]. S. 195 - 205.
Einsatzmöglichkeit: Arbeitslehre; 45 Ustd.

Schüler erstellen nach eigenverantworteten Planungsvorgaben Frühstücksbrettchen in Einzelfertigung und in Serienproduktion. Sie sollen erkennen, daß die Entfaltung menschlicher Bedürfnisse sowohl die Herausbil-
dung von Arbeitsteilung als auch die Institutionalisierung beruflicher
Bildung bedingt..

Nr. 24.

SCHMITT - ROSENBERGER, M.: Handwerkliche Produktion und arbeitsteilige
    Serienfertigung am Beispiel einer Spielzeugeisen-
    bahn aus Holz. In: GEW, Landesverband Niedersach-
    sen (Hrsg.): Materialien zur Arbeitslehre in Nie-
    dersachsen, Hannover 1979[3]. S. 245 - 350.
Einsatzmöglichkeit: Arbeitslehre; 32 Ustd.

ARBEIT UND TECHNIK - Produktionstechnik und Arbeitsorganisation

Die UE umfaßt fünf Sequenzen: I. Handwerkliche Produktionsphase: Planung, Entwicklung und Fertigung einer Dampflokomotive ohne Kohlewagen. 2. Planung für die arbeitsteilige Serienfertigung. 3. Arbeitsteilige Serienfertigung der Waggons der Holzeisenbahn nach Werkzeichnung. 4. Montage und technische Überprüfung der Werkstücke. 5. Technische und soziale Probleme der arbeitsteiligen Serienfertigung.

Nr. 25

WERNER, P.: Zur Organisation eines "Schülerbetriebes". Beispiel für ein Arbeitslehreprojekt aus dem Pädagogischen Zentrum Berlin. In: Klafki, W. (Hrsg.): Unterrichtsbeispiele der Einführung zur Wirtschafts- und Arbeitslehre. Düsseldorf: Bagel, 1970. S. 326 - 345.

Erprobungshinweise: 8. Klasse der Hauptschule

In Simulation einer unternehmerischen Produktions- und Verwaltungsabteilung werden in einem "Schülerbetrieb" Waren produziert und verkauft.

Nr. 26

WITTE, R., BROGGEMANN, G.: Planung und Druck eines Schülerinformationsblattes. Ein Projekt. In: Dortmunder Hefte für Arbeitslehre und Sachunterricht 1972, 4, 172 - 182.

Die Schüler lernen zunächst den redaktionellen und technischen Herstellungsgang einer Schülerzeitung kennen: "Was ist eine Zeitung?", 2. "Wie entsteht eine Zeitung?", 3. "Wir planen und drucken unsere eigene Zeitung", 4. Auswertung und Lernkontrolle. Der schulische Unterricht legt bei diesem Projekt einen Schwerpunkt auf die Gruppenarbeit. Die Schüler gestalten den Unterricht weitgehend selbst.
Der Entwurf sieht eine fachübergreifende Kooperation insbesondere mit dem Fach Deutsch vor und umfaßt einen Zeitraum von 2 Wochenstunden über ein Trimester.

ARBEIT UND TECHNIK - Arbeit und Herrschaft im Betrieb

Nr. 27

BEILER, J. u. a.: Curriculum Betriebsorganisation. Materialien zur Be-
             rufsbildung. (Hrsg.): Berufsförderungswerk. Hamburg.
             Hamburg: Feldhaus 1978, 241 S.

Einsatzmöglichkeit: Kaufmännische Berufsausbildung; Wirtschaftslehre.

Erprobungshinweise: Die Unterrichtssequenzen sind im Rahmen einer
             praxisnahen Curriculumentwicklung von einer Projekt-
             gruppe des Berufsförderungswerks Hamburg unter Be-
             teiligung von Wirtschaftspraktikern, Lehrern und
             Wissenschaftlern konstruiert und evaluiert worden.

Inhaltliche Schwerpunkte und Aufbau

Es werden vier Curriculumelemente zu den Themen "Grundbegriffe der Betriebsorganisation", "Aufbauorganisation", Ablauforganisation" und "Organisation als Sozialsystem" skizziert.

Von Interesse im systematischen Zusammenhang des Problemfeldes "Kapital
und Arbeit" sind vornehmlich die Unterrichtsentwürfe zum ersten und vierten Thema.

Als "Grundbegriffe der Betriebsorganisation" werden eingeführt: Notwendigkeit und Begriff von betrieblicher Organisation, Unterscheidung von
Aufbau- und Ablauforganisation, formale und informale Organisation, organisatorisches Gleichgewicht.

Die "Organisation als Sozialsystem" wird unter den Aspekten von Konflikt-
entstehung und -vermeidung, Teamarbeit und betriebsorganisatorischer
Entwicklungstendenzen abgehandelt.

Bestandteile des Curriculums sind: Erziehungswissenschaftliche und fachdidaktische Grundlegung; Basisinformationen für Lehrer; Interpretations-
hilfen zu den Unterrichtsentwürfen; Ergebnisbericht über eine Expertenbefragung zur Evaluation der im Curriculum ausgewiesenen Lernziele; Unterrichtsmaterialien für Schüler.

Zielsetzungen

Ausgangspunkt der Lernzielbestimmung sind die empirischen und analytischen Untersuchungsergebnisse von KERN/SCHUMANN zum Zusammenhang von
"Industriearbeit und Arbeitsbewußtsein". Im Vordergrund des Unterrichts
sollen prozeßunabhängige Qualifikationen stehen, wie z. B. Kommunika-
tionsfähigkeit, Rollendistanzierung, selbständige Informationsbeschaffung und kognitive Flexibilität.

Die Umsetzung der vorgängigen Leitvorstellungen erfolgt auf der Grundlage einer Analyse der gegenwärtigen und zukünftigen Qualifikationsentwicklung im Berufsfeld der Auszubildenden. Die Ergebnisse werden zu cur-
riculumspezifischen und sequentierten Lernzielen umgeformt. Eine Expertenbefragung unter den betrieblichen "Abnehmern" von Bürokaufleuten soll
den Praxisbezug der anzustrebenden Zielvorstellungen absichern.

ARBEIT UND TECHNIK - Arbeit und Herrschaft im Betrieb

Die fachdidaktische Umsetzung des Qualifikationsbegriffs ergab für die Curriculumsequenz "Grundbegriffe der Betriebsorganisation" folgenden Lernzielkatalog:

- begründen können, warum eine Organisation für den Betrieb unerläßlich ist;
- die Hauptregelungen der Aufbau- und Ablauforganisation nennen und die Unterschiede charakterisieren können;
- den Zusammenhang zwischen formaler und informaler Organisation erklären können;
- Ursachen, Auswirkungen und Konsequenzen von Störungen des organisatorischen Gleichgewichts (Über- / Unterorganisation) darlegen können.

In dem Unterrichtsabschnitt "Organisation als Sozialsystem" stehen als Qualifikationsziele im Vordergrund:

- den Zusammenhang zwischen formaler Organisation, Führungsstil und Mitarbeiterverhalten beschreiben und beurteilen zu können;
- Konfliktursachen analysieren und Lösungsstrategien kennen und anwenden können;
- die Vorteile von Teamarbeit gegenüber bloß hierarchischer Organisation erkennen und ihren Nutzen für die betriebliche Leistungserstellung erkennen;
- Vor- und Nachteile einer teamorientierten Organisation beschreiben und gegeneinander abwägen können.

Methoden

Integraler Bestandteil der Curriculumelemente ist die sog. Fallmethode. Die Fälle enthalten jeweils die für ein Lernziel relevanten Situationen, aus denen dann als Interpretationsergebnisse und Schlußfolgerungen die erarbeiteten Begriffe und Theorien resultieren. Die komplexen betriebsorganisatorischen Probleme sind in den Fallbeispielen so gestaltet, daß sie von Schülern und Lehrern gemeinsam gelöst und "auf den Begriff" gebracht werden können.

Vorrangig kommen als unterrichtliche Sozialform das Lehrgangsprinzip zum Zuge. Einzel- und Gruppenarbeit werden zwischengeschaltet.

Kritische Anmerkungen

Die vorgestellten Curriculumelemente, die im Rahmen der beruflichen Ausbildung von Bürokaufleuten entstanden sind, enthalten eine Reihe didaktischer und methodischer Hinweise, die ebenso für den Unterricht an allgemeinbildenden Schulen von Bedeutung sind. Eine einführende Auseinandersetzung mit den Kategorien und Aussagen der Organisationstheorie wird vor allem dann unumgänglich sein, wenn es darum geht, Prinzipien innerbetrieblicher Macht- und Entscheidungsstrukturen zu untersuchen.

Das Unterrichtskonzept folgt der Auffassung, daß eine bürokratisch-hierarchische Unternehmensorganisation zu unbeweglich, zu schwerfällig und zu wenig demokratisch sei, um den sich wandelnden technologischen und ökonomischen Aufgaben noch in vollem Umfange gerecht werden zu können. Am Beispiel wird aufgezeigt, wie Störungen des organisatorischen Gleichgewichts in der Praxis "kooperativ - humaner" betrieblicher Kommunikations- und Entscheidungsprozesse effektiver bewältigt werden können. Es wird davon ausgegangen, daß die Unternehmensorganisation dem Prinzip der Gewinnmaximierung zu folgen habe. Dieses Formalziel werde dann optimal erreicht, wenn alle Bereiche, Abteilungen und letztlich

ARBEIT UND TECHNIK - Arbeit und Herrschaft im Betrieb

alle Beschäftigten bei einem Minimum an organisatorischen Reibungsver-
lusten "Hand in Hand" zusammenarbeiten. Die Interessen der Beschäftigten
nach innerbetrieblicher Mitwirkung sollen in dem Unternehmensziel aufge-
hen. Eine kritische Auseinandersetzung mit vorfindbaren "kooperativ-hu-
manen" Organisationsformen, die an die Forderung nach Demokratisierung
der Wirtschafts- und Arbeitswelt anknüpft, gegensätzliche soziale Interessen in Rechnung stellen und Konzeptionen der Mit- und Selbstbestimmung
einbeziehen, ist nicht intendiert.

Die Projektgruppe folgt grundsätzlich der Konzeption einer lernzielorien-
tierten Curriculumentwicklung, wobei die didaktisch-methodischen Handreichungen in dem Sinne offen gehalten werden, daß sowohl der Unterrichtsverlauf als auch insbesondere der Umfang und die Komplexität der Ergebnisse variiert werden können. Es werden allerdings keine äquivalent oder
zusätzlich einsetzbaren Materialien angeboten. Eine Mitwirkung der Schüler bei der Planung und Gestaltung der schulischen Arbeitsprozesse, die
modellimmanent nahegelegen hätte, ist nicht vorgesehen. Ebensowenig wird
die Möglichkeit genutzt, unterrichtliche Organisationsformen neu zu entwickeln und experimentell zu erproben.

Nr. 28

BÖTTIGER, H. u. a.: Unterrichtseinheit: - Arbeit -. (Hrsg.): Sozialisti-
sches Büro, Reihe roter Pauker. Offenbach: Verlag
2000, 1972[3]. 84 S.

Einsatzmöglichkeit: 6. Jg.; Gesellschaft/Politik; 26 Ustd.

Erprobungshinweise: Fröndenberg im 6. Jg. mit 240 Schülern

Literaturhinweise: v. Koerber, W., Kühn, J.: Tarzan im Unterholz der
Pädagogik oder: Der politische Hintergrund der Unterrichtseinheit "Arbeit".
In: Informationsdienst des Sozialistischen Lehrer-
bundes 9, 1972, 1 - 15.

Inhaltliche Schwerpunkte

Anhand einer Folie erzählt der Lehrer eine Geschichte von Thomas, der
seinen Vater in der Kettenfabrik besuchen darf. Die Schüler zeichnen nun,
was Thomas im Betrieb zu sehen bekommt. (1. Doppelstunde) (2) Durch eine Betriebsexkursion soll die kindliche Vorstellung mit der Realität der
Arbeits- und Berufswelt konfrontiert werden. (3) Es werden Bilder und
Zeichnungen angefertigt und die darin zum Ausdruck kommenden verschiedenen Sichtweisen und Einstellungen in Gegenüberstellungen verglichen und
bewußt gemacht. Ergänzend hierzu wird ein Film vorgeführt, der die Ein-
tönigkeit von Fließbandarbeit zeigt. Ein Unterrichtsgespräch dient der
Reflektion und Systematisierung der selbstgemachten Erfahrungen und der
filmischen Eindrücke. (4. und 5. Doppelstunde)

Ein von den Lehrern aufgeführtes Theaterspiel schafft die Situation der
Arbeitsplatzsuche und ermöglicht es den Schülern, die angefangene Spiel-
handlung weiterzuführen:

ARBEIT UND TECHNIK - Arbeit und Herrschaft im Betrieb

- Sie verkaufen ihre Arbeitskraft und werden abhängig. (6)
- Während ihrer Anlernzeit begreifen sie die Funktion der Arbeitsteilung. (7)
- Im Fließbandakkord werden Papierschachteln gefertigt. (8)
- Ein Lohnabrechnungsbüro zahlt Löhne aus. (9)
- Es wird ein Betriebsrat gewählt und eine Betriebsversammlung einberufen. Dieser Vorgang veranlaßt die Geschäftsleitung zur Entlassung der Arbeiter. Reporter befragen die Entlassenen nach ihrer Meinung zum Hergang und zu den Ursachen der Kündigungen. (10)
- Im Reporterspiel wird die Fließbandarbeit reflektiert. (11)
- Mit Reportagen wird dem Plenum das Ergebnis des Theaterspiels vorgestellt. (12)

Im Zuge der Vervollständigung der Schülermappen werden in der 13. Doppelstunde Fragen und Probleme zum Unterrichtsverlauf besprochen. Die Schüler üben Kritik an der UE und machen evtl. Verbesserungsvorschläge.

Die Stundenentwürfe werden in folgenden Kategorien vertikal und horizontal strukturiert: Neben der Zeiteinteilung wird in einer zweiten und dritten Spalte die Aktivität des Schülers und des Lehrers angegeben. In einem didaktischen Kommentar werden die Intentionen der Stunde erläutert und Hinweise zum Einsatz von Medien gegeben. In der Spalte "Medien / Mittel" sind die Unterrichtsmittel in der Reihenfolge ihrer Benutzung geordnet.

Die Verlaufsplanung zur UE wird in einleitenden Kapiteln sachanalytisch und didaktisch verortet und begründet.

Zielsetzungen

Die UE bezieht sich vornehmlich auf affektive Einstellungen. Eine auf diese Dimension bezogene Operationalisierung von Lernzielen wird von den Autoren aus prinzipiellen Erwägungen infragegestellt. Sie gehen davon aus, daß in der Konzeption einer "kommunikativen" Pädagogik ein an unterrichtlichen Lernzielen bemessenes Verhaltenstraining weder möglich noch wünschenswert sei: "Verhalten, das operationalisiert gefordert wird, ist keine Verständigung, sondern eine "Produktion".

Statt der gängigen Addition von Grob- und Feinlernzielen wird der Versuch unternommen, die vorgängigen Lehrerintentionen darzulegen und zu erklären. Als Lehrziele werden u. a. angegeben:

- Die Schüler sollen der Arbeitssituation während der Betriebsexkursionen möglichst intensiv ausgesetzt werden.
- Durch die Bekanntgabe des Ziels, daß die Aufsätze / Zeichnungen als Vergleichsunterlagen während des weiteren Unterrichts eingesetzt werden sollen, wird eine Selbstbeurteilung durch die Schüler möglich.
- Die Schüler erfahren, was entfremdete Arbeit für den Menschen bedeutet.
- Die Schüler antizipieren die Situation der Arbeitsplatzsuche.
- Sie sollen das System der Arbeitsteilung selbst nachentdecken.
- Die Konkurrenz zwischen mehreren Fließbändern und der Gruppenakkord zwingen die Schüler, ihre größtmögliche Kraft und Konzentrationsfähigkeit zu aktivieren.
- Das Betriebsversammlungsspiel soll wieder Identifikation und Motivation ermöglichen.

ARBEIT UND TECHNIK - Arbeit und Herrschaft im Betrieb

- Eine Gegenüberstellung von selbstgefertigten Reportagen verschiedener
  Medien dient dazu, klarzumachen, daß die gleiche Sache im Kontest di-
  verser Presseorgane sehr unterschiedliche Wirkungen haben können.
- Ein die Unterrichtseinheit abschließender Auswahlworttest soll prüfen,
  ob die Hypothese der Autoren richtig war, daß die Schüler im Spiel den
  Inhalt der abgefragten Begriffe erfaßt haben.

Methoden

Exkursionen sollen die Wirklichkeit der Berufs- und Arbeitswelt ins
Blickfeld rücken und bewußt machen. Dem affektiven Verstehen des Begriffs
Arbeit dient ein Rollenspiel der Schüler (Fließband, Betriebsrat, Reporter). Die meisten Arbeitsblätter sind abgewandelt der betrieblichen Realität entnommen worden (Arbeitsvertrag, Geschäftsbericht usw.). Sie ent-
sprechen der Simulationsanordnung und sollen spielerisch Informationen
vermitteln.

Kritische Anmerkungen

Die Auseinandersetzungen um diese UE, die im Zeichen der ersten krisen-
haften Erschütterungen der bildungsprogrammatischen und -politischen Re-
formorientierung zu Beginn der siebziger Jahre entstanden ist, entschlüs-
seln sich in der Rückblende als erste Signale einer tiefgreifenden pädagogischen Wende. Über den Verlauf des Unterrichts an der Gesamtschule
Fröndenberg und über die Bedingungen, unter denen er sich vollzog, berichten zwei der sechs Autoren (s. Literaturhinweise). Die UE wurde von
sechs Kollegen in zwei Jahrgangsgruppen mit insgesamt 240 Schülern des
6. Jahrganges durchgeführt. Der Unterricht verläuft während der ersten
Sequenzen nach Plan. Die Initialzündung der Auseinandersetzungen ergab
sich aus einem Konflikt zwischen den die Geschäftsleitung simulierenden
Lehrern und den im Akkord Spielschachteln fertigenden Schülern: Die Lehrer hatten anstatt in harter Währung lediglich Spielgeld gezahlt. Ein
Junge fängt an zu weinen und ist im weiteren Unterrichtsverlauf nicht
mehr anzusprechen. Einige Schüler reißen die sauber gestapelte Produktion aus den Regalen und trampeln so lange auf den Schachteln herum, bis
keine mehr zu gebrauchen sind. Einige Kinder gehen nach vorn und schreiben auf den dort aushängenden Beschwerdezetteln: "Geld her, ihr Ratten!"
und "Killt die Unternehmer!" Daraufhin bezahlt die "Unternehmensleitung"
die "Lohnarbeiter" mit echtem Geld, das von den beteiligten Lehrern auf-
gebracht wird.

Inzwischen war ein Unternehmer, der zugleich Vorsitzender der Elternpflegschaft der Fröndenberger Gesamtschule ist, über den Unterrichtsverlauf in Kenntnis gesetzt worden. Interventionen der örtlichen Industrie,
der Kirchen, der Elternpflegschaft und eine breit angelegte Pressekam-
pagne folgen. Die zuständige Schulbehörde und das Kultusministerium
schalten sich ein. Daraufhin wird eine Mitautorin, die sich noch in der
Ausbildung befindet, an eine andere Schule versetzt. Wenige Wochen später
ereilt einem zweiten Lehrer dasselbe Schicksal: Er wird an ein Gymnasium abgeordnet.

In dem Konflikt um die UE melden sich u. a. neun Professoren in einem
offenen Brief an den nordrheinwestfälischen Kultusminister zu Wort. Sie
vertreten die Auffassung, das Fröndenberger Projekt könne "als ein didaktisch reflektierter, aus den geltenden Richtlinien für das Fach durchaus begründbarer Versuch gelten, bei dem Engagement, Problembewußtsein
und methodischer Einfallsreichtum sich in origineller Weise verbinden.

ARBEIT UND TECHNIK - Arbeit und Herrschaft im Betrieb

Soweit diese Unterrichtseinheit dem Schüler die Möglichkeit einer kritischen Einstellung gegenüber der bestehenden Wirtschaftsordnung eröffnet, hält sie sich im Rahmen der grundgesetzlich verankerten Variationsbreite gesellschaftlicher Positionen." (KLAFKI, W. u. a.: "Wir betrachten das Fröndenberger Projekt als ein wichtiges Beispiel ...". In: betrifft: erziehung, 4, 1972, 11).

Unabhängig von den skizzierten Auseinandersetzungen um die UE kann festgestellt werden, daß die Autoren thematisch und inhaltlich in Bereiche vorgestoßen sind, die - darauf läßt nicht zuletzt die in dieser literarischen Sparte ungewöhnlich hohe Auflage schließen - curricular noch kaum erschlossen waren. In ihrer schonungslosen Offenheit und in ihrer radikalen Abneigung gegenüber ungerechtfertigten inhaltlichen Zugeständnissen an die ungeschriebenen Gesetze der Institution Schule hat sie zudem didaktische und methodische Möglichkeiten eines antikapitalistischen Unterrichts schlaglichtartig beleuchtet. Ebenso manifestieren sich jedoch in den öffentlichen und schulinternen Reaktionen politische und institutionelle Begrenzungen einer emanzipatorischen Bildungsarbeit. Ob deshalb allerdings - wie die Autoren zu meinen scheinen - Lehrer heutzutage dazu verurteilt sind, das Schicksal des Sisyphos zu teilen, soll an dieser Stelle nicht diskutiert werden.

Die UE spricht Einstellungen und Verhaltensweisen der Schüler an. In einem Rollenspiel soll die betriebliche Ernstsituation möglichst realitätsnah simuliert werden. Das ist in dem referierten Unterrichtsbeispiel offenkundig bis zur Unterschiedslosigkeit gelungen. Es ist jedoch zu hinterfragen, ob die vorgängigen emanzipatorischen Lehrziele auf diese Weise eingelöst wurden. Die Schüler fühlten sich affektiv herausgefordert: Sie sind wütend oder demonstrieren ihre Frustration. Das heißt sie reproduzieren offensichtlich die in ihren familialen Zusammenhängen erlernten oder beobachteten Verhaltensformen. Wie aber ist es möglich, die im Unterricht erlebten Erfahrungen kognitiv, affektiv und pragmatisch zu einem erweiterten Handlungspotential zu kondensieren? Mir scheint, daß die UE die Antwort auf diese Problemstellung offengelassen hat.

Nr. 29

BREIT, G.: "Arbeit". Eine Unterrichtseinheit für das Fach Arbeitslehre an der Hauptschule. Braunschweig; Technische Universität, 1979. 33 S.

Erprobungshinweise: UE erprobt in der Hauptschule.

In einem ersten Untersuchungsgang soll den Schülern an einer besonderen Arbeitssituation (Bericht eines Taxifahrers) "Arbeit" als eine Möglichkeit zur Befriedigung der Grundbedürfnisse deutlich gemacht werden. Die Analyse und Beurteilung erfolgt entlang der Fragestellung: Dient die Arbeit der Befriedigung (a) der Grundbedürfnisse, (b) der Sicherheitsbedürfnisse, (c) der sozialen Interessen, (d) der Ich - Bedürfnisse, (e) dem Interesse nach Selbstverwirklichung. Dabei erkennen die Schüler, daß sich in der besonderen Arbeitssituation ein allgemeines Problem abbildet: Arbeit wird zu einer sozialen Problemsituation, wenn sie dem Menschen nicht die Möglichkeit zur Befriedigung zumindest mehrerer Grundbedürfnisse bietet. Dieses Problembewußtsein motiviert die Lernenden, zur Entschärfung derartiger Situationslagen nach Lösungsstrategien zu suchen.

ARBEIT UND TECHNIK - Arbeit und Herrschaft im Betrieb

Nr. 30

CHRISTIAN, W., KINDSVATER, E.: Lohnarbeit - Am Beispiel der "Gast"arbeiter. Unterrichtseinheit, erprobt im 7. Schuljahr.
Frankfurt: Europäische Verlagsanstalt, 1973. 114 S.

Einsatzmöglichkeit: Haupt- u. Realschule; Gesellschaftslehre; 18 Ustd.

Gegenständlicher Ausgangspunkt der UE ist die Lage der "Gast"arbeiter in
der Bundesrepublik als ein Beispiel für die Lebensbedingungen aller
Lohnabhängigen. Exemplarisch werden die Implikationen der Berufstätigkeit in außerberuflichen Lebensbereichen (u. a. Wohnen, Freizeit und Bildung) behandelt. Der anschaulichen Darstellung der genannten Lebensbereiche folgt die Untersuchung der Arbeitssituation, aus der schließlich im Rückbezug die Interdependenzen herausgearbeitet werden. In einem
weiteren Arbeitsschritt wird von den besonderen Bedingungen und konkreten
Erscheinungsformen der Arbeit ausländischer Lohnabhängiger abstrahiert,
um die wesentlichen Strukturmomente der Lohnarbeit analytisch zu ermitteln. Dadurch können die gemeinsamen Merkmale der lohnabhängigen Arbeit
auf dem Wege der Verallgemeinerung thematisiert werden.

Nr. 31

DEDERRA, E. u. a.: Der Betrieb als Erfahrungsfeld für Lehrer und Schüler
- Projekt - Modell Marktredwitz/Wundiesel.
In: ROTH, F. (Hrsg.): Wege in die Arbeitswelt. Kaiserslautern: Georg Michael Pfaff Gedächtnisstiftung, 1970. S. 113 - 164.

Einsatzmöglichkeit: Hauptschule 5. - 8. Jg; 4 Wochen, dabei 3 Nachmitta-
ge pro Woche im Betrieb.

Erprobungshinweise: 5. - 8. Jg. einer wenig gegliederten Landschule.

Die Gliederung des unter dem Leitgedanken "Industrie - eine wichtige
Grundlage unserer heutigen Gesellschaftsordnung" stehenden Unterrichtsvorhabens läßt sich annäherungsweise den Wochenthemen entnehmen: (1) Wir
stellen Porzellan her. (2) "Die Thomas - Fabrik" - ein Betrieb der kera-
mischen Industrie. (3) Der Mensch im modernen Industriebetrieb. (4) Von
der Schulbank in die Fabrik.

Nr. 32

DEUTSCHER GEWERKSCHAFTSBUND, BUNDESVORSTAND ABTEILUNG JUGEND.
(Hrsg.): Leitfaden Stufe I der Gewerkschaftlichen
Jugendbildung. Frankfurt a. M.: Europäische Ver-
lagsanstalt, 1973, 293 S.

Erprobungshinweise: Erprobt in Fortbildungsveranstaltungen.

Der Stufe I Lehrgang aus der gewerkschaftlichen Jugendarbeit gliedert sich
in 4 Themenbereiche, die in einem Wochenlehrgang oder in 5 Wochenendlehr-
gängen durchgeführt werden können: Auf die Einstiegsdiskussion, die an-
knüpfend an Enttäuschungen beim Wechsel Schule - Betrieb ein Konfliktbe-
wußtsein gegenüber der betrieblichen Situation schafft, erfolgt die Erarbeitung der Situation der jungen Lohnabhängigen im Betrieb, an die
sich die Verallgemeinerung der Interessenkonflikte zwischen Arbeit und
Kapital methodisch anschließt. Im anschließenden Arbeitsschritt werden

ARBEIT UND TECHNIK - Arbeit und Herrschaft im Betrieb

Strategien zur Durchsetzung eigener Forderungen mit konkretem Bezug auf
betriebliche Konflikte der Teilnehmer entwickelt.

Nr. 33

EVERS, J. u. a..: Baustein: Betriebsgründung, Betriebsstillegung und
            Standortverlegung eines Betriebes aus der Sicht des
            Arbeitnehmers, des Unternehmers und der Gemeinde.
            In: EVERS, J. u. a.: Der Betrieb 1. Wirkungsstruk-
            tur und Entscheidungsbereich. Der Betrieb als ökono-
            misches, technisches, organisatorisches und soziales
            System. Didaktische Reihe Ökonomie. Köln: Bachem,
            1979³ S. 129 - 188.
Einsatzmöglichkeit: Hauptschule 7. u. 8. Jg.; Arbeitslehre, Wirtschafts-
            lehre, Gesellschaftslehre.

In einem ersten Hauptabschnitt geht es darum, Bedingungen und Faktoren
von Betriebsgründungen herauszuarbeiten und zu systematisieren. Folgende
Aspekte werden aufgegriffen: Aufnahmefähigkeit des Marktes; Betriebsent-
scheidungen; krisensicheres Gebiet; Arbeitskräftesituation am neuen Standort; regionale Marktlage; Rohstoffe; Verkehrslage; Chancen und Risiken
für den Arbeitnehmer; Staatliche und kommunale Raumordnungs- und Struk-
turpolitik; Industrialisierung und Umwelt. Komplementär dazu können im
zweiten Hauptkomplex des Unterrichtsmodells bedingende und auslösende
Momente sowie soziale Folgen von Betriebsstillegungen und -reduzierungen
untersucht werden.

Nr. 34

FAULENBACH, K. A.: Sozialpartner oder Klassengegner?
            In: Faulenbach, K. A. u. a.: Unterrichtsthema:
            Arbeits- und Wirtschaftslehre II, München: Urban
            und Schwarzenberg 1978. S. 151 - 221.
Einsatzmöglichkeit: Abschlußklassen der Sek. I, Einführungskurse Sek. II,
            außerschulische Jugendbildung.

Die UE enthält eine Zusammenstellung ausgewählter Texte, Quellen, Statistiken, Schaubilder und Comics zu den Themenfolgen: (1) Mitbestimmung -
Reform oder Anpassung?, (2) Wirtschaftsverbände - Partner oder Gegner?,
(3) Tarifauseinandersetzung - Kooperation oder Konflikt? Die Arbeitsmaterialien werden ergänzt um eine einleitende Sachanalyse sowie um einige
didaktisch-methodische Vorschläge.

Nr. 35

HEBEL, H. - R., HILGERS, E.(Redaktion): "Wie funktioniert ein Betrieb?"
            Unterrichtsmodelle Arbeitslehre. Bad Kreuznach:
            RPZ, 1975. 103 S.
Einsatzmöglichkeit: 9. - 10. Jg.; Arbeitslehre, Wirtschafts- und Sozial-
            kunde; 9 Ustd.

Die Themenkomplexe (1) Arten der Produktion und Unternehmensformen,
(2) Produktionsfaktoren, (3) Aufbau- und Ablauforganisation und (4) Fertigungsverfahren werden didaktisch-methodisch zu einem Unterrichtsmodell

32

ARBEIT UND TECHNIK - Arbeit und Herrschaft im Betrieb

transferiert, in dessen Zentrum eine Betriebserkundung unter funktionalem Aspekt steht.

Nr. 36

JANSSEN, B. u. a.: Der Jugendliche im Betrieb.
    In: ders.: Erfahrung - Kritik - Ermutigung. Metho-
    disch kommentierte Materialien für die Haupt- , Real-
    und Berufsschule sowie die außerschulische Jugend-
    arbeit. Modelle für den politischen und sozialwis-
    senschaftlichen Unterricht. Band 12. Frankfurt,
    Köln: Europäische Verlagsanstalt 1977. S. 163 - 179.

Die UE gliedert sich in folgende Arbeitsschritte: Erkundung über berufliche Ausbildungsverhältnisse, Auswertung und Untersuchung weiterer Fallbeispiele, Untersuchung der gesetzlichen Schutzbestimmungen und deren
Nichteinhaltung/Einhaltung in der Praxis. Möglichkeiten und Grenzen der
Jugendvertretung, Verbesserungsmöglichkeiten der beruflichen Bildung. Die
Vorschläge werden um Unterrichtstips zur flexiblen Ausgestaltung der Einzelschritte ergänzt.

Nr. 37

LUGERT, W.- D.: Zur Kritik bürgerlichen Unterrichts. Modelle zur Arbeits-
    und Wirtschaftslehre. Starnberg: Raith 1973. S. 76 -
    87.

Die Schüler erfahren, daß die Mehrheit der Bevölkerung in der Bundesrepublik gezwungen ist, abhängig zu arbeiten, weil sie nicht über die Mittel zur Produktion verfügen, der Besitzer der Produktionsmittel Arbeits-
kräfte benötigt, um produzieren zu können, die Interessen von Arbeitnehmern und Arbeitgebern gegensätzlicher Natur sind.

Nr. 38

SAURE, H.: Das soziale Beziehungsfeld in einem modernen Industriebetrieb.
    Ein Planspiel im 9. Schuljahr.
    In: Dortmunder Hefte für Arbeitslehre und Sachunter-
    richt 1972, 2, 78 - 94.

In einem Planspiel werden idealtypische soziale Beziehungssituationen
nachempfunden. Innerhalb von fünf Tagen arbeiten die Jugendlichen in
vier Abteilungen eines fiktiven Betriebes: (a) Adressenabteilung, (b) Pro-
duktion/Verarbeitung, (c) Verwaltung, (d) Kontrollabteilung. Mit Ausnahme der Direktionsfunktionen, die von den Leitern wahrgenommen werden,
erledigen die Schüler alle betrieblichen Aufgaben in Eigenregie.

ARBEIT UND TECHNIK - Wirtschaftliche Macht [+)]

Nr. 39

HEITMANN, W.: Wenn die Arbeitswoche kürzer wird .... Wie Unternehmen
auf Arbeitszeitverkürzung reagieren würden.
In: arbeiten + lernen 1980, S. 46 - 51.

Einsatzmöglichkeit: Berufsschulmittelstufe; Gemeinschaftskunde.

Erprobungshinweise: Berufsbildende Schule.

Inhaltliche Schwerpunkte und Aufbau

Die Schüler werden in der Motivationsphase mit einer Bildgeschichte
konfrontiert, die Impulse zu einer problemorientierten und kontrovers
geführten Diskussion der ökonomischen und arbeitsmarktpolitischen Folgen einer potentiellen Verkürzung der Arbeitszeit geben soll. Aus den
widersprüchlichen Interpretationsmöglichkeiten der Karikatur ergeben
sich die Fragestellungen und Leitideen der UE:

- "Arbeitszeitverkürzung - mehr Rationalisierung?"
- "Arbeitszeitverkürzung - mehr Arbeitsplätze?"

Im zweiten Abschnitt werden Faktoren und Bestimmungsmomente problem-
orientiert zusammengestellt, geordnet und kategorisiert. In arbeits-
teiliger Kleingruppenarbeit wird untersucht:

- Entwicklung des Wirtschaftswachstums, der Produktivität und der Arbeitslosenquote;
- ökonomische und gesellschaftliche Folgen des technischen Fortschritts;
- Arbeitszeitverkürzung aus der Sicht der Arbeitgeber und der Gewerkschaften.

Da in der Klasse kein Konsens hinsichtlich der ökonomischen und arbeitsmarktpolitischen Konsequenzen einer Arbeitszeitverkürzung gefunden werden kann, werden auf Anregung des Lehrers Handwerksmeister in ihrer Funktion als Arbeitgeber nach ihren persönlichen Reaktionen bzw. Maßnahmen
auf eine tarifliche Verkürzung der Wochenarbeitszeit mit Hilfe eines
standardisierten Fragebogens interviewt. Die Auswertung ergibt, daß im
Arbeitsbereich der Schüler in diesem Falle kurzfristig zusätzliche
körperliche Belastungen und Überstunden und mittelfristig eine Bedrohung ihrer Arbeitsplätze zu erwarten wäre.

Phase 1	Motivation und Provokation	Motivation Intuitive Problemlösung
Phase 2	Information und Orientierung	Fachgerechte Erarbeitung Erstellung eines Fragebogens
Phase 3	Transformation und Produktion	Befragung; Auswertung der Ergebnisse

---

[+)]Da zu diesem Bereich kaum Unterrichtsmaterialien vorliegen, wird im
Folgenden auf zwei Modelle zurückgegriffen, in denen dieser Aspekt
wenigstens in Ausschnitten berücksichtigt wird.

ARBEIT UND TECHNIK - Wirtschaftliche Macht

Bestandteile der UE sind: Bildgeschichte; Statistiken zur Entwicklung
des Wirtschaftswachstums, der Produktivität und der Arbeitslosenquote;
Texte zum technischen Fortschritt; Stellungnahmen der Arbeitgeber und
Vorschläge der Gewerkschaften zur Arbeitszeitverkürzung; Musterfrage-
bogen; Tafelbild zur Auswertung der Umfrageergebnisse.

Zielsetzungen

Im Vordergrund steht die Zielvorstellung, durch die Vermittlung von Informationen und die unterrichtliche Anwendung transferierbarer Arbeitsmethoden die Einsatzbereitschaft, das Interesse und die Fähigkeit der
Schüler zu fördern und zu erhöhen, politische Situationen problemorien-
tiert zu erfahren und zu erfassen. Demgegenüber soll die inhaltliche
Seite der infragestehenden Themenstellung "etwas" in den Hintergrund
treten.

Methoden

Der angestrebten Problem-, Methoden- und Handlungsorientierung entspricht methodisch eine weitgehend selbständige Planung und Organisation der Arbeits- und Erkenntnisprozesse durch die Schüler. Es wird
empfohlen, auf eine lehrerzentrierte Lenkung und Strukturierung des
Unterrichts zu verzichten.

Kritische Anmerkungen

Das Unterrichtsmodell ist auf die spezifische Ausbildungssituation der
Berufsschule zugeschnitten. Es wird vorgeführt, wie es auch unter restriktiven institutionellen Bedingungen gelingen kann, einen komplexen
Sachverhalt didaktisch-methodisch aufzubereiten und unterrichtlich zu
realisieren. Die Schülermaterialien fassen auf wenigen Bögen die notwendigen Grundlageninformationen zusammen. Sie sind so ausgewählt und
kombiniert, daß die wesentlichen Aspekte und Bestimmungsmomente in
Gruppenarbeit erfaßt und kategorisiert werden können. Zugleich wird
weitgehend darauf verzichtet, arbeitsmarktpolitische Lösungen dort zu
suggerieren, wo wissenschaftlich und politisch Lehrmeinungen und Positionen sich unversöhnlich gegenüberstehen. Die Arbeitsmaterialien bleiben insofern offen für unterschiedliche Auffassungen und Interpretationsmöglichkeiten.

Zwischen den Intentionen des Modells und den Realisierungsvorschlägen
für die dritte Unterrichtssequenz bestehen gewisse Diskrepanzen. Sie
resultieren aus problematischen theoretischen Prämissen und fragwürdi-
gen methodischen Verfahrensweisen. (1) Die Ergebnisse einer Umfrage unter den Ausbildungsbetrieben der Schüler führen zu der Schlußfolgerung,
daß Arbeitszeitverkürzungen neben zusätzlichen Überstunden vorrangig
durch beschleunigte betriebliche Rationalisierungsmaßnahmen kompensiert werden. Demgegenüber wird von anderer Seite - vor allem von den
Gewerkschaften - von entgegengesetzten Annahmen ausgegangen. Rationalisierungsinvestitionen - so wird argumentiert - seien keine primäre Folge von Arbeitszeitverkürzungen. Es sei vielmehr umgekehrt. Die u. a.
arbeitsmarktpolitisch begründete Forderung nach täglicher, wöchentlicher und jährlicher Verkürzung der Arbeitszeit sei eine notwendige Konsequenz einer technischen Entwicklung, die bei geringen jährlichen Pro-
duktsteigerungen in den nächsten Jahren zu einer massenhaften Ver-
nichtung von Arbeitsplätzen führen könne. (2) Die Schüler übernehmen

ARBEIT UND TECHNIK - Wirtschaftliche Macht

einen Fragekatalog des Münchener Ifo - Instituts. Darin wird der Zusammenhang von technischen Umwälzungen und Arbeitsplatzsicherung systematisch ausgeblendet. Obwohl somit eine zentrale Problemebene in beiden
Umfragen nicht berücksichtigt wird, ist eine kritische Reflektion des
methodischen Inventars und der Auswertungsergebnisse nicht vorgesehen.

Nr. 40

KAISER, F. -J., KAMINSKI, H.: Der "Fall Erwitte". Eine Fallstudie zur
                              Stillegung eines Betriebes. In: arbeiten + lernen
                              1980, 10, 42 - 48.

Einsatzmöglichkeit: Hauptschule 9. u. 10. Jg.; Arbeits- und Wirtschafts-
                     lehre; 8 - 12 Ustd.

Erprobungshinweise: Die Fallstudie wurde im Rahmen von Fachpraktika
                      mit Lehramtsstudenten des Faches Wirtschaft der
                      Universität Paderborn in zwei 9. Klassen und einer
                      10. Klasse evaluiert.

Inhaltliche Schwerpunkte und Aufbau

In der Konfrontations- und Informationsphase werden ökonomische, soziale, regionale und arbeitsrechtliche Momente der Betriebsstillegung des
Erwitter Zementwerkes Seibel & Söhne aufgearbeitet. In der Explorations-
phase setzen sich die Schüler in Gruppenarbeit mit der Frage auseinander, was die betroffenen Arbeitnehmer in ihrer momentanen Situation tun
können. Die Vor- und Nachteile denkbarer Lösungsstrategien werden in
einer sog. Entscheidungsmatrix abgewogen. In der Resolutionsphase entscheiden sich die Arbeitsgruppen für je einen Lösungsweg, der in der
Disputationsphase in der gesamten Klasse begründet und verteidigt wird.
Die Entscheidung der Klasse wird abschließend mit den realen Entwick-
lungsprozessen verglichen und mit Stellungnahmen von Gewerkschaften und
Arbeitgebervereinigungen konfrontiert.

Zielsetzungen

Die Schüler sollen erkennen, daß (1) die Interessen von Arbeitnehmern
und Arbeitgebern konflikthaft aufeinander stoßen, (2) Arbeitnehmer oft-
mals nicht in der Lage sind, kurzfristig Konflikte mit den Arbeitgebern auszutragen, (3) Arbeitskonflikte unmittelbar die existentiellen
Grundlagen der Arbeitnehmer gefährden und gesetzgeberische Maßnahmen
erforderlich sind, die den Arbeitnehmern die Möglichkeit geben, Arbeitskonflikte kurzfristig zu ihren Gunsten zu entscheiden, (4) der Arbeitgeber betriebliche Maßnahmen, wie Anordnung von Kurzarbeit oder Massen-
entlassungen gegenüber dem Betriebsrat legitimieren muß, (5) sich die
Auswirkungen und Entlassungen auf alle Lebensbereiche der Betroffenen
erstrecken.

Methoden

Die UE akzentuiert weniger bestimmte Arbeitstechniken (Sammlung und
Systematisierung von Informationsmaterialien). Im Vordergrund des ge-
wählten methodischen Verfahrens steht vielmehr die Analyse einer gegebenen Problemstellung und die Entwicklung und Begründung von realitäts-
nahen Lösungsstrategien.

36

ARBEIT UND TECHNIK - Wirtschaftliche Macht

Kritische Anmerkungen

Am praktischen Beispiel werden die Schüler zu einer handlungsorientierten Auseinandersetzung mit den Folgen unternehmerischer Strategien für die Arbeits- und Lebensbedingungen der betroffenen Arbeitnehmer angeregt. Die zur Diskussion stehende Problemsituation ist der Wirklichkeit der Arbeits- und Berufswelt entnommen. Die Authentizität des Gegenstandes soll die Lernenden darin unterstützen, mögliche innerbetriebliche Konfliktbereiche ihrer zukünftigen Berufs- und Arbeitswelt ausschnitthaft und simulativ erfahren, aushalten und bewältigen zu können. Dabei wird konzeptionell davon Abstand genommen, den Fall in den Rationalitätskriterien des "homo oeconomicus" aufzurollen. Als Bezugspunkt der unterrichtlichen Planungs- und Entscheidungsprozesse gelten die Interessen der betroffenen Arbeitnehmer und der beteiligten Schüler als zukünftig abhängig Beschäftigte. Auswahl und Strukturierung des Falles sind geeignet, glatten und unverbindlichen Scheinlösungen vorzubeugen. Es geht vielmehr darum, unter Berücksichtigung der juristischen Bedingungen und unter Bezug auf die besonderen materiellen und familialen Lebensverhältnisse der von der Stillegung eines Betriebes betroffenen Arbeiter und Angestellten mögliche Handlungsstrategien zu erarbeiten, zu diskutieren und an der Realität der Arbeits- und Berufswelt zu überprüfen.

Die didaktisch-methodischen Vorschläge und die zugeordneten Fallmaterialien sind so strukturiert, daß ihre unmittelbare Verwendbarkeit im Unterricht unter der Voraussetzung möglich wird, daß die in den Grundstrukturen und den Basisinformationen des Modells vorgegebenen thematischen, inhaltlichen und methodischen Begrenzungen von Schülern und Lehrern ohne Akzentverschiebungen oder Erweiterungen übernommen werden. In der Unterrichtseinheit werden die institutionellen und politischen (ausgenommen die arbeitsrechtlichen) Rahmenbedingungen des Falls unhinterfragt als konstante Faktoren gesetzt. Eine einleitende und abschliessende Verzahnung von betriebsbezogenen und arbeitsrechtlichen Aktionsmustern mit übergreifenden gesellschaftlichen Veränderungsmöglichkeiten, die fallimmanent naheliegen dürften, ist nicht eingeplant.

Nr. 41

GOTTWEIS, J.: Rollenspiel: Ein Unternehmer in der Krise. Für Lehr- und Unterrichtspraxis, Lehrer-, Fort- und Weiterbildung, berufliche Fortbildung und Erwachsenenbildung. Köln: J. P. Bachem, 1976, 132 S.

Einsatzmöglichkeit: ab 10. Jg.; betriebliche Ausbildung, Lehrerfort- u. -weiterbildung, berufliche Fort- und Weiterbildung.

Erprobungshinweise: Das Rollenspiel ist erprobt in der Sek. II, der Lehrerfortbildung und der betrieblichen Ausbildung.

Das Rollenspiel simuliert innerbetriebliche Konfliktzonen und unternehmerische Strategien. Für die Vertiefungsphase werden mehrere didaktische Varianten angeboten.

ARBEIT UND TECHNIK - Interessenvertretung der Arbeitnehmer

Nr. 42

Gewerkschaft und Gesellschaft II. Die Gewerkschaften im Kampf für soziale Demokratie - Angriffe auf den Sozialstaat abweh-
ren! Referentenleitfaden. Hrsg. : Deutscher Gewerkschaftsbund - Bundesvorstand, Abteilung Bildung.
Hannover: Buchdruckwerkstätten, 1979. 88 S.

Einsatzmöglichkeit: Politische Jugend- und Erwachsenenbildung

Erprobungshinweise: Abend-, Tages- und Wochenveranstaltungen der gewerkschaftlichen Bildung.

Inhaltliche Schwerpunkte und Aufbau

Eine Gegenüberstellung der Lebens- und Arbeitsbedingungen im 19. und
in den siebziger Jahren des 20. Jahrhunderts verweist einerseits auf
grundlegende demokratische und soziale Errungenschaften der Arbeiterbewegung. Zugleich aber wird deutlich, daß die Situation der Arbeitnehmer
nach wie vor durch Abhängigkeit und Benachteiligung gekennzeichnet ist.
Daraus leitet sich die Fragestellung ab, wie und unter welchen Voraussetzungen sich die Gewerkschaften die Sicherung und Verwirklichung sozialer Grundrechte vorstellen. Im dritten Thema werden gewerkschaftliche Sozialstaatsvorstellungen exemplarisch anhand wirtschaftspolitischer Problemkomplexe herausgearbeitet. Viertens wird erörtert, welche Voraussetzungen gegeben sein müssen, damit der einzelne Arbeitnehmer
materiell in die Lage versetzt wird, an der Ausgestaltung des Sozial-
staats mitwirken zu können. Im Mittelpunkt der Abschlußphase stehen
politische Gestaltungs- und Handlungsfunktionen der Gewerkschaften.

Bestandteile des Seminarmodells sind: Arbeitsblätter; Grundsatz- und
Aktionsprogramm des DGB.

Zielsetzungen

Das Unterrichtsmodell soll dazu beitragen, die politische Urteilsfähig-
keit und -bereitschaft der Adressaten anzuregen und die Fähigkeit zum
politischen Handeln zu entwickeln. Die Teilnehmer sollen bspw. erkennen,
daß

- sich die Lage der Arbeitnehmer seit dem 19. Jahrhundert wesentlich
  gebessert hat, daß aber Benachteiligung und Abhängigkeit noch zentrale Merkmale ihrer Stellung in der Gesellschaft, vor allem im Betrieb
  sind;
- die Arbeiterbewegung hauptsächlichen Anteil an den bisher erreich-
  ten Verbesserungen der Lebens- und Arbeitsbedingungen der Arbeitnehmer hatte ;
- Sozialstaatlichkeit im Bereich der Wirtschaft bedeutet, einen sicheren
  Arbeitsplatz und somit eine sichere Existenzgrundlage zu haben;
- Abhängigkeit und Benachteiligung der Arbeitnehmer und die Auswirkungen
  :der betrieblichen Arbeitsorganisation die Entwicklung von Fähigkeiten
  behindern, Rechte eigenverantwortlich wahrnehmen zu können;

Es soll weiterhin die breite Palette von Handlungszielen - Handlungsebe-
nen - Handlungsinstrumenten zur Durchsetzung und Sicherung der gewerkschaftlichen Ziele nach Recht auf Arbeit, menschengerechten Arbeitsbedingungen, Selbstbestimmung, umfassender Qualifikation, Recht auf Bil-

ARBEIT UND TECHNIK - Interessenvertretung der Arbeitnehmer

dung, ausreichendem Einkommen sowie ausreichender Versorgung mit öffentlichen Dienstleistungen und Gütern deutlich werden.

Methoden

Struktur und Materialien des Seminarmodells folgen den pädagogischen
Prinzipien Aktualität - Anknüpfung an die aktuelle Lebenssituation und
Erkenntniswelt -, Anschaulichkeit - mediale Aufbereitung der Stoffin-
halte - und Aktivität -, d. h. maximale Beteiligung der Seminarteilnehmer bei der Planung und Realisierung der Themenbausteine. Als Kommu-
nikationsformen dominieren Lehr- und Unterrichtsgespräche. Für fest-
umrissene Aufgabenstellungen werden Arbeitsgruppen gebildet.

Kritische Anmerkungen

Das vorliegende Seminarmodell unternimmt den Versuch, grundsätzliche
Zielvorstellungen, Aufgabenbereiche und Handlungsmöglichkeiten der Ge-
werkschaften curricular zu verarbeiten und zu integrieren. Es handelt
sich insofern um einen authentischen Beitrag zum gewerkschaftlichen
Selbstverständnis im Medium didaktisch und methodisch aufbereiteter
Lehr- und Lernmaterialien.

Da die Voraussetzungen und Orientierungen der Adressaten in gewerkschaftlichen und schulischen Bildungsveranstaltungen i. d. R. erheblich differieren, dürfte eine unmittelbare Umsetzung des Seminarmodells
in allgemeinbildenden Schulen kaum infrage kommen. Möglich erscheint
hingegen, insoweit adressatenspezifische Zugangs- und Anwendungsformen
gefunden und konstruiert werden können, eine modifizierte und sequen-
tielle Einsatzweise der didaktischen und methodischen Ausarbeitungen
des Seminarmodells im Rahmen schulspezifischer Unterrichtseinheiten.
Hervorzuheben ist in diesem Zusammenhang die inhaltliche, methodische
und graphische Gestaltung der Arbeitsblätter, die knapp, übersichtlich, differenziert und anregend ein breites Spektrum an Grundlageninformationen und Diskussionsthemen zur Verfügung stellen.

Nr. 43

SCHWEIGER, M., BERNHARD, C.: Streik. Am Beispiel eines Metallarbeiterstreiks für die Verbesserung von Arbeitsbedingun-
gen. Modelle für den politischen und sozialwissenschaftlichen Unterricht - Band 33. Frankfurt/Köln:
Europäische Verlagsanstalt 1977. 105 S.

Einsatzmöglichkeit: 8. u. 9. Jg., berufsbildende Schulen, gewerkschaftliche Bildungsarbeit; Politik, Sozialwissenschaften; 24 Ustd.

Erprobungshinweise: 8. u. 9. Klasse einer Gesamtschule mit ländlichem
Einzugsbereich.

Inhaltliche Schwerpunkte und Aufbau

Für die Einstiegsphase werden alternative Möglichkeiten angegeben:

- schriftliche Befragung der Schüler, um vorhandene Kenntnisse und Voreinstellungen zu ermitteln; Diskussion der Befragungsergebnisse;

ARBEIT UND TECHNIK - Interessenvertretung der Arbeitnehmer

- frühzeitige Ankündigung der UE, Sammlung von Zeitungsmaterial, Aufzeichnungen von Sendungen des Rundfunks oder des Fernsehens, gemeinsame Planung der Arbeitsschritte und der Unterrichtssequenzen anhand der Materialsammlungen.

In einem zweiten Unterrichtsabschnitt werden Verlauf, Ergebnisse, Ursachen und Konsequenzen spontaner Streiks mit Hilfe vorformulierter Aufgabenstellungen untersucht. Um die von den Schülern herausgearbeiteten Problemstellungen aufgreifen und lösen zu können, werden ferner verfassungs- und tarifrechtliche Voraussetzungen von Streiks geklärt. Am Beispiel des Metallarbeiterstreiks in Schleswig-Holstein, in dem 1959 erstmals in der Geschichte der Bundesrepublik nicht ichbezogene Forderungen im Vordergrund standen, werden ausgehend von einem Dokumentarfilm Organisationsformen von Streiks exemplarisch analysiert.

Nachdem sich die Schüler anhand der verschiedenen Materialien und Medien Kenntnisse angeeignet haben über mögliche Ursachen von Arbeitskämpfen und organisatorische und rechtliche Problemstellungen bekannt sind, sollen in den folgenden Unterrichtsphasen die Auseinandersetzungen um den Lohnrahmentarifvertrag II und den Manteltarifvertrag in der Metallindustrie von Nordwürttemberg/Nordbaden 1973 thematisiert werden:

- Es werden Ursachen, Folgen und Bedeutung des Tarifkonflikts aufgearbeitet.
- Es werden die hauptsächlichen Verschlechterungen der Arbeitsbedingungen in der Metallindustrie untersucht und Schwerpunktbereiche des gewerkschaftlichen Forderungskatalogs hinsichtlich ihrer Ursachen und Begründungen zurückverfolgt (Arbeitstakte, Verdienstabsicherung für ältere Arbeitnehmer und Akkordarbeiter, Pausenregelungen).
- Da in den Texten häufig die Begriffe "humane Arbeitsplätze", "menschengerechte Gestaltung" der Arbeit auftauchen, soll die Diskussion um die Forderung nach "Humanisierung der Arbeitswelt" aufgenommen werden.
- Es wird empfohlen, eine Betriebsbesichtigung einzuplanen.
- In einem Vergleich verschiedener Pressemeldungen über den Streik in Nordwürttemberg/Nordbaden werden manifeste partikulare Interessen evident.

In einer abschließenden Sequenz wird eine Gesamteinschätzung der Vor- und Nachteile, der Wirkungen sowie der realen Chancen und Erfolgsaussichten verschiedener Arbeitskampfformen versucht. Ferner soll anhand aktueller Materialien deutlich werden, daß das Problem der "Humanisierung der Arbeitswelt" mit den Tarifauseinandersetzungen in Nordwürttemberg/Nordbaden keineswegs aufgehoben oder gar gelöst ist.

Bestandteile der UE sind: eine Sachanalyse, ein umfangreicher Materialienteil sowie ein kommentiertes Literatur- und Quellenverzeichnis.

Zielsetzungen

Für die Schüler soll erkennbar werden daß der Streik ein legales Mittel der Arbeitnehmer zur Vertretung ihrer Interessen gegenüber den Arbeitgebern ist. Sie lernen, daß das Koalitions- und Streikrecht ein historisch erkämpftes Recht zur Sicherung und Verbesserung der Lebens- und Arbeitsbedingungen ist. Durch die Gegenüberstellung von spontanen und gewerkschaftlich organisierten Streikbewegungen erfahren sie unterschiedliche Lösungsmodelle aktueller wirtschaftlicher und sozialer Kon-

ARBEIT UND TECHNIK - Interessenvertretung der Arbeitnehmer

flikte. In der Auseinandersetzung mit dem Lohnrahmentarifvertrag II und
dem Manteltarifvertrag in der nordwürttembergischen/nordbadischen Metallindustrie lernen sie, Interessenstandpunkte in wirtschaftlichen Konflikten zu hinterfragen und zu prüfen, inwieweit über die Solidarisie-
rung von gleichermaßen Betroffenen die Chance besteht, auf die Setzung
ökonomischer Prioritäten Einfluß zu nehmen.

Methoden

Um eine Anknüpfung an die jeweiligen Erfahrungshorizonte, die Interessen
und den unterschiedlichen Wissenstand der Lerngruppe zu ermöglichen, wird
ein Konzept variabler Unterrichtsplanung nahegelegt, Zeitpunkt, Anzahl
und Auswahl der Texte, Aufgabenstellungen sowie verschiedene Arbeits-
und Sozialformen sollen von den Lernbedürfnissen und dem Unterrichtsverlauf abhängig gemacht werden. Dabei sollen die angestrebten und erreich-
ten Arbeits- und Lernprozesse durch schriftliche Ausarbeitungen von Fragestellungen, durch gemeinsame Lektüre von Texten und durch häufige Zusammenfassungen von Zwischenergebnissen präzisiert und gesichert werden.

Kritische Anmerkungen

Es werden gut sortierte und teilweise äquivalent einsetzbare Grundlage-
informationen und Arbeitsmaterialien zur Verfügung gestellt. Sie ermöglichen eine flexible und variable, die Erfahrungen, Einstellungen und
Interessenschwerpunkte von Lerngruppen aufgreifende Unterrichtsplanung.
Insofern folgen die Autoren dem Konzept eines schülerzentrierten Unterrichts. Auf der anderen Seite versuchen sie, den "Gefahrenmomenten" eines offenen Curriculums entgegenzuwirken. Wohl werden variable Arbeits-
und Sozialformen, situationsspezifische Themenfolgen und unterschiedliche inhaltliche Schwerpunktsetzungen eingeplant. Zugleich wird aber darauf verwiesen, daß eine Vernachlässigung von grundlegenden sozialökono-
mischen, juristischen, arbeitssoziologischen und organisatorischen Zusammenhängen die vorgängigen Intentionen der UE konterkarieren könnten.
Das Modell enthält ausgearbeitete Strukturelemente. Sie werden durch
informative Erfahrungsskizzen aus der Erprobungsphase in der achten Jahrgangsstufe einer hessischen Gesamtschule ergänzt und illustriert.

Bei der Konstruktion und Realisierung von Projekten zu den Themenbereichen "Humanisierung der Arbeitswelt", "Wandel der Arbeitsplatzstruk-
tur" und "Streik" dürften sich die sachanalytischen Skizzen und didaktisch-methodischen Begründungen und Vorschläge als nützliche Planungs-
hilfen erweisen. Sie erleichtern die Unterrichtsvorbereitung und machen
den Lehrer beweglicher in der Handhabung methodischer Varianten und bei
der Verwirklichung der notwendigen lerngruppenspezifischen Binnendiffe-
renzierung.

In der vorliegenden UE stehen die Begründungen, Durchsetzungemöglich-
keiten und -formen zur Realisierung humanerer Arbeitsbedingungen im
Mittelpunkt. Daraus ergeben sich Gewichtungen bei der Auswahl der Materialien und der unterrichtlichen Aufgabenstellungen. Erklärungsver-
suche für die in den nordwürttembergisch/nordbadischen Tarifauseinandersetzungen um "mehr Lebensqualität am Arbeitsplatz" sich manifestierenden
entgegengesetzten Interessen und Positionen der Arbeitgeber werden jedoch keineswegs vernachlässigt.

ARBEIT UND TECHNIK - Interessenvertretung der Arbeitnehmer

Die Intentionen des Modells orientieren sich an den ökonomischen und
sozialen Interessen der Arbeitnehmer. Sie nehmen Bezug auf gewerkschaftliche Zielsetzungen und Forderungen einerseits und auf die verfassungs-
rechtlichen Normierungen des Grundgesetzes sowie auf die Vorgaben der
einschlägigen Lehrpläne und Richtlinien für die Abgangsklassen der Haupt-
und Realschulen andererseits.

Nr. 44

BUTHIG, W.: Rollenspiele - eine didaktische Notwendigkeit. Mit dem Unterrichtsbeispiel "Sorgen mit dem Beruf".
In: Die Scholle 1974, 6, 301 - 309.

Im Unterrichtsbeispiel werden die Schüler mit einem realistischen Ar-
beitsplatzkonflikt konfrontiert, den sie in einem Rollenspiel in Kar-
tenform zu lösen haben. Im Vordergrund steht neben der Vermittlung von
Sachzusammenhängen die Steigerung der Schüleraktivität und Spontanei-
tät im Unterricht durch die Form des Wirtschaftsspiels. Die Unterrichtseinheit umfaßt mit anschließender Klassendiskussion eine Unterrichtsstunde und ist erprobt und von Schülern bewertet worden.

Nr. 45

DEUTSCHER GEWERKSCHAFTSBUND - BUNDESVORSTAND (Hrsg.): Themenkreis:
Gewerkschaften und Gesellschaft I. Krise als
gesellschaftspolitische Herausforderung für die Gewerkschaften. Düsseldorf, 1978. 112 S.

Der Referentenleitfaden aus der gewerkschaftlichen Erwachsenenbildungs-
arbeit, der mit umfangreichem Material für Teilnehmer und Referenten
ausgestattet ist, unterteilt sich in fünf Themen: (1) Arbeitslosigkeit - Drückebergerei oder Folge der Krise? - Auswirkungen von Dauerar-
beitslosigkeit für die abhängig Beschäftigten. (2) Krise des Wirtschaftssystems - Tarifpolitik als Prügelknabe. (3) Gewerkschaften als Zielschei-
be der Reaktion - Gesellschaftspolitische Auswirkungen der Krise. (4)
Durchsetzung von Arbeitnehmerinteressen mit gewerkschaftlicher Kraft -
Anforderungen an die Tarifpolitik heute. (5) Wege zur Vollbeschäfti-
gung - Gewerkschaftliche Forderungen nach neuen Instrumenten staatlicher Wirtschaftspolitik.

Nr. 46

ENGELHARDT, R.: Ein Streik ist ausgebrochen.
In: Klafki, W. (Hrsg.): Unterrichtsbeispiele der
Hinführung zur Wirtschafts- und Arbeitswelt. Düs-
seldorf: Bagel 1970, S. 177 - 182.

Einsatzmöglichkeit: 8. Jg.; Sozialkunde.

Der Unterricht soll einen aktuellen gesellschaftlichen Prozeß begleiten
und die Schüler zur kritischen, reflektierten, sachlich fundierten Auseinandersetzung mit Ursachen und Folgen eines Streiks befähigen. In einem ersten Schritt werden die unterschiedlichen Positionen und die aktuelle Lage aufgearbeitet. Hieran schließt sich in der zweiten Unter-

ARBEIT UND TECHNIK - Interessenvertretung der Arbeitnehmer

richtsstunde eine Begriffsklärung im Unterrichtsgespräch an. Drittens
werden Forderungen der Gewerkschaft erarbeitet, danach die Position der
Unternehmer.

Nr. 47

GEW, STADTVERBAND MÜNSTER. (Hrsg.): Unterrichtseinheit Gewerkschaften.
Eine selbst konzipierte und durchgeführte Unterrichtseinheit zum Thema Gewerkschaften. In: Gewerkschaften als Thema des Unterrichts. Münster 1977.
S. 88 - 95

Einsatzmöglichkeit: Gymnasium; 14 Ustd.

Ausgehend von der sozialgeschichtlichen Entwicklung und der organisatorischen Verfaßtheit werden die öffentlichen Kontroversen um Aufgabenstellungen, Zielsetzungen und Funktionen von Gewerkschaften in hoch-
entwickelten Industrieländern aufgenommen. Eine Auseinandersetzung mit
tarifpolitischen und arbeitsrechtlichen Themen schließt sich an.

Nr. 48

GEW, LANDESVERBAND HESSEN: Streik und Aussperrung - eine Unterrichtseinheit -. In: Sonderinformationen 1980, 3, 1 - 8.

Einsatzmöglichkeit: Jg. 8 - 13; Politik, Polytechnik, Wirtschaftskunde; 6 Ustd.

Erprobungshinweise: Mehrfache Erprobung in den Klassen 8 - 13 an allgemeinbildenden Schulen.

Anhand von Auszügen aus dem Stück von Bert Brecht "Die Mutter" untersuchen die Schüler in Partnerarbeit Unterschiede zwischen Unternehmern
und Lohnabhängigen, sowie zwischen Produktiv- und Gebrauchsvermögen. In
den nachfolgenden Unterrichtssequenzen wird den Fragen nachgegangen:
Was sind Streiks? Wie kommen sie zustande? Wie ist die arbeitsrechtliche und finanzielle Situation für die streikenden Arbeitnehmer? Welche
Ziele werden mit einer Aussperrung verfolgt? Wie ist die Rechtslage?
Sollen Aussperrungen verboten werden?

ARBEIT UND TECHNIK - Mitbestimmung

Nr. 49

GERLACH, G., RANKE, B., TRAUTWEIN, N.: Gewerkschaften und Mitbestimmung.
(Hrsg.): DGB - Bundesvorstand, Abt. Gesellschafts-
politik. Bonn: Bundeszentrale für politische Bildung,
1977. 559 S.

Einsatzmöglichkeit: Politische Erwachsenenbildung; ein- oder zweiwöchi-
ge Lehrgänge (35 - 70 Std.)

Inhaltliche Schwerpunkte und Aufbau

In der Lehrgangseinheit werden drei thematische Schwerpunkte behandelt:
In der "Orientierungsphase" werden die Lehrgangserwartungen der Seminarteilnehmer durch Fragebögen erhoben. Die Ergebnisse dieser Eingangsbe-
fragung werden sodann mit dem vom Referententeam konzipierten Grobab-
lauf des Kurses konfrontiert und mit diesem in einer einführenden Diskussion in Einklang gebracht. Für die "Analysephase" werden folgende Arbeitsschritte vorgeschlagen: (1) Bestandsaufnahme der Lebens- und Arbeitssituation der abhängig Beschäftigten; (2) Analyse des Interessengegensatzes zwischen Kapital und Arbeit; (3) Gewerkschaften und Interessenvertretung; (4) Geschichte und System der Mitbestimmung; (5) Mitbestimmung im Unternehmen; (6) Mitbestimmung im Betrieb.

In der "Anwendungsphase" ist vorgesehen, konkrete betriebliche Problem-
und Konfliktfelder unter Anwendung der zuvor erarbeiteten Erkenntnisse
zu besprechen und mögliche Durchsetzungsstrategien zu entwickeln.

Zu jedem der Themenbereiche werden jeweils der thematische Aufbau sowie
die inhaltliche Abfolge der Lehrgangsschritte detailliert entwickelt, die
Lernziele offengelegt und präzisiert. Ferner werden Hinweise zur Arbeitsweise im Lehrgang gegeben, die sich aufgrund methodisch-didaktischer
Überlegungen und der bisherigen praktischen Erfahrungen als möglich er-
wiesen haben. Das Lehrgangsmodell enthält darüber hinaus insgesamt 140
Teilnehmerunterlagen (Fragebögen und Lehrplanmuster, Tabellen, Graphiken, Übersichten, Zeitschriften- und Presseausschnitte, Gesetzestexte,
gewerkschaftliche Grundsatz- und Aktionsprogramme).

Zielsetzungen

Es werden Richt- und Einzellernziele unterschieden. Als Richtlernziele
werden angestrebt:

(1) Die Teilnehmer erlangen die Fähigkeit, frei von Angst und Zwang im
    Lehrgang zu diskutieren, zu lernen und sich untereinander zu verhal-
    ten. Im Erfahrungsaustausch erkennen sie gemeinsame Interessen und
    Ziele.
(2) Die Teilnehmer sollen erkennen, daß die widersprüchliche, unzurei-
    chende oder unbegründete Deutung der sozialen Situation der abhän-
    gig Beschäftigten Auswirkungen auf die Interessenvertretung hat und
    deshalb versucht werden muß, zu einer schlüssig begründbaren Deu-
    tung und Handlungsorientierung zu gelangen.
(3) Die Teilnehmer eignen sich wichtige sozialökonomische Daten und Fak-
    ten zur objektiven Lage der abhängig Beschäftigten kritisch an und
    überprüfen und kritisieren zuzuordnende Deutungsmuster.

ARBEIT UND TECHNIK - Mitbestimmung

(4) Die Teilnehmer sollen aus der Analyse des Interessengegensatzes von Arbeit und Kapital grundlegende Interessen und Forderungen der abhängig Beschäftigten formulieren können.

(5) Die Teilnehmer sollen die Gewerkschaften in ihrer Funktion als notwendige Interessenvertretung der abhängig Beschäftigten erkennen und die Mitbestimmung in den Gesamtzusammenhang gewerkschaftlicher Handlungsmöglichkeiten einordnen können.

(6) Die Teilnehmer gewinnen einen Überblick über Geschichte, System und Bereiche der Mitbestimmung.

(7) Am Beispiel der Montanmitbestimmung werden die Teilnehmer mit der Funktion und den Grenzen der paritätischen Unternehmensmitbestimmung vertraut gemacht.

(8) Die Teilnehmer sollen die Fähigkeit erlangen, gewerkschaftliche und gesetzliche Mittel der betrieblichen Mitbestimmung einsetzen zu können.

(9) Die Teilnehmer lernen die im Lehrgang erworbenen Kenntnisse und Fähigkeiten auf einen betrieblichen Konfliktfall anzuwenden.

Methoden

Der Referentenleitfaden dient vornehmlich der Darstellung der Argumentationsabläufe (inhaltliche Abfolge), die eine in sich schlüssige Darstellung der Mitbestimmungsforderungen und der Mitbestimmungspraxis ermöglichen soll. In diesem Sinne werden die jeweiligen Themen- und Problemstellungen inhaltlich strukturiert sowie typische Argumentations- und Deutungsmuster der Zielgruppe skizziert. Ferner werden für jede Lernsequenz Hinweise zur Arbeitsweise gegeben. "Diese Vorschläge, die häufig auch alternativ gemacht werden, ergeben sich aus dem inneren Zusammenhang von Inhalt und Methode und aus Erfahrungswerten bisher durchgeführter Lehrgänge. Sie müssen modifiziert werden, wenn die inhaltliche Schwerpunktsetzung - sei es in der Grob- oder in der Feinplanung - gegenüber dem vorgeschlagenen Ablauf verändert worden ist." Als vorrangige Arbeitsweisen werden Lehrgespräche und Diskussionen vorgeschlagen, um sicherzustellen, daß sich die Seminarteilnehmer selbständig und aktiv mit den Problemstellungen auseinanderzusetzen lernen.

Kritische Anmerkungen

Das Curriculum "Gewerkschaften und Mitbestimmung" ist eines von insgesamt zehn Projekten, die in den Jahren von 1973 bis 1978 von verschiedenen Trägern der Politischen Bildung verantwortlich durchgeführt und von der Bundeszentrale für politische Bildung finanziell gefördert und wissenschaftlich begleitet wurden.

Die Curriculumprojekte sind jeweils in der Schriftenreihe der Bundeszentrale für politische Bildung veröffentlicht worden. Es liegen vor: Arbeitsgemeinschaft katholisch - sozialer Bildungswerke: Gestalt, Standort und Funktion der Familie in der Gesellschaft, Leiterkreis der evangelischen Akademien in Deutschland: Bildungspolitik als Gegenstand politischer Bildung. Friedrich-Ebert-Stiftung: Kommunale Selbstverwaltung als Politik, Konrad-Adenauer-Stiftung: Wirtschaft und Gesellschaft, Friedrich-Naumann-Stiftung: Bürgernahe Aktion und Umweltgestaltung, Deutscher Volkshochschulverband: Integration von beruflicher und politischer Bildung am Beispiel der Sekretärinnenaus- und Fortbildung. In-

stitut für europäische Politik: Europäische Integration. Institut der
deutschen Wirtschaft: Die Ordnungsprinzipien der sozialen Marktwirtschaft. Deutscher Bundeswehr-Verband: Sicherheit und Gesellschaft.

Forschungsstrategisch wurde von vornherein nicht ein einziges, allgemein verbindliches Curriculum, sondern eine Vielzahl konkurrierender
Bildungsangebote intendiert, "die teils im Baukastensystem zu ergänzen sind, in anderen Bereichen aber unvereinbar kontrovers bleiben." Für
die Trägerinstitutionen war damit die Aufgabenstellung gegeben, die
weltanschaulichen und politischen Zielsetzungen ihrer Bildungsarbeit in
einem begrenzten thematischen Rahmen selbstkritisch zu hinterfragen und
gegenüber allen am Forschungs- und Arbeitsprozeß Beteiligten wie gegenüber der Öffentlichkeit transparent und überprüfbar zu gestalten.

Dieser von der Bundeszentrale für politische Bildung neu beschrittene
Weg hat sich im vorliegenden Falle offenkundig bewährt. Aufgrund der
institutionellen Anbindung der Projektgruppe an eine potente Träger-
organisation war es möglich, zahlreiche Mitbestimmungs- und Bildungs-
experten aus dem DGB und den Einzelgewerkschaften, Mitarbeiter aus dem
Bereich der außergewerkschaftlichen Erwachsenenbildung und Wissenschaft-
ler verschiedener Fachdisziplinen in einem Umfange und in einer Intensi-
tät zu mobilisieren, wie es in aller Regel selbst universitären Forschungs-
projekten und Arbeitsgruppen nicht möglich ist. Auf diese Weise wurde
es möglich, eine zugleich wissenschaftlich fundierte und praxisnahe
Bildungskonzeption zu entwickeln, die auch über den unmittelbaren Rahmen gewerkschaftlicher Bildungsarbeit hinaus Beachtung verdient.

Das Curriculum "Gewerkschaften und Mitbestimmung" setzt sich mit einer
Themenstellung auseinander, der in den Richtlinien und Lehrplänen für
den Arbeitslehreunterricht eine bedeutende Stellung zugemessen wird.
Es kann davon ausgegangen werden, daß sowohl die inhaltliche Darstellung als auch die Vorschläge zur didaktischen Umsetzung des Themenbe-
reiches im Hinblick auf den Unterricht in den Jahrgangsstufen 9 und 10
der Sek. I und im Sekundarbereich II auch dann, wenn die Zielsetzungen
des Lehrgangsmodells nur partiell adaptiert werden können oder sollen,
eine Vielzahl von Anregungen beinhalten, die zwar eine zielgruppenadä-
quate Unterrichtsplanung keinesfalls ersetzen können, die aber geeignet sind, die Vorbereitung und Durchführung von schulischen Projekten
nachhaltig zu unterstützen. Insbesondere für die Eingangsphase dürfte
es jedoch erforderlich sein, adressatenspezifische methodische Verfahren zu entwickeln. Hierbei käme es vornehmlich darauf an, allen Schülern (z. B. auf der Grundlage von Befragungen von Eltern und Bekannten,
oder im Rahmen von Betriebserkundungen durch Interview mit Arbeitern,
Angestellten, Betriebsleitungen, Betriebsräten und Vertrauensleuten)
eine unmittelbare und gemeinsame Auseinandersetzung mit den Lebens-
und Arbeitsbedingungen der abhängig Beschäftigten zu ermöglichen.

ARBEIT UND TECHNIK - Mitbestimmung

Nr. 50

HOPPE, M. u. a.: Mitbestimmung im Betrieb. Unterrichtsmaterialien zur
Arbeits-. Wirtschafts- und Gesellschaftslehre.
Hrsg. von der wissenschaftlichen Begleitung
des Forschungsprojekts "Berufsorientierender Unterricht". Hannover: Level 1979, 100 S.

Einsatzmöglichkeit: 9. u. 10. Jg. der allgemeinbildenden Schulen

Erprobungshinweise: Entwicklung und Evaluation in den Klassen 9 und
10 einer Realschule mit großstädtischem Einzugs-
bereich.

Inhaltliche Schwerpunkte

Es werden zwei, inhaltlich und methodisch kontrastierende Unterrichtsentwürfe zu den Themenfeldern "Mitbestimmung im Betrieb" und "Mitbestimmung nach dem Betriebsverfassungsgesetz" vorgelegt.

Im ersten Unterrichtsvorschlag werden ausgehend von einem praktizier-
ten Beispiel erweiterter Mitbestimmung, dem sog. Porstmodell, die rechtlichen Regelungen nach dem Betriebsverfassungsgesetz und dem Mitbestim-
mungsgesetz von 1976 gegenübergestellt und zu den Vorstellungen der
Parteien, der Gewerkschaften und der Arbeitgeberverbände in Beziehung
gesetzt. Die Ergebnisse des Unterrichts werden abschließend in einem
"Pro und Contra - Spiel", in dem sich die Schüler mit den Möglichkeiten auf betrieblicher und unternehmerischer Ebene kritisch auseinandersetzen, zusammengetragen und resümiert.

In einem zweiten Unterrichtsentwurf werden demgegenüber ausschließlich
die Ebenen des Arbeitsplatzes und des Betriebes thematisiert. Es werden
die Rechte und Pflichten von Betriebsräten und Jugendvertretungen aufgearbeitet und in Anwendungsbeispielen durchgespielt.

Bestandteile des Modells sind: Hintergrundinformationen für Lehrer:
Sachdarstellung, Auszüge und Ausschnitte aus Zeitungs- und Zeitschriftenartikeln, Literatur- und Medienhinweise; Arbeitsmaterialien für Lehrer und Schüler.

Zielsetzungen

Es wird angestrebt, die Schüler auf eine aktive Mitgestaltung der
Arbeitswelt sowie der staatlichen und gesellschaftlichen Institutionen vorzubereiten. Durch die ansatzweise Antizipation der späteren
Erwerbstätigkeit sollen sie die Notwendigkeit einer konstruktiven Regelung spezifischer Interessengegensätze der am Arbeits- und Berufs-
geschehen beteiligten sozialen Kräfte kennenlernen.

Methoden

Für jede Sequenz werden Intentionen, Lernziele, Unterrichtsvorschläge, didaktische Kommentare und Berichte über den in der Erprobungsschule durchgeführten Unterricht ausgewiesen. Es werden zur Realisierung der Intentionen i. d. R. methodische Alternativen angeboten. Vorgesehen sind u. a.: Fallstudie, Tonbandinterviews, Rollenspiel, Pro
und Contra - Spiel, Gruppenarbeit.

467

ARBEIT UND TECHNIK - Mitbestimmung

Kritische Anmerkungen

Die Unterrichtsentwürfe werden detailliert dargelegt und begründet. Insoweit während der Erprobungsphase des Curriculumbausteins von den Lehrern zu den Vorentwürfen der Projektgruppe ergänzende oder alternative Unterrichtsvorschläge entwickelt und realisiert wurden, wird darauf ausführlich eingegangen.

Die vorliegende UE vermag dennoch insgesamt nicht zu überzeugen. Weder werden die ausgewiesenen Inhalte und Ziele der Unterrichtseinheit didaktisch annäherungsweise umgesetzt, noch läßt der Vorschlag eine die Unterrichtssequenzen verbindende und übergreifende Struktur erkennen.

Es ist zu erwarten, daß die inhaltlichen Schwerpunkte der UE,die sich nahezu ausschließlich auf rechtliche und institutionelle Aspekte von Mitbestimmungsmodellen beziehen, sich als wenig geeignet erweisen, das Interesse und die Mitarbeit der Schüler anzuregen und zu entwickeln. Der Anspruch, im Unterricht auf eine aktive Mitgestaltung und Mitbestimmung in Wirtschaft, Staat und Gesellschaft vorzubereiten, wird jedenfalls in keinem der diversen didaktischen Vorschläge eingelöst. Zwar enthalten die "Hintergrundinformationen für Lehrer" neben der Darstellung institutioneller Regelungen und Möglichkeiten der Partizipation von Arbeitern und Angestellten den Abriß einer Sozialgeschichte des gewerkschaftlichen und politischen Kampfes um die Mitbestimmung. Die vielfach oberflächliche und teilweise verzerrende Aufbereitung der historischen Entwicklungslinien dürften es jedoch erforderlich machen, ergänzende und korrigierende fachwissenschaftliche und -didaktische Literatur bei der Erstellung modifizierter UE einzubeziehen.

Nr. 51

Mitbestimmen - Mitentscheiden. Handreichung zum Problemfeld "Mitbestim-
        mung" in der Sekundarstufe I. Hrsg. : Arbeits-
        gruppe "Unterrichtsmodelle" beim Studienkreis
        Schule / Wirtschaft Nordrhein - Westfalen. Düssel-
        dorf: Studienkreis Schule / Wirtschaft, o. J. 64 S.

Der Zugang zum Thema erfolgt über die schulische Mitbestimmung der Schüler. Weitere Inhaltsbereiche der Informationsphase sind: (1) Der Betriebsrat vertritt die Belegschaft, (2) Jugendvertretung, (3) Unternehmer und Aufsichtsrat, (4) Gewerkschaft und Betriebsverfassungsgesetz, (5) Montanmitbestimmung, (6) Entscheidungsrahmen Aufsichtsrat. In einer weiterführenden Sequenz geht es um Konfliktzonen der Mitbestimmung im personellen (Kündigung), sozialen (Arbeitszeitregelung) und wirtschaftlichen Bereich (ein Zweigwerk soll stillgelegt werden).

Nr. 52

AUFDERHEIDE, H.: Thema: Mitbestimmung.
        In: Stundenvorbereitung. Sozialkunde für die
        Sekundarstufe I. Dornburg - Frickhofen, 1975.
        S. 329 - 436.

Einsatzmöglichkeit: 10. Jg; 1 Ustd.

ARBEIT UND TECHNIK - Mitbestimmung

Das Unterrichtsmodell thematisiert die Dualität von Fremd- und Selbstbestimmung. Aus dem Gegensatz von wirtschaftlicher Abhängigkeit der
Arbeitnehmer und den Wesensmomenten der Demokratie und des Pluralismus
ergeben sich Bedingungen und Prinzipien der betrieblichen und unternehmerischen Mitbestimmung.

Nr. 53

FAULSTICH, P. u. a.: Unterrichtsmaterial: Mitbestimmung. Interessen-
                     vertretung durch die Gewerkschaften. Berlin: DGB-
                     Landesbezirk, 1978, 81 S.

Einsatzmöglichkeit: Sek. I u. II.

Die Unterrichtseinheit zum Thema Mitbestimmung soll sowohl die gesell-
schaftsbezogenen Kenntnisse als auch die Erfahrungen über den betrieblichen Alltag erweitern. Ein konkreter innerbetrieblicher Konflikt bildet den Einstiegsfall in den Unterricht. In einem weiteren Schritt wird
der Interessenkonflikt zwischen Arbeitgebern und Gewerkschaften auf betrieblicher und gesamtgesellschaftlicher Ebene exemplarisch rekonstruiert.
Daran schließt sich die konkrete Untersuchung von Mitbestimmungsmodellen an. Den Abschluß bildet eine Sequenz, in der Möglichkeiten zur
Durchsetzung erweiterter Mitbestimmungsregelungen diskutiert werden.

Nr. 54

FÖRSTER, H.: Didaktische Aspekte zur Lerneinheit "Partizipation und Mit-
             bestimmung". In: Wirtschaft und Gesellschaft im
             Unterricht 1978, 2, 58 - 61.

Die Begriffspaare Demokratie / Demokratisierung und Partizipation / Mitbestimmung werden in historischer und (verfassungs-)rechtlicher Dimension beleuchtet und anhand von Fallbeispielen exemplifiziert.

Nr. 55

GROSSER, D.: Paritätische Mitbestimmung - Weg zur Selbstbestimmung oder
             zur Funktionärsherrschaft. In: Politische Bildung
             1975, 3, 77 - 85.

Im Ausgang von aktuellen Kontroversen und in Auseinandersetzung mit
gewerkschaftlichen und unternehmerischen Positionsbestimmungen zur
paritätischen Mitbestimmung in der Wirtschaft werden Fakten und Hypo-
thesen zusammengetragen, die den Lernenden eine selbständige und begründete Abwägung der Vor- und Nachteile ermöglichen soll.

ARBEIT UND TECHNIK - Mitbestimmung

Nr. 56

SCHMIEDERER, I.: Wirtschaftliche Mitbestimmung, Frankfurt: Europäische
        Verlagsanstalt, 1970. 59 S.
Einsatzmöglichkeit: 7. - 10. Jg.; Sozialkunde, Arbeitslehre, Geschichte,
        Religion.

Auf die motivierende Einstiegsphase, die an aktuelle Ereignisse anknüpft oder in Form einer Schülerbefragung mit anschließender Gruppendiskussion durchgeführt wird, werden die unterschiedlichen Interessenpositionen der Verbände, Gewerkschaften, Kirchen und Parteien an Hand
von aufbereiteten Schülermaterialien herausgearbeitet. In der zweiten
Informationsstufe werden Voraussetzungen der Mitbestimmung sowie Ausmaß
und Inhalt der bestehenden Mitbestimmungsrechte den Schülern vermittelt.
In der abschließenden Sequenz wird das Gelernte problematisiert an Hand
empirischer Daten, Aussagen verschiedener Interessenvertreter und Kri-
tiker der bestehenden Mitbestimmung und der Reformvorschläge zur Mitbestimmung.

Nr. 57

TESCH, J.: Mitbestimmung in der Wirtschaft. Ein Unterrichtsentwurf aus
        dem sozialen Bereich der Arbeitslehre.
        In: Dortmunder Hefte für Arbeitslehre und Sachun-
        terricht 1970, 5, 10 - 20.
Einsatzmöglichkeit: Hauptschule, 9. Jg.; Arbeitslehre; 14 Ustd.

Literaturhinweise: TESCH, J.: Unterrichtsbeispiel "Mitbestimmung".
        In: SCHNEIDEWIND, K. (Hrsg.): Planung und Bei-
        spiel. Stuttgart: Klett, 1971. S. 39 - 53.

In Vorbereitung eines Betriebspraktikums werden in sozialer Dimension
Aspekte der Mitbestimmung von Arbeitnehmern und Gewerkschaften im Unterricht aufgegriffen. Es werden bestehende Hierarchien hinterfragt und
unter Bezugnahme auf die unterschiedlichen Standortbestimmungen von
Interessenverbänden Ebenen und Formen betrieblicher Demokratisierung
verortet.

ARBEIT UND TECHNIK - Tarifautonomie und Tarifpolitik

Nr. 58

CONERT, H.: Einführung in die politische Ökonomie der Bundesrepublik.
Modelle für den politischen und sozialwissenschaft-
lichen Unterricht - Band 18. Frankfurt: Europäische
Verlagsanstalt, 1972. 102 S.

Einsatzmöglichkeit: 8. - 10. Jg., Berufs- und allgemeinbildende Schulen Sek. II; Sozialkunde.

Inhaltliche Schwerpunkte und Zielsetzungen

Am Ausgangspunkt des Unterrichtsprojektes steht die Frage, auf welche
Weise und unter welchen Bedingungen Erwerbstätige ihre nominalen und
realen Einkommen sichern und erhöhen können. Die Auseinandersetzung mit
dieser Problemstellung leitet über zur Analyse der sozioökonomischen
Stellung der Lohnabhängigen und zur begrifflichen Fassung der verschie-
nen Einkommensquellen. Die theoretisch gewonnenen Erkenntnisse werden
sodann anhand verfügbarer empirischer Daten zu den Verteilungsrelatio-
nen in der Bundesrepublik überprüft. In einem weiteren Unterrichtsabschnitt wird entwickelt, wie aus den gesellschaftlichen Einkommensdis-
paritäten notwendig ungleiche Verteilungsverhältnisse erwachsen. In einem Exkurs wird auf Pläne, Chancen und Absichten einer breiteren Ver-
mögensstreuung eingegangen. Der Anhang zum Unterrichtsmodell enthält
Quellentexte und Arbeitsmaterialien.

Zielsetzungen

Die UE vermittelt Grundkenntnisse der Funktionsweise des ökonomischen
Systems der Bundesrepublik. Allgemein will das Projekt dazu beitragen,
die Schüler zum Erfassen sozioökonomischer Grundsachverhalte und Zusammenhänge zu befähigen. Sie sollen lernen, gesellschaftliche und wirtschaftliche Tatbestände und Vorgänge, von denen sie betroffen sind, weder als gleichsam schicksalhafte und unbeeinflußbare Erscheinungen,
noch als Folgen willkürlicher Entscheidungen einzelner Personen zu deuten. Ihnen soll der Zusammenhang von Entwicklungstendenzen der kapitalistischen Produktionsweise und konkreten wirtschaftlichen und gesellschaftlichen Einzelerscheinungen bewußt werden. Sie sollen bspw.
erkennen, daß in einem kapitalistischen Wirtschaftssystem die ungleichen Einkommens- und Vermögensverteilungen notwendig aus privater Verfügungsgewalt über Produktionsmittel resultieren.

Methoden

Der Unterricht findet vornehmlich in Gesprächsform statt, in der der
Lehrer als Moderator fungiert. Dabei können Rückgriffe auf Erlebnis-
se und Erfahrungen der Schüler dazu beitragen, den Zugang zum Thema
zu erleichtern sowie die theoretisch erarbeiteten gesellschaftlichen
und ökonomischen Zusammenhänge zu illustrieren und zu konkretisieren.
Die Analyse der Einkommens- und Vermögensverteilung und der Pläne zur
Vermögens- und Sparförderung kann in Gruppenarbeit erfolgen. - Anhand
eines Testbeispiels, in der auf das Verständnis der inhaltlichen Beziehungen abgehoben wird, soll abschließend die Erfolgskontrolle gesichert werden.

ARBEIT UND TECHNIK - Tarifautonomie und Tarifpolitik

Kritische Anmerkungen

Die Analyse der Einkommens- und Vermögensverteilung in der Bundesrepublik ist eingebunden in eine Einführung zur politischen Ökonomie. Sie fungiert als Ausgangspunkt und Anwendungsbereich der theoretischen Reflektionen. Das Unterrichtsmodell beschreibt in exemplarischer Absicht eine mögliche inhaltliche und methodische Abfolge von Lernschritten, ohne das beabsichtigt wäre, eine vorhergehende fachwissenschaftliche Auseinandersetzung des Lehrers mit den angesprochenen empirischen und theoretischen Aufgabenstellungen zu ersetzen.

In dem Unterrichtsprojekt werden komplexe ökonomische und gesellschaftliche Zusammenhänge auf eine Ebene geholt, auf der eine wissenschaftlich fundierte Einführung zu den Themen der UE auch in den Abgangsklassen der Sekundarstufe I grundsätzlich möglich erscheint. Dazu stehen einige geeignete Grundlagentexte zur Verfügung. Andere methodische Zugangsformen werden hingegen vernachlässigt. So könnten AV - Medien und Anschauungsmaterialien die Funktion übernehmen, die Arbeits- und Lernprozesse der Schüler zu unterstützen und zu erweitern. Ebenfalls ausgeblendet wird die praktische Bedeutung der vermittelten Erkenntnisse und Einsichten für gegenwärtige und zukünftige Lebenssituationen der Lernenden.

Nr. 59

HÄGER, W. u. a.: Tarifgeschehen. Hrsg. : Wissenschaftliche Begleitung des Forschungsprojekts "Berufsorientierender Unterricht". Hannover: Level, 1979. 101 S.

Einsatzmöglichkeit: 9. u. 10. Jg.; Arbeits-, Wirtschafts- und Gesellschaftslehre.

Erprobungshinweise: Entwicklung und Evaluation in den Klassen 9 und 10 einer Realschule mit großstädtischem Einzugsbereich.

Inhaltliche Schwerpunkte und Aufbau

Alternative 1: Ein fiktiver Verteilungskonflikt zwischen den Funktionsträgern eines Kleinbetriebes wird in einem Simulationsspiel nachempfunden. Die Erkenntnisse und Einstellungen, die von den Schülern in der Realisierungs- und Auswertungsphase des einführenden Rollenspiels erworben worden sind, werden in den folgenden Unterrichtssequenzen zur Vorbereitung, Durchführung, Rekonstruktion und Auswertung eines Planspiels eingesetzt, das den Ablaufprozeß einer konfliktorischen Tarifrunde zum Gegenstand hat.

Alternative 2: Die Schüler erarbeiten in Kleingruppen auf der Grundlage vorgegebener Arbeitsmaterialien Grundkenntnisse des bundesdeutschen Wirtschaftssystems und zum Tarifgeschehen, die in einem arrangierten Planspiel zum Tarifkonflikt vertieft und erweitert werden.

Alternative 3: Die in dem Film "Gerechter Lohn" vorgestellten Entlohnungsprinzipien werden im Unterricht herausgearbeitet und kritisch beleuchtet. Dem folgt, nachdem sich die Schüler anhand von Arbeitsblättern mit typologischen Ablaufprozessen von Tarifrunden sowie mit Problem- und Konfliktsituationen von Arbeitskämpfen auseinandergesetzt haben, ein "Pro und Contra - Spiel" in dem tarifliche Auseinandersetzungen um die

ARBEIT UND TECHNIK - Tarifautonomie und Tarifpolitik

Verlängerung des vertraglich gesicherten Jahresurlaubs simulativ rekonstruiert werden.

Bestandteile des Modells sind: Hintergrundinformationen für Lehrer: Sachdarstellung, Auszüge und Ausschnitte aus Presse- und Zeitschriftenartikeln; Arbeitsmaterialien für Lehrer und Schüler.

Zielsetzungen

Es werden konkrete didaktische und methodische Hinweise gegeben, die dem Lehrer helfen sollen, durch Modifikationen, Ergänzungen und Weiterentwicklungen adressaten- und situationsspezifische Unterrichtsentwürfe zu entwickeln.

Am Beispiel von Tarifauseinandersetzungen soll eine Einführung in das Wirtschaftssystem der Bundesrepublik erfolgen. In der Simulation von Möglichkeiten und Situationen von Tarifverhandlungen werden einerseits Standpunkte und Verhaltensweisen der relevanten Gruppen des Wirtschaftssystems (1) Arbeitgeberverband, (2) Gewerkschaften, (3) Unternehmer, (4) Betriebsbelegschaft, (5) Regierung auf betrieblicher, sektoraler und gesamtwirtschaftlicher Ebene herausgestellt und andererseits wesentliche Merkmale des Wirtschaftssystems verdeutlicht wie z. B.:

- Gegensatz von Kapital und Arbeit,
- Verteilung des Volkseinkommens,
- Wachstum,
- Besonderheiten des Arbeitsmarktes,
- internationale Wirtschaftsbeziehungen.

Die Kenntnisse relevanter Gruppen und Institutionen und das Verständnis grundlegender wirtschaftspolitischer Kategorien soll die Schüler befähigen, wesentliche Funktionsmechanismen des Wirtschaftssystems zu verstehen, Machtmittel und Interessenverflechtungen zu erkennen sowie Möglichkeiten und Wege abzuleiten, wie die eigenen Interessen wirtkungsvoll organisiert werden können.

Methoden

Vorgeschlagen werden: Rollen- und Planspiele, Gruppenarbeit, Lehrervortrag, Unterrichtsgespräche, Pro und Contra - Spiel.

Kritische Anmerkungen

Die Lernziele der UE werden inhaltlich und methodisch ohne Einschränkungen umgesetzt, insoweit Kenntnisse institutioneller Momente und typologischer Ablaufprozesse von Tarifauseinandersetzungen intendiert werden. Die weiterreichende Zielsetzung einer Einführung in wirtschaftstheoretische und politische Zusammenhänge der bundesdeutschen Volkswirtschaft wird jedoch in den didaktischen Vorschlägen nur marginal eingelöst. Die den Unterrichtsentwürfen der Projektgruppe angefügten Protokollskizzen zum realen Ablauf des Unterrichts in der Erprobungsschule können insofern auch als Hinweis genommen werden, wie unter der Voraussetzung, daß nur wenige Schulstunden zur Verfügung stehen, der Versuch, die weitgespannten Intentionen der Curriculummaterialien wenigstens annäherungsweise zu erreichen, die beteiligten Schüler und Lehrer offensichtlich erheblich überfordert.

ARBEIT UND TECHNIK - Tarifautonomie und Tarifpolitik

Nr. 60

BUDDENSIEK, W.: Pädagogische Simulationsspiele im sozio - ökonomischen
Unterricht der Sekundarstufe I. Bad Heilbrunn: Klinkhardt, 1979, S. 251 - 316.

Erprobungshinweise: Nach bisher vorliegenden Erfahrungen beträgt der
minimale Zeitaufwand etwa 14, der maximale ca. 30
Stunden. Die Erprobung fand im schulischen Unterricht und während einwöchiger Schullandaufenthalte
mit Haupt-, Real- und Berufsfachschulklassen statt.

Das Simulationsspiel "Lohn und Gewinn" dient der Einführung in die Problematik der Einkommens-, Vermögens- und Machtverteilung und soll grundlegende Zusammenhänge dieses Problembereichs verdeutlichen. Es eignet
sich sowohl für den Einsatz im Fachunterricht als auch für die Gestaltung mehrtägiger Seminare.

Nr. 61

CERFF, A. u. a.: Baustein: Lohn aus der Sicht des Arbeitnehmers und des
Arbeitgebers.
In: Evers, J. u. a.: Der Betrieb 1. Wirkungsstruk-
tur und Entscheidungsbereich. Der Betrieb als ökonomisches, technisches, organisatorisches und soziales System. Didaktische Reihe Ökonomie. Köln:
Bachem, 1979[3]. S. 87 - 128.

Einsatzmöglichkeit: Hauptschule 8. Jg.; Arbeitslehre, Wirtschaftslehre, Gesellschaftslehre.

Zunächst wird die Bedeutung des Produktionsfaktors Arbeit für die unternehmerische Leistungserstellung verdeutlicht. Zweitens sollen Ziele der
Lohnpolitik der Gewerkschaften und der Arbeitgeberorganisationen gegenübergestellt und gewichtet werden. Drittens werden die Begriffe Zeit-,
Leistungs-, Real- und Nominallohn eingeführt.

Nr. 62

ENDLICH, H.: Lohnpolitik und die Verteilung des Vermögens in der Bun-
desrepublik.
In: ders. (Hrsg.): Politischer Unterricht in der
Haupt- und Realschule. Beiträge aus Theorie und
Praxis. Frankfurt, Berlin, München, 1972, S. 143 -
158.

Einsatzmöglichkeit: Hauptschule 8. u. 9. Jg.; Politik.

Den Schülern wird das Problem der sozialen Gerechtigkeit am Beispiel der
"gerechten" Lohnfindung verdeutlicht. Eine unterrichtliche Einführung
in die Lage der Arbeiter zu Beginn der Industriellen Revolution er-
schließt Anhaltspunkte zur Beurteilung der sozialen Auseinandersetzungen
um höhere Löhne und bessere Arbeitsbedingungen. Abschließend wird die
Benachteiligung der Arbeitnehmer bei der Vermögensbildung problematisiert.

54

ARBEIT UND TECHNIK - Tarifautonomie und Tarifpolitik

Nr. 63

FILBRY, G. u. a.: Lohn- und Vermögensverteilung in der Bundesrepublik
    Deutschland.
    In: Politische Bildung 1973, 1, 64 - 74.
Einsatzmöglichkeit: Politik, Wirtschaft; 12 Ustd.

In der Zielperspektive, eine gleichmäßigere Verteilung von Einkommen und
Vermögen zu fördern, werden Verlaufsformen und Ergebnisse eines Tarifkonflikts untersucht und beurteilt, Möglichkeiten und Probleme expansiver
und produktivitätsorientierter Lohnpolitik erörtert und Vorschläge zur
Vermögensbildung in Arbeitnehmerhand aufgearbeitet und gewichtet.

Nr. 64

HIMMELMANN, G. u. a.: Tarifautonomie und Arbeitskampf - am Beispiel des
    Konflikts in der Druckindustrie 1978. Unterrichts-
    beispiel für die Sek. I.
    In: Gegenwartskunde 1978, 4, 499 - 536.
Einsatzmöglichkeit: Sek. I.; Arbeitslehre, Sozialkunde.

Im Dreischritt Lageanalyse - Interessenanalyse - Handlungsorientierung
werden Bedingungen, Verlaufsformen und Ergebnisse des Druckerstreiks aufgearbeitet und verallgemeinernde Konsequenzen für die Schüler als zukünftige Mitglieder der Arbeitswelt erörtert.

Nr. 65

KRAMER, J.: Verteilungspolitik als zentrales gesellschaftliches Problem.
    In: Grosser. (Hrsg.): Politischer Unterricht. Fach-
    wissenschaftliche und didaktische Analysen. Mit
    Unterrichtsskizzen. Freiburg: Herder, 1976, S. 87 -
    125,
Einsatzmöglichkeit: Sek. II; Politik, Sozialkunde, Wirtschaft.

Das Thema Verteilungspolitik wird durch fünf Einzelbereiche unterrichtlich erschlossen: (1) Vielschichtigkeit der Verteilungsfrage, (2) Das
Einkommens im Wirtschaftskreislauf, (3) Das statistische Bild der Ein-
kommens- und Vermögenspolitik, (4) Verteilungspolitik in der BRD.

Nr. 66

LUGERT, W. - D.: Zur Kritik bürgerlichen Unterrichts. Modelle zur Ar-
    beits- und Wirtschaftslehre. Starnberg: Raith
    1973. S. 60 - 75, 100 - 118.

Die Schüler setzen sich mit verschiedenen Möglichkeiten des Gelderwerbs
auseinander und lernen grundlegende Einkommensformen kennen. In einer weiteren Lernsequenz werden Bestandteile des Volkseinkommens besprochen und
Entwicklungstendenzen in der Einkommensverteilung zwischen abhängig Beschäftigten und Selbständigen untersucht. - Weiterhin wird der Versuch
gemacht, das Verhältnis von Lohn und Leistung analytisch zu bestimmen.

ARBEIT UND TECHNIK - Tarifautonomie und Tarifpolitik

Nr. 67

NEUMANN, F.: Einkommensentwicklung und Vermögensstruktur.
　　　　　In: Faulenbach, K. A. u. a.: Unterrichtsthema:
　　　　　Arbeits- und Wirtschaftslehre II. München: Urban
　　　　　und Schwarzenberg 1978. S. 223 - 286.
Einsatzmöglichkeit:　9. u. 10. Jg., Einführungskurse Sek.
　　　　　II, außer-
　　　　　schulische Jugendbildung.

Es handelt sich um Lehrer - Schüler - Arbeitsmaterialien. Sie werden ergänzt um eine einleitende Sachanalyse. Einige didaktisch-methodische Anmerkungen zu den ausgewählten Quellen und Dokumenten sollen den Lehrer
mit der Thematik unter schulischen Gesichtspunkten vertraut machen und
auf vertiefende fachwissenschaftliche und -didaktische Literatur verweisen. Die Materialien sind unter folgenden thematischen Aspekten zusammengestellt worden : (1) Einkommensentwicklung und Lohnstruktur.
(2) Eigentum und Einkommen in politischen Programmen. (3) Vermögensbildung und Vermögensverteilung.

Nr. 68

SILKENBEUMER, R., DATTA, A.: Modell eines Planspiels - Tarifstreit.
　　　　　In: Rollenspiel und Planspiel. - Methoden des po-
　　　　　litischen Unterrichts. Beispiele, Erfahrungsberichte
　　　　　und Hinweise zu der theoretischen und praktischen
　　　　　Arbeit. Hannover: Niedersächsische Landeszentrale
　　　　　für politische Bildung, 1975. S. 42 - 77.

Über einen Zeitraum von drei bis vier Tagen werden im Rahmen eines Planspiels auf schriftlichem Wege Tarifvertragsverhandlungen "geführt".

Nr. 69 - 72

Tarifverhandlungen. In: arbeiten + lernen 1980, 8, 19 ff.

Das Schwerpunktheft der Zeitschrift zum Thema "Tarifverhandlungen" enthält folgende Beiträge:

- ECKARDT, P.: Können "Stifte" Pflöcke einschlagen? Rechte und Einfluß-
　möglichkeiten von Auszubildenden bei Tarifverhandlungen (Adressaten:
　Berufsbildende Schulen; Fach: Gemeinschaftskunde; Dauer: 6 Ustd.; Er-
　probung).

- HÜBNER, M.: Was geht mich der Tarifvertrag an? (Adressaten/Erprobung:
　9. und 10. Jgst. der Realschule).

- KAMMAN, B.: Analyse eines Tarifvertrages (Adressaten/Erprobung: 9.
　Klasse an Hauptschulen).

- WOLFRAMM, J.: Tarifpolitik. Der Einfluß der tariflichen Lohnpolitik
　auf Preise und Arbeitsmarkt (Adressaten: Berufsbildende Schulen, gym-
　nasiale Oberstufe; Fach: Wirtschaftslehre; Erprobung: Berufsaufbauschu-
　le, 11. Jgst. des Gymnasiums, Berufsgrundbildungsjahr).

ARBEIT UND TECHNIK - Arbeitsrecht

Nr. 73

AUBEL, U. u. a.: Rentabilität und Arbeitsschutz. Unfälle am Arbeitsplatz - Ursachen und Folgen. Eine handlungsorien-
tierte Fallanalyse zur Sicherheitserziehung. (Materialien zum Unterricht, Heft 18: Polytechnik / Arbeitslehre). Wiesbaden: HIBS, 1980, 171 S.

Einsatzmöglichkeit: 9. u. 10. Jg.; Polytechnik.

Inhaltliche Schwerpunkte und Aufbau

Im Rahmen einer Gegenstandsanalyse werden auf die Sicherheitsprobleme
der späteren Arbeitswelt der Schüler bezogene Arbeitsmaterialien und
Interpretationsmuster zur Verfügung gestellt. Es wird anhand statistischen Materials der Zusammenhang zwischen der ökonomischen Entwicklung
und dem Unfallgeschehen am Arbeitsplatz exemplarisch aufgezeigt. Weiterhin wird der Versuch unternommen, das Verhältnis von Arbeitsschutz und
Rentabilität in betriebs- und volkswirtschaftlicher Dimension zu pro-
blematisieren. Vor dem Handlungshintergrund der technischen und ökonomischen Situationsfelder werden physiologische, psychologische, neuro-
logische und soziologische Momente menschlichen Verhaltens modellhaft
belichtet. Es folgt - als Lehrerinformation - eine detaillierte Beschreibung und Analyse eines Falles.

Die unterrichtliche Konkretisierung des Projekts erfolgt nach Phasen:
Motivation, Problemfindung, Strategiebildung, Informationsbeschaffung,
Problembearbeitung und Auswertung.

In der Motivationsphase lernen die Schüler den im Projekt zu behandelnden Arbeitsschutz"fall" kennen. Es werden in einem zweiten Schritt erste systematisierende Elemente aus dem Problem gewordenen Falles arbeitsteilig herausgearbeitet, im Plenum zusammengetragen und zu einem
Unfallursachennetz verdichtet. In der Phase der Strategiebildung wird
geklärt, wie und welche Informationen beschafft werden sollen und welche Arbeitsmethoden zur Klärung der erarbeiteten Problemfragen besonders geeignet erscheinen. Im weiteren Projektverlauf werden dann die
notwendigen Informationen beschafft und gesammelt. Auf dieser Grundlage
werden in einer auswertenden Unterrichtssequenz die Problemstellungen
analysiert und die gefundenen Erkenntnisse und Ergebnisse in Form von
alternativen Sicherheitslösungen konstruktiv umgesetzt. In Arbeitsteilung oder Arbeitsausgleich werden die Problemstellungen sowohl unter ökonomischen als auch unter sozioökologischen Gesichtspunkten bearbeitet.

Der Projektentwurf enthält Statistiken, Graphiken, technische Zeichnungen, Fotos und Schülerarbeitsmaterialien.

Zielsetzungen

Als Projektleitziele werden angegeben:

(1) Mögliche Gefährdung der Gesundheit durch den Arbeitsprozeß beispielhaft nachweisen.
(2) Die Frage prüfen, ob menschliches bzw. technisches Versagen oder
Arbeitsbedingunen als wesentliche Ursache von Arbeitsunfällen an-
zusehen sind.

ARBEIT UND TECHNIK - Arbeitsrecht

(3) Arbeitssicherheit und Gesundheitsvorsorge als betrieblichen Ko-
stenfaktor erkennen.
(4) Maßnahmen zur Verbesserung der Gesundheitsvorsorge und der Arbeitssicherheit vorschlagen können.

Methoden

Der Projektverlauf wird in methodischer Hinsicht nur ansatzweise und
zudem für einzelne Sequenzen mit unterschiedlicher Gewichtung konkretisiert. Die Problemfindung und Strategiebildung soll in Gruppenarbeit
vorstrukturiert und im Unterrichtsgespräch verallgemeinert werden. Zur
Bearbeitung der technischen Problemfragen wird eine im Fallbeispiel mit-
verursachende "Unfallwinde" nachgebaut, das Unfallgeschehen simulativ
nachvollzogen und an der Erfindung und Verbesserung einer sicheren Win-
de gearbeitet. Die unterrichtliche Konkretisierung der ökonomischen
Dimension erfolgt ausschließlich auf der Ebene der Lernziele, der Themenfolgen und der Arbeitsmittel / Medien. In der sozioökologischen Dimension werden in einem Rollenspiel die Szenen des Unfallvorgangs simuliert und von einem "Gericht" juristisch untersucht. In Gruppenarbeit
werden exemplarisch Problemkreise der Bedingungszusammenhänge von ge-
wöhnlichen Unfallfolgen erarbeitet. Es wird angeregt, die wesentlichen
Ergebnisse des sozioökologischen Projektteils in Form von Aushängen,
Postern, Flugblättern, Ausstellungen und Referaten zu dokumentieren
und innerhalb der Schulgemeinde wie in Kooperation mit der lokalen
Presse zu veröffentlichen.

Kritische Anmerkungen

Die Problemstellung wird gegenstandsspezifisch in der Wechselbeziehung
von technischen, ökonomischen und sozioökologischen Aspekten differenziert, strukturiert und komprimiert aufbereitet. Es wird der Versuch
unternommen, eine i. d. R. technokratische und / oder psychologisieren-
de Betrachtungsweise (technisches / menschliches Versagen) des betrieblichen Unfallgeschehens in einem erweiterten Problemrahmen, in dem die
subjektiven Momente des Produktionsprozesses im Geflecht technischer
und ökonomischer Beziehungen betrachtet werden, wissenschaftlich und
didaktisch zu rekonstruieren.

Im Projekt wird ein Fallbeispiel exemplarisch aufgearbeitet und in der
ökonomischen und sozioökologischen Dimension analytisch verallgemeinert. Für die Phase der Problembearbeitung sind einzelne, variabel und
alternativ - äquivalent einsetzbare Unterrichtssequenzen teilweise detailliert didaktisch ausgearbeitet worden. Sie sind zudem weitgehend
offen für eine interessengeleitete inhaltliche und arbeitsmethodische
Mitbestimmung der Schüler.

Hinsichtlich der - im Untertitel der Unterrichtsmaterialien programmatisch hervorgehobenen - Handlungsorientierung des Projekts sind einige
Defizite festzustellen. Es ist fraglich, ob das Fallbeispiel, das einer Ende der sechziger Jahre in der Schweiz entstandenen Studie entnommen wurde, eine realitätsnahe, auf die betrieblichen und gesellschaftlichen Verhältnisse der Bundesrepublik und auf die späteren sozialen Interessen der Schüler bezogene unterrichtliche Problemverar-
beitung sichergestellt. Zwar werden einige Unterschiede in den institutionellen Bedingungen und gesetzlichen Regelungen in der Schweiz und

ARBEIT UND TECHNIK - Arbeitsrecht

in der Bundesrepublik dokumentiert. Dennoch fehlen bspw. Hinweise auf
das bundesdeutsche Betriebsverfassungsgesetz, in dem 1972 erstmals Mit-
bestimmungs- und Mitwirkungsrechte des Betriebsrates bei der Gestaltung
von Arbeitsplätzen, Arbeitsabläufen und der Arbeitsumgebung gesetzlich
verankert wurden (§ 90 ff). Da sich die Problembearbeitung vorwiegend
an den schweizerischen Verhältnissen festmacht, finden sich in der Beschreibung des Projektverlaufs ebensowenig didaktisch-methodische Anmerkungen zu den gesetzlich oder tarifvertraglich gegebenen Bedingungen und Möglichkeiten, unter denen - wie es im Feinzielkatalog heißt -
"die Aktivitäten einzelner Arbeitnehmer nur dann Erfolg haben können,
wenn sie von der Gesamtheit der Kollegen geschätzt werden." Die unterbreiteten technischen Problemlösungen vermögen die in ökonomischer und
sozioökologischer Dimension defizitäre Handlungsorientierung des Projektentwurfs kaum auszugleichen. Die vorgängige Erkenntnis jedoch, wo-
nach die sicherheitstechnische Qualität von Winden für Montagearbeiten
sich weniger technisch - es werden fünf gängige, unterschiedlich sicher konstruierte Bauteile vorgestellt - als vielmehr ökonomisch bestimmt, dürfte die Schülerinnen und Schüler kaum intrinsisch motivieren, "Erfindungen" am Modell zu entwickeln und zu erproben, die sich
letztlich als handlungsorientierende Scheinlösungen erweisen.

Nr. 74

SELBMANN, H., SELBMANN, K. - E.: Arbeitsschutz für Jugendliche - Ge-
setz und Wirklichkeit. Frankfurt: Europäische
Verlagsanstalt, 1971. 63 S.

Einsatzmöglichkeit: Haupt- und Realschule 9. Jg., Berufsschule; Politik, Sozialwissenschaften; ca. 28 Ustd.

Inhaltliche Schwerpunkte und Aufbau

Eine Auseinandersetzung mit einem Fallbeispiel ("Kinder arbeiten im
Akkord" oder "Stifte werden gezwiebelt") soll in die Themenstellung
einführen. Die weiteren Arbeitsschritte sollen von den Schülern mit
Unterstützung des Lehrers eigenständig herausgearbeitet und projektiert werden. Für die nachfolgende Informationsphase werden Materialien
und didaktisch-methodische Hinweise zu insgesamt sechs Einzelthemen unterbreitet: (1) Historische Entwicklung und heutige Rechtslage auf dem
Gebiet des Jugendarbeitsschutzes, (2) Die medizinische Bedeutung des
Jugendarbeitsschutzes, (3) Gewerbeaufsicht - Landesausschüsse für Jugendarbeitsschutz, (4) Arbeitsrecht und Arbeitsgerichtsbarkeit, (5) Die
Interessenverbände, (6) Die gesetzlichen Grundlagen der Berufsausbildung.

Für die Abschlußdiskussion werden "Anstöße" zu möglichen Fragestellungen gegeben. - Im Anhang wird eine Zusammenfassung des Jugendarbeits-
schutzgesetzes in der Fassung vom 9. Aug. 1960 (1976 wurde eine neue
Fassung verabschiedet) dokumentiert.

Zielsetzungen

Durch die Analyse von Fallbeispielen der Nichtbeachtung des Jugendarbeitsschutzes, durch die Vorgabe von Informationen zur Durchleuchtung
der Problemfelder und zur Reflektion der gesamtgesellschaftlichen Bedingungen und durch die Untersuchung öffentlich - rechtlicher Normie-

rungen des Jugendarbeitsschutzes sollen in fachlicher und sozialer Dimension qualifikatorische Voraussetzungen angebahnt werden, die eine Teilnahme der Adressaten an politischen und innerbetrieblichen Entscheidungsprozessen ermöglichen und sicherstellen.

Methoden

Die Schüler sollen selbst auswählen können, welche der von den Autoren zusammengestellten Materialien zur Erarbeitung der Themen herangezogen werden. Sie sind ebenso aufgefordert, über Unterrichtsverfahren wie Diskussion, Kleingruppengespräch, Textlektüre, Interview, Fragebogeneinsatz, Erkundungen, Expertenbefragung zu befinden und die Techniken zur Fixierung von Arbeitsergebnissen festzulegen. Von den Autoren werden für die Einstiegs- und Planungsphase ebenso wie zur Behandlung der Einzelthemen in der Informationsphase jeweils Erarbeitungsvorschläge unterbreitet.

Kritische Anmerkungen

Anregungen zur didaktischen Aufbereitung der Thematik für den schulischen Unterricht scheinen aufgrund der Aktualität des Problemgegenstandes - das Ausmaß der Überschreitungen der einschlägigen gesetzlichen Regelungen wächst erneut signifikant an - von besonderer Bedeutung zu sein. Dennoch ist diesbezüglich ein erhebliches quantitatives und qualitatives Defizit feststellbar. Auch die vorliegende UE hat zu dessen Überwindung nur wenig beitragen können. Manche der unterrichtsbezogenen Materialien sowie einige Medienhinweise dürften sich jedoch in der Unterrichtspraxis nach wie vor als brauchbar erweisen. Die Erarbeitungsvorschläge zur UE verweisen zudem auf mögliche methodische Vorgehensweisen. Allerdings: Das Unterrichtsmodell kann die Vorbereitung einer aktualisierten und pädagogisch abgesicherten Einheit nicht ersetzen. Es kann den Prozeß der Unterrichtsvorbereitung lediglich in einigen Phasen beschleunigen und insbesondere die zeitaufwendige Zusammenstellung von Arbeitsmaterialien abkürzen.

Nr. 75

BROICH, J.: Arbeitsrecht. Rollenspiele für Lehrlinge und Schüler.
Frankfurt: päd. extra Buchverlag, 1977, 155 S.

Einsatzmöglichkeit: allgemein- und berufsbildende Schulen, Lehrlingsgruppen.

Durch Simulationsbeispiele werden Problembereiche des Arbeitsrechts und gesellschaftliche Zusammenhänge spielerisch vermittelt. Themen sind: Grundbegriffe zum Arbeitsrecht; Auswirkungen des Arbeitsverhältnisses. Rechte der Betriebsräte, betriebliches Beurteilungswesen, Berufstätigkeit der Frau, die Frau im Arbeitsrecht, ausländische Arbeitnehmer, Auszubildende, leitende Angestellte, Behinderte, Jugendliche, Arbeitsgerichtsbarkeit, Arbeitslos: Was tun?, Arbeitskampfrecht.

ARBEIT UND TECHNIK - Arbeitsrecht

Nr. 76

BUDDENSIEK, W.: Pädagogische Simulationsspiele im sozio - ökonomischen
                Unterricht der Sekundarstufe I. Bad Heilbrunn:
                Klinkhardt, 1979. S. 221 - 250.

Erprobungshinweise: Hauptschule, ca. 6 Ustd.; Blockstunden vorteilhaft.

Mit Hilfe eines Simulationsspieles wird ein zeitlich geraffter Ersatz
für eine vorfindbare betriebliche Realität konstruiert. Thematisch wird
die Problematik der "Interessenvertretung von Jugendlichen im Betrieb"
akzentuiert. Dabei wird von einer Diskrepanz zwischen bestehenden arbeitsrechtlichen Regelungen, deren unterrichtliche Behandlung vorausgesetzt
wird, und der betrieblichen Alltagswirklichkeit ausgegangen.

Nr. 77

MEYER, U.: Jugendarbeitsschutz.
                In: Unterricht Biologie 1977, 10, 35 - 41.

Einsatzmöglichkeit: Haupt- und Realschule 9./10. Jg. (Abschlußklassen);
                Biologie, Politik/Gemeinschaftskunde; 3 Ustd.

Die erste Auseinandersetzung mit dem Begriff Jugendarbeitsschutz erfolgt
für die Schüler über einige Fallbeispiele und anhand gesetzlicher Bestimmungen. In der 2. Stunde wird das Problem Akkordarbeit unter physio-
logischen Aspekten aufgearbeit. Abschließend sollen in einem Rollenspiel
in pragmatischer Dimension mögliche Reaktionsformen eruiert werden.

ARBEIT UND TECHNIK - Die Frau in der Arbeitswelt

Nr. 78

KELL, A. u. a.: Zum Beispiel Gisela Katz. Die angelernte Arbeiterin in
der Massenfabrikation. Studienbrief zum Schwer-
punkt Fachdidaktik. Hrsg. : DIFF, Fernstudienlehrgang Arbeitslehre. 2. Bd. Weinheim: Beltz
1975. 123 S.

Einsatzmöglichkeit: Hauptschule 10. Jg.; Arbeitslehre.

Erprobungshinweise: Das Schülermaterial der Fallstudie wurde im Unterricht einiger Hauptschulklassen evaluiert.

Inhaltliche Schwerpunkte und Aufbau

Der Studienbrief kombiniert Schülermaterialien - die Fallstudie "Gisela
Katz" -, die auf der Basis der "Berliner Arbeitsgrundlage Arbeitslehre"
konstruiert wurde, mit der "Curriculumkonzeption für einen neuen Unterrichtskomplex" des Deutschen Instituts für Fernstudien. Die Unterlagen
für den Fernstudienlehrgang enthalten neben der ergänzten und präzi-
sierten Fassung des "Falls" auf einzelne Lernabschnitte bezogene Angaben zu den "Intentionen" des Modells, "Ergänzende Informationen" für
den Lehrer sowie curriculare Konstruktionshinweise.

Schülermaterial und Curriculumkonzeption setzen den Schwerpunkt auf die
Theoretisierung des Gesamtzusammenhangs. Dabei sollen technische, ökonomische und politische Aspekte berücksichtigt werden. Aus dem Spektrum
der potentiellen fallimmanenten Themenstellungen haben in dieser Perspektive folgende Bereiche Eingang in die Lehrplan- und Unterrichtsempfehlungen gefunden:

(1) Beurteilen der Ausbildung von Ungelernten und Facharbeitern, von
    Jungen und Mädchen unter dem Gesichtspunkt der Chancengleichheit;
(2) Grundlagen des leistungsgerechten Lohns und Probleme der Leistungs-
    gerechtigkeit;
(3) Arbeitsplätze von Frauen unter dem Gesichtspunkt der Gleichberech-
    tigung;
(4) Interessenvertretung der Arbeitnehmer;
(5) Einkommen, Leistungs- und Konsumerwartungen, Ausbildungs- und
    Arbeitsmöglichkeiten;
(6) Berufs- und Betriebswahl.

Zielsetzungen

In den Intentionen zu den Lehrplan- und Unterrichtsempfehlungen werden sowohl die aufzunehmenden Lerninhalte als auch die zugeordneten
Zielvorstellungen skizziert. Auf der Lernzielebene werden u. a. folgende Angaben gemacht:

(1) Es soll zunächst das Allgemeine der Situation der "Gisela Katz"
    herausgearbeitet werden: ihre soziale Herkunft sowie ihre Vorstel-
    lungen von einem künftigen Leben (Eheschließung, Kinderzahl, Dauer
    der Erwerbstätigkeit).
(2) Die Schüler sollen aufgrund der Branchenentwicklung Aussagen über
    die voraussichtliche Zukunft eines ausgewählten Betriebes machen.
(3) Sie sollen das Berufsbildungsgesetz, Berufsbildungs- und Arbeits-
    verträge und die "Lehrlingsempfehlung" des Deutschen Bildungsra-

ARBEIT UND TECHNIK - Die Frau in der Arbeitswelt

tes kennenlernen.
(4) In der Gegenüberstellung der Bewertung der Arbeitsbedingungen
durch "Gisela Katz" und das Personalbüro der Firma sollen unterschiedliche Interessen deutlich werden. Hinsichtlich der Arbeitsbewertung sollen die Schüler die spezifische Problematik der Leistungs-
bewertung und des Leistungslohnes erfassen.
(5) Es soll untersucht werden, ob und wie durch kollektive Maßnahmen
die Situation der Jugendlichen verändert werden kann.

Methoden

Eine Identifikation der Schüler mit der individuellen Situation der
"Gisela Katz" soll vermieden werden. Es geht vielmehr darum, gegenüber der im Beispiel zugrundegelegten Entscheidung, die Aufnahme einer Angelernten - Tätigkeit einer beruflichen Ausbildung vorzuziehen,
eine emotionale Distanzierung herzustellen. Dabei soll das Allgemeine
des Falls in den Vordergrund gerückt werden.

Die gegenüber den fallimmanenten Aufgabenstellungen vorgenommenen Varianten, Erweiterungen und Vertiefungen sind ohne Rücksicht auf zeitliche Begrenzungen entwickelt worden. Der Lehrer wird deshalb vor die
Aufgabe gestellt sein, Schwerpunkte zu setzen und ggf. Kürzungen vorzunehmen.

Da zwar das Fallmaterial, nicht aber die am Gegenstand konkretisierte
Curriculumkonzeption der Arbeitsstelle des DIFF unterrichtlich erprobt
wurde, haben sich die Autoren zunächst auf punktuell vorgetragene methodische Hinweise beschränkt.

Kritische Anmerkungen

Der Fernstudienlehrgang demonstriert modellhaft den Anwendungsbereich
der "Didaktischen Matrix - Arbeitslehre". Sie fungiert zum einen als
"Suchschema" bei der Analyse von Intentionen und Inhalte fachbezoge-
ner unterrichtspraktischer Materialien. Zum anderen ergeben sich aus
der didaktischen Matrix Konstruktionsanweisungen zur Erweiterung und
Vertiefung der Zielsetzungen und der thematischen Aspekte. Am Beispiel
wird aufgezeigt, wie sich aus der Spannung von Matrix einerseits und
dem in einem anderen fachdidaktischen Verwendungszusammenhang konstruierten Fall andererseits Akzentverschiebungen und neue inhaltliche Schwerpunktsetzungen gewinnen lassen.

Die Verdoppelung der didaktischen Aufbereitung des Fallbeispiels bietet dem interessierten Lehrer besondere Möglichkeiten einer differen-
zierten lerngruppen- und situationsadäquaten Planung und Gestaltung
des Unterrichts. Die unmittelbare Verwendbarkeit der curricularen Konstruktionshinweise wird allerdings durch zwei Faktoren eingeschränkt:
(1) Die Fokusierung des Fernstudienlehrgangs auf verallgemeinerbare
fachdidaktische Problemstellung bedingt eine Vernachlässigung der
unterrichtlichen Realisierungsebene. Dem Lehrer verbleibt nicht
nur - wie angedeutet - die Konkretisierung des Modells unter soziokulturellen und anthropogenen Voraussetzungen, sondern darüber hinaus auch die methodische Grob- und Feinplanung des Unterrichts.
(2) Das Fallmaterial ist bereits Anfang der siebziger Jahre zusammengestellt worden. Zwischenzeitlich haben sich die Bedingungen auf dem

ARBEIT UND TECHNIK - Die Frau in der Arbeitswelt

Ausbildungs- und Arbeitsstellenmarkt - insbesondere auch für Frauen und Mädchen - grundlegend gewandelt. Die im Fallbeispiel vorausgesetzte freie Wahlmöglichkeit zwischen Facharbeiter- und Fachangestelltenberufen und angelernten Tätigkeiten kann nicht mehr von vornherein als gegeben unterstellt werden. In dieser Hinsicht weisen die vornehmlich unter systematischen Gesichtspunkten vorgeschlagenen inhaltlichen Erweiterungen des Studienbriefs nicht grundsätzlich über den Problemstand des Fallstudienmaterials hinaus.

Nr. 79

KRÖNCKE, B.: Schickt die Frauen doch zurück an den Kochtopf! Unterrichtseinheit zum Thema Frauenarbeitslosigkeit. In: arbeiten + lernen 1979, 2, 18 - 24.

Einsatzmöglichkeit: Hauptschule 8. u. 9. Jg.; Deutsch, Geschichte.

Erprobungshinweise: Entwicklung und Durchführung an einer niedersächsischen Hauptschule.

Inhaltliche Schwerpunkte

Die UE gliedert sich in sieben Lerneinheiten (LE):

(1) Ermittlung des Meinungsspektrums in der Klasse; Konfrontation mit unterschiedlichen Einstellungen zum Problem.
(2) Beschäftigung mit objektiven Daten, Statistiken / oder: Ermittlung der Einstellung von Bekannten usw.; Anfragen über Medien. Frauenarbeitslosigkeit ist ein Problem / oder: Frauenarbeitslosigkeit ist kein großes Problem - Feststellung der Diskrepanz.
(3) Analyse: Bedeutung der Rollenvorstellungen in unserer Gesellschaft für Einstellungen zur Frauenarbeitslosigkeit.
(4) Rolle der Frau heute.
(5) Wie entsteht eine Rollenvorstellung?
(6) Bedeutung der Rollenvorstellungen für die Arbeitslosigkeit der Frau.
(7) Beantworten der Anfangsfrage: Frauenarbeitslosigkeit - ein Problem? / Anfertigung einer Wandzeitung.

Als Arbeitsmaterialien für Schüler und Lehrer wurden zusammengestellt und entworfen: Fragebogen und Auswertungsschema zum Thema: Frauenarbeit / Frauenarbeitslosigkeit; Arbeitsblätter; Tabellen; Schlagzeilen aus Zeitungen sowie eine Bildergeschichte.

Zielsetzungen

Die Schüler sollen die Frauenarbeitslosigkeit als ein Problem erkennen und das traditionelle Rollenverständnis von Mann und Frau als eine Ursache verstehen lernen. Sie sollen in die Lage versetzt werden, die möglichen negativen Folgen ihrer Berufswahl hinsichtlich der vorhandenen Arbeitsplatzrisiken zu erkennen.

Methoden

Zu Beginn und zum Abschluß der UE bearbeiten die Schüler einen Fragebogen. Das in der ersten Lerneinheit ermittelte Meinungsbild wird mit einer vom Lehrer zusammengestellten Materialsammlung konfrontiert. In

ARBEIT UND TECHNIK - Die Frau in der Arbeitswelt

Gruppenarbeit und im Unterrichtsgespräch wird die Rolle der Frau in der Gegenwart untersucht und die Bedeutung von Rollenzuweisungen hinsichtlich der Arbeitslosigkeit von Frauen thematisiert. In einem Rollenspiel (Sabine S. will einen typischen Männerberuf ergreifen) können die Schüler ihre bislang gewonnenen Erkenntnisse argumentativ erproben.

Kritische Anmerkungen

Die UE thematisiert einen wichtigen Ausschnitt der gegenwärtigen und zukünftigen Lebens- und Berufsperspektive der Schülerinnen und Schüler. Der inhaltliche Ablauf und die didaktisch-methodischen Vorschläge sind unter formalen Aspekten übersichtlich strukturiert und graphisch gestaltet. Der unterrichtliche Planungsentwurf kann zwar eigene Vorarbeiten des Lehrers nicht vollends ersetzen, er gewährleistet aber erhebliche Abkürzung der Stundenplanung. Ungeachtet dessen bleibt anzumerken, daß die vorangestellten sachanalytischen Überlegungen den Problemhorizont der familiensoziologischen und arbeitsmarkttheoretischen Bezugswissenschaften nur partiell reflektiert. So wird das sog. 3 - Phasen - Modell der außerhäuslichen Erwerbstätigkeit von Frauen zwar durch eine Statistik zu bestätigen versucht, es entspricht jedoch - wie neuere Untersuchungen gezeigt haben, nur marginal den Lebens- und Berufsphasen der Mehrzahl der ledigen und verheirateten Frauen. Ebenso problematisch ist es, wenn von der Prämisse ausgegangen wird, daß die tradierten geschlechtsspezifischen Rollenzuweisungen die Frauen ursächlich zur disposiblen, zwischen den Bereichen der Hausarbeit und der beruflichen Erwerbstätigkeit pendelnden Arbeitsmarktreserve degradiere. Insofern ist auch das vorgeschlagene Rollenspiel wenig geeignet, die Intentionen der UE didaktisch zu bündeln. Angesichts des Mangels an Ausbildungsstellen, der qualitativ häufig mangelhaften beruflichen Ausbildung und der hohen Frauenarbeitslosigkeit, dem sich gerade Mädchen in den Abgangsklassen von Hauptschulen real oder potentiell gegenübersehen - worauf in den vorhergehenden Lernsequenzen eingegangen wird -, verschieben sich die Akzente allzusehr ins Exotische, wenn im Fallbeispiel ausschließlich auf die problemlösende Potenz individueller Bemühungen zur Überwindung überkommener fraulicher und männlicher Zeitbilder abgehoben wird.

Nr. 80 - 83

Frauen und Beruf. In: arbeiten + lernen 1980, 7, 22 ff.

Das Schwerpunktheft "Frauen und Beruf" der Zeitschrift "arbeiten + lernen" bringt Unterrichtsmodelle zu den Themen:

- BÖSE, A. u. a.: Die Doppelbelastung der berufstätigen Frau (Adressaten: Realschule; Dauer: 6 Ustd.).

- HÜLSEN, M. u. a.: Frauen: Die Reservearmee des Arbeitsmarktes? Zur Problematik weiblicher Erwerbstätigkeit (Adressaten: Hauptschule).

- LANGENHAUSEN, H.: Verkäuferin. Traumjob oder berufliche Sackgasse? (Adressaten: Berufsbildende Schulen, Abgangsklassen im Sekundarbereich I).

- LATZ, B.: Diskriminierung der Frau im Beruf und Gesellschaft (Adres-

ARBEIT UND TECHNIK - Die Frau in der Arbeitswelt

saten / Erprobung: gynmasiale Oberstufe; Fächer: Sozialkunde, Geschichte, Deutsch, Kunst, Biologie).

Nr. 84

DIETRICH, W.: Frauen an medizinisch-technischen Arbeitsplätzen.
      In: Unterricht Biologie, 1977, 10, 42 - 47.
Einsatzmöglichkeit: Sek. II; Biologie, Sozialkunde, Wirtschaft;
      2 Doppelstd.

Die Schülerinnen erarbeiten Beurteilungsmerkmale medizinisch-techni-
scher Frauenarbeitsplätze, erkennen die Belastungen, die für die Frau-
en in diesen Berufen besondere Bedeutung haben und lernen gesetzliche
Schutzmaßnahmen für Frauen kennen.

Nr. 85

ELLWART, H. u. a.: Andrea ist unzufrieden. Ein Fall zur Situation der
      Frau im Beruf. Osterholz-Scharmbeck: Verlag für
      Unterrichtsmaterialien, 1977. 52 S.

Es werden im Arbeitslehreunterricht der Sekundarstufe I erprobte Ar-
beits- und Planungsmaterialien vorgelegt, die sich in ihrem methodischen Aufbau an typischen Verlaufsformen von Entscheidungsprozessen
orientieren. In der Fallstudie wird die Situation einer Frau zugrundegelegt, die trotz vergleichbarer Qualifikationen gegenüber ihren männ-
lichen Kollegen in ihren Verdienstmöglichkeiten und Aufstiegschancen
benachteiligt wird. Auf der Grundlage von Situations- und Problemana-
lysen werden Entscheidungsmöglichkeiten exploriert, disputiert und
mit dem realen Entwicklungsgang konfrontiert.

Nr. 86

Frauen im Beruf - Benachteiligt? In: Betrifft uns 1977, 11, 1 - 15.
Einsatzmöglichkeit: Sek. I u. II; Politik, Gemeinschafts- u. Sozial-
      kunde, Wirtschaftslehre.

Es werden Ursachen und Folgen der Doppelbelastung der berufstätigen
verheirateten Frauen analysiert, Modellvorschläge zur Entlastung insbesondere von werktätigen Müttern gegenübergestellt und notwendige Än-
derungen in der Rollenverteilung zwischen Männern und Frauen sichtbar gemacht.

Nr. 87

HOFFMANN, H., PABEL, U.: Benachteiligung der Frau im Beruf.
      In: Borries, C. u. a.: Polytechnik / Arbeits-
      lehre. Ein Projekt zur Kritik und Reform von
      Schule und Berufsausbildung. Hannover, Frankfurt,
      Paderborn: Verlagsunion für neue Lehrmedien, 1973.
      S. 82 - 101.

Die UE wurde in der 7. Klasse einer integrierten Gesamtschule und in

ARBEIT UND TECHNIK - Die Frau in der Arbeitswelt

einer 9. Hauptschulklasse durchgeführt. In fünf Unterrichtsabschnitten
wird behandelt: (1) Die beruflichen Vorstellungen der Schüler. (2) Die
Situation der Frau im Beruf. (3) Der Gleichberechtigungsartikel des GG
und die ökonomische Situation der BRD, die der Gleichberechtigung wider-
spricht. (4) Die Doppelbelastung der berufstätigen Ehefrau und Mutter.
(5) Überlegungen zur Verbesserung der Lage der berufstätigen Frau.

Nr. 88

KLAMER, U.: Fallstudie / Planspiel: Der Angestellten Gisela Meier wird
            gekündigt.
            In: GEW, Landesverband Niedersachsen (Hrsg.): Ma-
            terialien zur Arbeitslehre in Niedersacnsen. Han-
            nover 1979[3]. S. 175 - 184.
Einsatzmöglichkeit: 10. Jg.; Arbeitslehre.

Der Lehrer verliest das Kündigungsschreiben an Frau Gisela Meier. Im
Gruppenunterricht wird der Frage nachgegangen, ob die Vorschriften des
Kündigungsschutzgesetzes gegeben sind. Die Schüler nehmen zu den Rationalisierungsmaßnahmen der Firma, die die Entlassung der Angestellten begründen sollen, Stellung und entwickeln mögliche Lösungsalternativen.
Die UE mündet in ein Gruppenurteil zur sozialen Rechtmäßigkeit der Kündigung. Die Entscheidung der Klasse wird mit dem Urteil eines Arbeits-
gerichts, das als Fallmaterial dokumentiert wird, konfrontiert.

ARBEIT UND TECHNIK - Mensch und Mechanisierung/Automatisierung der Arbeit

Nr. 89

ALBERS. D. u. a.: Technischer Wandel und Lohnarbeit. Bericht über ein
an der Universität Bremen durchgeführtes Projekt
im Fachbereich Arbeitslehre, Politik. Hrsg. : Zentrale Lehrerbildungskommission der Universität Bremen. Bremen: Presse- und Informationsabteilung der
Universität, 1978. 334 S.

Einsatzmöglichkeit: Sek. I u. II; Gemeinschaftskunde, Arbeits- und
Wirtschaftslehre; 12 Ustd.

Erprobungshinweise: Die UE wurde zunächst in Haupt- und Realschulen sowie in Gymnasien durchgeführt und nach einer Zwi-
schenauswertung mehrfach in einer Bremer Gesamtschule eingesetzt.

Inhaltliche Schwerpunkte und Aufbau

Der hier vorgestellte Bericht ist aus einem Projekt innerhalb der Lehrerausbildung an der Universität Bremen hervorgegangen.

Es werden zunächst die komplexen Zusammenhänge der Erscheinungen und
Bedingungen des technischen Wandels unter Berücksichtigung der technischen, ökonomischen, politischen und erziehungswissenschaftlichen Bezugswissenschaften analytisch aufbereitet. Folgende Aspekte werden angesprochen:

- widersprüchliche Konsequenzen des technischen Wandels im Kapitalismus,
- wesentliche Merkmale des gegenwärtigen technischen Wandels,
- Auswirkungen des technischen Wandels auf die Arbeitnehmer und die gewerkschaftliche Antwort hierauf.

Es folgt eine Diskussion von didaktisch-methodischen Problemstellungen.

Im zweiten Abschnitt werden Materialien (Arbeitsbögen, Tafelbilder,
Graphiken, Auszüge aus einschlägigen Gesetzestexten und tariflichen
Vereinbarungen, Informationsblätter) und Unterrichtsvorschläge zum The-
ma "Technischer Wandel und Lohnarbeit im Kapitalismus" vorgestellt.

Drittens werden unterrichtspraktische Materialien (schulische Lehr- und
Lernmittel; Medien; außerschulische, insbesonders gewerkschaftliche Pu-
blikationen) dokumentiert bzw. dargestellt und inhaltlich hinsichtlich
der erkenntnisleitenden Fragestellungen des Projekts kommentiert, die
nach Auffassung der Projektmitarbeiter ergänzend oder alternativ im
Unterricht eingesetzt werden könnten. Schließlich werden in hochschul-
didaktischer Perspektive Anspruch und Verlauf der Projektarbeit zueinander in Beziehung gesetzt.

In der Einstiegsphase des Unterrichtsvorhabens werden ausgewählte Erscheinungen des technischen Wandels (zunächst aus dem privaten Haushalt,
sodann aus dem Dienstleistungsbereich) hinsichtlich ihrer Funktionen
und Auswirkungen auf die Lage der betroffenen Menschen behandelt. Hierauf folgt die Analyse eines realen Beispiels technischer Veränderungen
und deren Folgen, die Automatisierung eines Bremer Walzwerks (Klöckner).
Die anhand dieses Fallbeispiels gewonnenen Arbeitsergebnisse werden sodann auf ihre historischen, ökonomischen und politischen Grundbedingun-

ARBEIT UND TECHNIK - Mensch und Mechanisierung / Automatisierung der Arbeit

gen und ihre systemspezifischen Triebkräfte zurückgeführt. Abschließend werden die Aktionen und Ergebnisse eines simulierten Konflikts, in dem sich die Beschäftigten gegen betriebliche Rationalisierungsmaßnahmen zur Wehr setzen, in Beziehung zu realen gewerkschaftlichen Verhandlungsfolgen gesetzt.

Zielsetzungen

Ausgehend von den Normierungen der Bremischen Landesverfassung, des Landesschulgesetzes und der einschlägigen Lehrpläne intendiert die UE die unterrichtliche Realisierung folgender Zielelemente:

- Die Schüler sollen Erscheinungsformen des technischen Wandels in verschiedenen gesellschaftlichen Bereichen ausmachen und benennen sowie nach technischen Funktionsmerkmalen strukturieren können.
- Sie sollen an konkreten Beispielen neben den positiven vor allem die negativen Auswirkungen des technischen Wandels auf die soziale Lage der lohnabhängigen Arbeitenden unter kapitalistischen Produktionsverhältnissen erkennen.
- Sie sollen die Grundbedingungen der Kapitalverwertung als entscheidende Triebkraft des technischen Wandels erkennen.
- Sie sollen Vorstellungen über mögliche Strategien, Organisations- und Handlungsformen der abhängig Beschäftigten zur positiven Veränderung der Auswirkungen des technischen Wandels entwickeln.

Methoden

Die Struktur der UE, d. h. die in der Unterrichtspraxis vorgesehene Folge der Vermittlungs- und Aneignungsschritte ist als Phasenfolge konzipiert. Von den Erscheinungen und Auswirkungen des technischen Wandels wird zu den Grundbedingungen und Triebkräften des Erkentnisgegenstandes übergeleitet und in einem weiteren Schritt werden die erarbeiteten theoretischen Erkenntnisse hinsichtlich möglicher gesellschaftlicher Praxis konkretisiert und weiterentwickelt.

In der Einstiegs- und Analysephase der UE wird der Unterricht vornehmlich in Gesprächsform durchgeführt. Als Anschauungsmittel wird auf die vom Schulfernsehen des Norddeutschen Rundfunks im Rahmen des Medienverbundsystems Arbeitslehre produzierten Filme "12 000 PS auf Hebeldruck" und "Automation" zurückgegriffen.

Ein Planspiel soll Möglichkeiten von Gegenstrategien zur Abwehr der negativen Folgen technischen Wandels andeuten und zu einer vertiefenden Auseinandersetzung mit dem Problemgegenstand anregen.

Kritische Anmerkungen

Die inhaltliche Aufbereitung der Themenstellung und die Auswahl der unterrichtspraktischen Materialien machen deutlich, daß die Projektgruppe einen arbeitnehmerorientierten Standpunkt einnimmt. Die zentralen Problemstellungen zum Gegenstand der UE werden auf der Grundlage der technischen, ökonomischen, politischen und pädagogischen Bezugsdisziplinen wissenschaftlich begründet, aufgearbeitet und strukturiert. Besonderes Augenmerk wurde darauf gelegt, die vorgängigen Zielsetzungen der UE auf die didaktisch-methodische Ebene zu transformieren. Anstatt, wie vielfach uneingestandene Praxis, die Zielelemente schlichtweg mit

ARBEIT UND TECHNIK - Mensch und Mechanisierung/Automatisierung der Arbeit

möglichen Lernsequenzen zu assoziieren, werden auf einer vermitteln-
den Ebene die grundlegenden Intentionen des Projekts konkretisierende
Strukturelemente zwischengekoppelt. Auf der Grundlage dieser Strukturelemente erst wird die Verlaufsplanung der UE ausformuliert.

Von einer überwiegend didaktisch-methodischen Bearbeitung, die den beteiligten Lehrerstudenten bestenfalls einen allgemeinen Aufschluß über
ihre spätere Berufspraxis hätte geben können, ist im Rahmen dieses Projekts konzeptionell Abstand genommen worden. Im Vordergrund stand vielmehr die Entfaltung einer konkreten, auf die Vermittlung des Unterrichts-
gegenstandes zielenden Handlungskompetenz. Hieraus erklären sich möglicherweise einige didaktisch-methodische Defizite. So hat sich die Projektgruppe darauf beschränkt, einen Unterrichtsvorschlag auf einem "mitt-
leren" Abstraktionsniveau vorzustellen. Auf die Fixierung einer auf spezifische schulische Lerngruppen bezogenen Konzeption und insbesondere
auf die Ausarbeitung von i. e. S. unterrichtsmethodischen Überlegungen
ist verzichtet worden. Es werden eine Vielzahl nutzbarer ergänzender
unterrichtspraktischer Materialien ausgewertet und zur Verfügung gestellt.
Hinsichtlich einer flexiblen Nutzung der Projektmaterialien hätte sich
jedoch darüber hinausgehend angeboten, Erfahrungsberichte über den Unterrichtsverlauf in den Erprobungsklassen aufzunehmen und auf alternative
didaktisch-methodische Planungsvarianten zu verweisen. Eine übersichtliche graphische Gestaltung des Unterrichtsentwurfs hätte den beachtens-
werten Projektbericht zusätzlich abrunden können.

Nr. 90

KLESSE, K.: Neue Technik. Rationalisierung und Arbeitskampf in der
           Druckindustrie 1977/78. Materialien und Unter-
           richtseinheit für die Schule und gewerkschaftli-
           che Bildungsarbeit. Köln: AK Schule - Gewerkschaft
           der GEW, 1979. 268 S.

Einsatzmöglichkeit: Sek. I u. II; außerschulische Jugend- und Erwach-
           senenbildung; Projekt- bzw. fächerübergreifender
           Unterricht (Deutsch; Gesellschaftslehre, Politik -
           Sozialkunde; Wirtschaft; Arbeitslehre - Polytech-
           nik - Technik / Wirtschaft).

Erprobungshinweise: Grundkurs Sozialwissenschaften der 13. Klasse ei-
           nes Gymnasiums.

Inhaltliche Schwerpunkte und Aufbau

Die didaktischen Vorschläge zur Themenstellung enthalten sowohl fachübergreifende unterrichtspraktische Hinweise als auch Gliederungs- und
Materialvorschläge für projektorientierte Unterrichtsreihen. Sie werden
ergänzt durch: Lernzielhinweise und Richtlinien - Analyse, Auswertung
einschlägiger Schulbücher und Unterrichtseinheiten sowie Literaturhinweise. Ein nach Themenbausteinen gegliederter, sehr umfangreicher Materialteil enthält Statistiken, Übersichten, Schaubilder, Presse- und Zeit-
schriftenausschnitte, Stellungnahmen der Tarifparteien und Karikaturen
zu den Bereichen "Entwicklung der Technik, Arbeitsbedingungen, Qualifikationen und die Situation der Druckindustrie heute" (Baustein 1),
"Arbeitskampf in der Druckindustrie 1977/78" (Baustein 2), "Die Rolle
der Gewerkschaft" (Baustein 3) und "Das Dilemma gewerkschaftlicher

ARBEIT UND TECHNIK - Mensch und Mechanisierung/Automatisierung der Arbeit

Technologiepolitik" (Baustein 4).

Im unterrichtspraktischen Teil werden erstens allgemeine, d. h. nicht zielgruppenspezifische Vorschläge zur Unterrichtsplanung entwickelt. Dabei werden zu verschiedenen Themenbereichen Anregungen und Hinweise gegeben, die jeweils nach folgendem Schema strukturiert sind: Lerneinheit/Thema; Lernziele/Inhalte; Begründung und Eingrenzung; Unterrichtsorganisation/didaktisch-methodische Anmerkungen; Literaturhinweise.

Zweitens werden die übergreifenden didaktischen Vorschläge exemplarisch in Unterrichtsentwürfen für (a) die Fächer Politik/Gesellschaftslehre; Arbeitslehre der Sekundarstufe I und (b) Wirtschafts- und Sozialwissenschaften/Soziologie des Sekundarbereichs II konkretisiert;

(a) Politik/Gesellschaftslehre; Arbeitslehre Sek. I (ca. 8 - 10 Std.):

- Einstieg: Was ist los in der Druckindustrie? (Berufe der Druckindustrie. Welche sind gefährdet?)
- Worum ging es beim Arbeitskampf 1977/78?
- Daten und Fakten der Druckindustrie (technologische Veränderung: von Gutenberg zum Fotosatz: Daten zur wirtschaftlichen Situation der Druckindustrie)
- Wie kommt der "neue Tarifvertrag" zustande? Was ist und was regelt ein Tarifvertrag? Arbeitskonfliktregelung in der BRD, Aufnehmen des in der 2. Std. Erarbeitetem
- Streik und Aussperrung: gleiche "Waffen"?
- Welche Rolle spielte die Gewerkschaft (IG Druck und Papier)? (ferner: Zahlen über die IG-Druck, DGB, Programmatik)
- Arbeitskampf 1977/78: Kampf gegen den Fortschritt? (technologischer Wandel/Fortschritt und sein Preis)

(b) Wirtschafts- und Sozialwissenschaften/Soziologie Sek. II (11 - 16 Std.):

- Einstieg und Planung
- Ursachen und Hintergründe des Arbeitskampfes
- Zur ökonomischen Situation in der Druckindustrie
- Exkurs: von Gutenberg zum Fotosatz (Produktivkräfteentwicklung im grafischen Gewerbe)
- Zur Chronologie des Arbeitskampfes
- Ergebnis und Bedeutung des Arbeitskampfes oder: Fortschritt - unter welchen Bedingungen?
- Streik und Aussperrung: gleiche Mittel? Zur Aussperrungsdiskussion während und nach dem Arbeitskampf
- Arbeitskonfliktregelung in der BRD (Zusammenfassung und Auswertung aufgrund des Arbeitskonflikts in der Druckindustrie)
- Zur Rolle der Gewerkschaft (Auswertung aufgrund des Arbeitskonflikts)

Zielsetzungen

In Anlehnung an den Lernzielkatalog von R. SCHMIEDERER (Politische Bildung im Interesse der Schüler. Köln: Europäische Verlagsanstalt, 1977.) werden zunächst Groblernziele formuliert, die für mehrere Jahrgangsstufen, nicht jedoch für einzelne Unterrichtsreihen konzipiert sind:

ARBEIT UND TECHNIK - Mensch und Mechanisierung/Automatisierung der Arbeit

(1) Information und Informationsverarbeitung, (2) Analyse gesellschaftlicher und politischer Sachverhalte, (3) Kennen gesellschaftlicher und
politischer Teilbereiche und Institutionen, (4) Erkennen der wichtigen
gesellschaftlichen Grundsachverhalte und Zusammenhänge, (5) Urteilsbil-
dung, Wertsystem und Werturteilsproblematik, (6) Utopisches Denken und
Reale Utopie.

Dieser Lernzielkatalog wird in einem zweiten Schritt im Hinblick auf
Unterrichtsreihen zum Thema "Neue Technik, Rationalisierung und Arbeitskampf in der Druckindustrie" konkretisiert:

(a) Technologische Entwicklung, Veränderung der Qualifikationsstruktur
    und Arbeitsbedingungen

  - Die Schüler sollen die technologische Entwicklung in der Druckin-
    dustrie (Gutenberg bis Fotosatz) kennenlernen;
  - Die Schüler sollen erkennen, daß sich die fachlichen Anforderungen
    in der Druckindustrie verändert haben und verändern;
  - Die Schüler sollen erkennen, daß sich die konkreten Arbeitsplatz-
    bedingungen gewandelt haben und wandeln;
  - Die Schüler sollen erkennen, daß die veränderte Arbeitsplatzsitua-
    tion sowie die Veränderungen des fachlichen Könnens von der techno-
    logische Entwicklung abhängig sind.

(b) Arbeitskampf in der Druckindustrie

    Die Schüler sollen:

  - den Verlauf der Tarifrunde in der Druckindustrie sowie die dahin-
    ter liegenden Hintergründe und Ursachen kennen,
  - die unterschiedlichen Forderungen/Angebote und Interessen der be-
    teiligten Tarifvertragsparteien kennen (und Stellung dazu nehmen),
  - erkennen, daß in der Bundesrepublik Deutschland die Konflikte um
    Arbeitsbedingungen und Löhne weitgehend verrechtlicht sind ("In-
    stitutionalisierung des Klassengegensatzes") und zentrale Begriffe
    und Inhalte wie Tarifvertrag(sgesetz), Koalitionsfreiheit, Tarif-
    autonomie (einschließlich des historischen Hintergrundes) kennen,
  - anhand der Tarifrunde begündet Stellung nehmen können, ob der wis-
    senschaftlich-technische Wandel ("Fortschritt") mehr den Interes-
    sen der Arbeitgeber, den Arbeitnehmern in der Druckindustrie oder
    "gesamtgesellschaftlichen" Interessen dient.

Methoden

Die Materialien zu den Themenbausteinen wurden in der Perspektive ausgewählt und zusammengestellt, dem Anwender vielfältige und alternativ
einsetzbare Vorlagen an die Hand zu geben, um eine flexible Unterrichtsplanung zu ermöglichen. Die im unterrichtspraktischen Teil des Materialpakets skizzierten Anregungen und die dokumentierten Stundenpla-
nungen verstehen sich in diesem Sinne ausschließlich als Hilfestellungen für den Lehrer, die einen eigenverantworteten und zielgruppenspe-
zifischen Unterricht auch dann möglich machen sollen, wenn für die Unterrichtsvorbereitung nur eine knapp bemessene Zeit zur Verfügung steht.

Empfohlen wird die Konzeptualisierung von Curriculumbausteinen als
Projektunterricht, als dessen konstitutive Momente die Offenheit von
Entscheidungs- und Gestaltungsmöglichkeiten der Schüler hinsichtlich
der Zielsetzung, der Vorbereitung und der Durchführung sowie eine ein-

ARBEIT UND TECHNIK - Mensch und Mechanisierung/Automatisierung der Arbeit

zelne Schulfächer übergreifende und integrierende Arbeitsweise benannt werden. Für die Bewältigung der einem Projektunterricht immanen-
ten Anforderungen wird vorgeschlagen, in der Realisierungsphase von
Unterrichtsreihen Kurzlehrgänge und Übungen zur Vermittlung von Kenntnissen, Fähigkeiten und Fertigkeiten, die der Lösung der dem Projekt
zugrundeliegenden Problemstellung systematisch vorausgesetzt sind,
zwischenzuschalten.

Um den jeweiligen Zielgruppen und Unterrichtssituationen gerecht zu
werden, wird besonderer Wert auf die Medienauswahl gelegt. Die UE enthält neben Texten, Schüler - Arbeitsblättern und Tafelbildern eine Vielzahl von Hinweisen auf Filme und Rundfunksendungen sowie Bilder, Po-
ster, Karikaturen und Liedertexte.

Der Projektansatz impliziert die Bevorzugung von Einzel-, Partner- und
Gruppenarbeit. Demgegenüber werden die Arbeitsformen Unterrichtsgespräch, Schülerreferat, Lehrerinformation nur marginal eingeplant. Besonders verwiesen wird auf die inhaltliche und didaktische Funktion einer in den Unterrichtsverlauf systematisch integrierten Betriebsbesichtigung.

Zu den dokumentierten Stundenentwürfen für den Unterricht in den Bereichen Politik/Gesellschaftslehre und Arbeitslehre in der Sek. I und
(Wirtschafts- und Sozialwissenschaften) Soziologie in der Sek. II werden keine über die in den unterrichtspraktischen Hinweisen hinausgehen-
den methodischen Aspekte thematisiert.

Kritische Anmerkungen

Die Materialien und unterrichtspraktischen Hinweise greifen aktuelle
Problemstellungen unseres Wirtschafts- und Gesellschaftssystems auf.
Da die Rationalisierungswellen in verschiedenen industriellen Sektoren,
die sich in den sechziger Jahren bereits anbahnten und seit Mitte der
70er erstmals in der Nachkriegszeit wieder tiefgreifende soziale Span-
nungen auslösten, sich in diesem Jahrzehnt in neuen, über einen langen
Zeitraum unbekannten Dimensionen fortsetzen dürften, kann davon ausgegangen werden, daß hiermit ein Problemfeld aufgegriffen und didaktisch bearbeitet wurde, das die sozialen Auseinandersetzungen auch der
kommenden Jahre maßgeblich prägen dürfte. Es ist ein besonderer Vor-
zug des Materialbandes, daß grundlegende technische, ökonomische und
gesellschaftliche Zusammenhänge des bundesrepublikanischen Systems
(technologische Entwicklung, Veränderungen von Qualifikationsstruktu-
ren und Arbeitsbedingungen, Tarifauseinandersetzungen) exemplarisch am
Beispiel der Druckindustrie inhaltlich und didaktisch strukturiert
werden.

Die Qualifikationsziele, Problemfelder und Methoden der vorliegenden
Unterrichtskonzeption orientieren sich explizit an den "Leitsätzen des
DGB zur Arbeitslehre". Ihre praktische Ausgestaltung verdankt sie zu-
dem, so der Vorsitzende der IG Druck und Papier, Leonhard Mahlein, in
einem Vorwort, nicht zuletzt einer konstruktiven Zusammenarbeit des
Kölner Arbeitskreises "Schule und Gewerkschaft" und der zuständigen
Einzelgewerkschaft.

Die Auswahl, Zusammenstellung und Kommentierung der nach Themenbausteinen strukturierten Materialien orientiert sich an der Konzeption eines

ARBEIT UND TECHNIK - Mensch und Mechanisierung/Automatisierung der Arbeit

"offenen" Unterrichts. Die nur mittelbar aufeinander bezogenen Quellen
und didaktischen Anregungen sind geeignet, dem erfahrenen Lehrer die
Planung und Gestaltung eines situationsadäquaten Unterrichts zu ermöglichen und zu erleichtern, in dem die systematische Berücksichtigung
und flexible Integration aktueller Bezüge und zielgruppenspezifischer
Problemlagen, Interessen und Vorstellungen möglich und erwünscht ist.
Die einleitenden Übersichten über Richtlinien, Schulbücher und themenspezifische Unterichtseinheiten können zudem dazu anregen, ergänzende
und weiterführende fachdidaktische Ausarbeitungen sowohl in der Kon-
zeptualisierungs- wie auch in der Realisierungsphase von UE einzubeziehen. Aus den didaktischen Reflektionen geht jedoch nicht hervor,
weshalb unter Bezugnahme auf die Konzeption "offenen" Unterrichts
darauf verzichtet wurde, die referierten Themenplanungen für Unterrichtsreihen in der Sek. I und der Sek. II um zielgruppen- und themenspezifische didaktische Vorschläge zu ergänzen. Für den Rezipienten
des Materialpakets wäre darüber hinaus von Interesse, genaueres über
die Unterrichtserfahrungen in der Erprobungsschule, insbesondere auch
über etwaige Schwachstellen und - unter Angabe der gegebenen Rahmenbedingungen - über didaktische Lösungsstrategien zu erfahren. Auf diese Weise könnte erreicht werden, daß mögliche - z. B. zeitliche - Fehlplanungen eingegrenzt werden, und vorhandene schulische Gestaltungsspielräume unter Berücksichtigung von Vorerfahrungen - z. B. in der
Kooperation von Fachlehrern bei der Planung und Durchführung des Pro-
jektunterrichts - systematisch genutzt werden.

Nr. 91

BEDDIES, F. u. a.: Thema: Auswirkungen einer Rationalisierungsmaßnah-
me auf Lohn und Leistung. Unterrichtseinheit für
das 8. Schuljahr.
In: GEW, Landesverband Niedersachsen (Hrsg.): Materialien zur Arbeitslehre in Niedersachsen. Hannover 1979[3], S. 119 - 151.

Einsatzmöglichkeit: 8. Jg.; Arbeitslehre.

(1) Folgen der Rationalisierung. (2) Rationalisierung hat für Unternehmer und lohnabhängig Arbeitende unterschiedliche Konsequenzen.
(3) Rationalisierung führt zur Veränderung von Arbeitsplätzen im Betrieb. (4) Rationalisierung führt zu neuer Arbeitsplatzbewertung.
(5) Rationalisierung führt zu Konfliktsituationen im Betrieb. (6) Rationalisierung führt zu möglichem Verlust und / oder zur Neuschaffung
von Arbeitsplätzen.

Nr. 92

BUROW, G., PYSCHIK, J.: Rationalisierung im Betrieb. Eine Einführung
in die Arbeitswelt. Frankfurt, Köln: Europäische
Verlagsanstalt, 1974, 71 S.

Einsatzmöglichkeit: Abschlußklassen Hauptschule; 16 Doppelstd.

Im Hinblick auf die zukünftige Berufswahl wird den Schülern an Hand
von Rationalisierungsmaßnahmen exemplarisch der Interessengegensatz
zwischen Arbeitgebern und Arbeitnehmern erfahrbar gemacht. Nach dem

ARBEIT UND TECHNIK - Mensch und Mechanisierung/Automatisierung der Arbeit

Einstieg (Betriebsspiel) werden zentrale Themenkomplexe: Automation, Akkordarbeit, Rationalisierung im Büro, Interessenvertretung, die in sich geschlossen und "beliebig" kombinierbar sind, vorgestellt. Das Unterrichtsmodell schließt mit einem Entscheidungsspiel.

Nr. 93

DRUTJONS, P.: Mach´mal Pause! Arbeitsphysiologische Gefahren der Ar-
              beitsintensivierung.
              In: arbeiten + lernen 1980, 5, 19 - 28.

Einsatzmöglichkeit: Hauptschule 8. u. 9. Jg., Berufsschulen; Biologie,
                       Arbeitslehre, Sozialkunde; 10 Ustd.

Erprobungshinweise: 8. u. 9. Jg. der Hauptschule·

Die Unterrichtseinheit setzt sich unter humanbiologischen Gesichtspunkten mit dem Verhältnis von Arbeitszeit und Pausenregelungen auseinander. ·

Nr. 94

EWERT, M.: Projekt "Automation". Hrsg. : IGS Fürstenau. Hildesheim:
           Zentr. Kommission Arbeitslehre an niedersächsi-
           schen GS, o. J., 31 S.

Einsatzmöglichkeit: Gesamtschule 8. Jg.; Arbeitslehre.

Erprobungshinweise: UE ist im 8. Jg. an niedersächsischen GS erprobt.

Literaturhinweise: R. Meyer-Harter u. a.: Automation - Risiko und
                       Chance. Unterrichtseinheit für das 8. Schuljahr.
                       In: Die Arbeitslehre, 1975, 5, S. 80 - 93.

Im Hinblick auf die anstehende Berufswahl der Schüler werden die mit
der Automation verbundenen Probleme und Perspektiven vermittelt. Die
Auswirkungen der Automationsprozesse auf Arbeitsplätze ergeben sich
exemplarisch am Beispiel der Stillegung einer Teilproduktion. Die abschließenden Konsequenzen verweisen auf die Notwendigkeit solidari-
schen Handelns gewerkschaftlicher Organisation der Arbeitnehmer.

Nr. 95

GEW, Landesverband Hessen. (Hrsg.): Neuordnung der Lehrerausbildung,
                       Planung, Enttäuschungen, Alternativen. Frankfurt:
                       1972, S. 175 - 202.

Einsatzmöglichkeit: Sek. I u. II; Projekt in Politik; 8 Wochen (bei
                       2 - 3 Ustd.) bis max.1 Schulhalbjahr.

Erprobungshinweise: Im Erprobungsunterricht wurde der technische Un-
                       terricht und z. T. der Deutschunterricht inte-
                       griert.

In dem Unterrichtsprojekt "Die Entwicklung der sachlichen und menschlichen Produktivkräfte von der Industrialisierung zur Automation" wer-

ARBEIT UND TECHNIK - Mensch und Mechanisierung/Automatisierung der Arbeit

den in einer ersten Lernsequenz ausgehend von unmittelbaren betrieblichen Erfahrungen der Schüler (Ferienarbeit, Praktikum, Lehre, Betriebserkundungen) Entwicklungstendenzen im Bereich der Produktivkräfte behandelt. In der zweiten Projektphase wird die Entstehung betrieblicher
Organisationsformen entwickelt. Drittens wird die Industrialisierung
und der Entstehungsprozeß des Proletariats untersucht. Die letzten Phasen des Projekts haben die Veränderung der innerbetrieblichen Produk-
tionsformen und Herrschaftsverhältnisse zum Gegenstand. Der Abschluß
bildet die Beschäftigung mit Fragen ausländischer Arbeitnehmer.

Nr. 96

FAULENBACH, K.A., SIMON, W.: Unterrichtsthema: Arbeits- und Wirtschaftslehre I. München: Urban und Schwarzen-
berg 1977. 130 S.

Es werden Vorschläge und Materialien zur Unterrichtsgestaltung für die
Orientierungsphase in der Arbeits- und Wirtschaftslehre vorgelegt. Es
finden vornehmlich zwei Problembereiche Berücksichtigung: Auf der Ebene
des Konsums werden individuelle und gesellschaftliche Bedürfnisse in
ihrer gesellschaftspolitischen Dimension behandelt. Auf der Ebene der
Produktion wird das Problem der Arbeit und ihre Teilung in je spezifische Fähigkeiten im historischen Prozeß entwickelt. Die Arbeit gliedert sich in: Sachanalyse, didaktischem Kommentar, unterrichtlichen
Arbeitshinweisen und Schülermaterialien.

Nr. 97

FÜRMANN, K. u. a.: Von der Mechanisierung zur Automation. Wiesbaden:
HIBS, 1980. 96 S. (unv. Ms.)

Einsatzmöglichkeit: Hauptschule 10. Jg.; Projekt (Polytechnik/Arbeits-
lehre, Deutsch, Religion, Gesellschaftslehre, Naturwissenschaften, Mathematik, Kunst); 134 Ustd.

Erprobungshinweise: 10. Klassen Hauptschule in Hessen.

Ausgehend von der praktischen Erprobung und der Reflektion einfacher
Handlungsvollzüge erfahren die Schülerinnen und Schüler Mechanisierung
und Hochmechanisierung als Vorstufen automatisierter Produktionsprozes-
se. Der Problemkomplex "Automation" wird fächerübergreifend unter technischen, ökonomischen und gesellschaftlich - sozialen Gesichtspunkten
betrachtet. Weiterhin interessieren als Auswirkungen moderner Produk-
tionstechniken die Aspekte (1) Freisetzung von Arbeitskräften und Arbeitslosigkeit, (2) Wandel der Berufsstruktur, (3) Anforderungen an das
Bildungs- und das Berufsausbildungssystem und (4) Automation und psychische Belastung am Arbeitsplatz.

Nr. 98

HÄRTEL, H.: Steuerung und Automation. IPN Curriculum Physik, UE 10. 2.
Stuttgart: Klett, 1976. 176 S.

Einsatzmöglichkeit: 10. Jg.; Physik. Gemeinschaftskunde; 21 Ustd.

Erprobungshinweise: Zweistufig in Gymnasien und Realschulen.

ARBEIT UND TECHNIK - Mensch und Mechanisierung/Automatisierung der Arbeit

Einer Einstiegsphase, in der die Arbeitsbedingungen ungelernter Industriearbeiter besprochen werden, folgt die Planung und die Konstruktion einer handgesteuerten Flaschenabfüllanlage. Eine Simulation der "Produktion" abgefüllter Flaschen macht die Schüler mit der Anlage vertraut. Die Erfahrung der Fließbandarbeit verweist zugleich auf arbeitsorganisatorische Momente mechanisierter Produktionsweisen. Im Anschluß daran wird eine Programmsteuerung entwickelt und an der erstellten Anlage angewendet. Eine Betriebsbesichtigung soll die gewonnenen Kenntnisse und Erfahrungen erweitern und vertiefen. In einer abschließenden Lernsequenz werden Modelle alternativer betriebs- und arbeitsorganisatorischer Gestaltungsformen vorgestellt, erprobt und hinsichtlich ihrer Begrenzung und Realisierungsmöglichkeiten diskutiert.

Nr. 99

HOPPE, M. u. a.: Überlegungen zur Praxis der Berufsorientierung am
        Beispiel der Unterrichtseinheit "Humanisierung der
        Arbeitswelt". In: didaktik - arbeit, technik,
        wirtschaft 1980, 3, 39 - 56.

Einsatzmöglichkeit: Abschlußklassen Sek. I; Arbeitslehre.

Die Unterrichtseinheit setzt sich mit den Ursachen und Folgen inhumaner Arbeitssituationen auseinander und untersucht Ansatzpunkte zu einer Humanisierung der Arbeitswelt. Zu jeder Lernsequenz werden mehrere methodische Strukturierungsvorschläge skizziert.

Nr. 100

HÜBNER, M.: Arbeitszeitverkürzung. Möglichkeit zur Bekämpfung der Arbeits-
        losigkeit. In:arbeiten + lernen 1980, 5, 34 - 38.

Einsatzmöglichkeit: Abschlußklassen Sek. I; Arbeitslehre, Sozialkunde.

Die Schüler lernen verschiedene Formen der Arbeitszeitverkürzung kennen und diskutieren Realisierungsmöglichkeiten. Eine Expertenbefragung schließt sich an.

Nr. 101

GEW, Landesverband Niedersachsen (Hrsg.): Humanisierung der Arbeit.
        Eine Arbeiterin in der Endmontage. In: ders.:
        Materialien zur Arbeitslehre in Niedersachsen,
        Hannover 1979[3]. S. 163 - 173.

Einsatzmöglichkeit: 9. Jg.; Arbeitslehre.

Den Schülern soll deutlich werden, daß Humanisierungsmaßnahmen bisher nur dort eingeführt wurden, wo Arbeitgeber- und Arbeitnehmerinteressen nicht kollidieren. Sie sollen zugleich darauf hingewiesen werden, daß weitgehende Humanisierungsbestrebungen nur im Rahmen einer starken gewerkschaftlichen Solidarität möglich werden.

ARBEIT UND TECHNIK - Mensch und Mechanisierung/Automatisierung der Arbeit

Nr. 102

KAHSNITZ, D.: Arbeitslehre als sozialökonomische Bildung. Zur Integration von Allgemein- und Berufsbildung. In: Chri-
stian, W.: Polytechnik in der Bundesrepublik
Deutschland? Beiträge zur Kritik der "Arbeitslehre".
Frankfurt: Suhrkamp, 1972. S. 168 - 236.

Der Autor präsentiert einen Curriculumvorschlag für eine systematische
Einführung in einen als sozialökonomische Bildung konzipierten Arbeitslehreunterricht. Es wird der historische Verlauf der Arbeitsteilung und
der Verteilung des Produktionsertrages jeweils unter dem Primat der Ver-
teilungsmacht nachgezeichnet. Für einzelne historische Produktionsweisen
werden entsprechend dem historischen Stand der Produktivkräfte in Abfolge herrschaftsfreie und herrschaftliche Organisationstypen der Arbeit
simuliert und die sozialen Strukturen und Prozesse entsprechend den Intentionen sozialökonomischer Bildung reflektiert.

Nr. 103

KGS LAATZEN: Industrialisierung im 19. Jahrhundert. Bezugsmöglichkeit:
Die UE befindet sich im Bestand des ehemaligen RPZ
Aurich, übernommen von: Ostfriesisches Kultur- und
Bildungszentrum, Georgswall 9, 2960 Aurich.

Einsatzmöglichkeit: GS 7. Jg.; Arbeitslehre; 9 Ustd.

Erprobungshinweise: Erprobt an niedersächsischen GS.

Die Unterrichtseinheit intendiert die Vermittlung der Hauptmerkmale der
technischen Entwicklung und der Arbeits- und Lebenbedingungen der Ar-
beiterschaft im 19. Jahrhundert.

Nr. 104

KGS LAATZEN: Der Übergang zum Maschinenzeitalter (17./18. Jahrhundert).
Bezugsmöglichkeit: Die UE befindet sich im Bestand
des ehemaligen RPZ Aurich, übernommen von: Ostfriesisches Kultur- und Bildungszentrum, Georgswall 9,
2960 Aurich.

Einsatzmöglichkeit: GS 7. Jg.; Arbeitslehre; ca. 9 Ustd.

Erprobungshinweise: Erprobt an niedersächsischen GS.

Im schulischen Ungerricht wird den Schülern der Unterschied zwischen
handwerklichen Tätigkeiten und manufktureller Produktion unter technischen und sozialen Gesichtspunkten vermittelt. Die Unterrichtseinheit
ist in der 7. Jahrgangsstufe der Gesamtschulen Niedersachsen im Fach
Arbeitslehre erprobt worden.

ARBEIT UND TECHNIK - Mensch und Mechanisierung/Automatisierung der Arbeit

Nr. 105

KLESSE, K. u. a.: Automation - Rationalisierung - Neue Techniken und
ihre Folgen. Materialien für die Schule und gewerkschaftliche Bildungsarbeit. Köln: AK Schule -
Gewerkschaft Köln der GEW, 1980 122 S.

Die Materialien sind in Ergänzung zur WDR III Schulfernsehserie "Maschinen - Automaten - Computer", an deren Produktion die Autoren beteiligt waren, entstanden. Sie enthalten Schülerarbeitsblätter und unterrichtspraktische Hinweise zu den Filmteilen "Büroautomation" und
"Druckindustrie". Sie sind so konzipiert worden, daß der Einsatz der
zugeordneten und individuellen Sequenzen in didaktisch-methodischer
Perspektive zwar wünschenswert ist, ihre Anwendung deren Nutzung jedoch nicht systematisch vorausgesetzt wird.

Nr. 106

KOCH, J.: Arbeits- und Berufswelt im Unterrichtsfilm. Beispiel:
"Der Mensch in der automatischen Ferti-
gung". In: Bundeszentrale für politische
Bildung (Hrsg.): Schule und Arbeitswelt.
Schriftenreihe der Bundeszentrale für
politische Bildung. Band 111.
Bonn: Eigenverlag, 1976.
S. 107 - 126.

Der Film "Der Mensch in der automatischen Fertigung" wird sequentiell
unter formalen Gesichtspunkten aufgeschlüsselt und hinsichtlich seines
ideologischen Gehalts beleuchtet.

Nr. 107

KRUTZ, W.: Arbeitsplatzbedingungen im Betrieb. Humanisierung der Arbeitswelt am Beispiel der Druckindustrie. In: Hessisches Institut für Lehrerfortbildung (Hrsg.):
Ergebnisse aus der Lehrgangsarbeit im Fachbereich
Gesellschaftslehre Sek. I: Unterrichtsvorschläge
für die Problemstellung "Arbeitsplatzsituation im
Betrieb - Humanisierung der Arbeitswelt." Kassel:
1979. S. 10 - 72.

Unterrichtsgegenstände sind die Themenkomplexe (1) Technologische Entwicklung, Qualifikationsstruktur und Arbeitsbedingungen, (2) Durchsetzung und Verbesserung der Arbeitsbedingungen, (3) Widersprüche zwischen
dem Prinzip der Menschenwürde und der betrieblichen Realität.

ARBEIT UND TECHNIK - Mensch und Mechanisierung/Automatisierung der Arbeit

Nr. 108

KUHN, A.: Industrielle Revolution und gesellschaftlicher Wandel.
München: Kösel, 1979. 102 S.
Einsatzmöglichkeit: Sek. I, bedingt Sek. II; Geschichte.

Die Unterrichtsreihe behandelt die Problemfelder Arbeit, Sprache und
Herrschaft. In den ersten drei UE werden die Schüler mit den Veränderungen der Produktionsbedingungen durch die industrielle Revolution
vertraut gemacht. Weitere drei Einheiten befassen sich auf dieser Grundlage mit den neuen Erfahrungen der Arbeitnehmer. UE sechs und sieben
haben Handlungsmöglichkeiten der Arbeiter und die Rolle des Staates
als Interventionsstaat zum Thema.

Nr. 109

LEHMANN, I.: Humanisierung der Arbeitswelt. Elemente einer Unterrichtseinheit. In: HIBS (Hrsg.): Ergebnisse aus der Lehrgangsarbeit im Fachbereich Gesellschaftslehre
Sek. I: Unterrichtsvorschläge für die Problemstellung "Arbeitsplatzsituation im Betrieb - Humanisierung der Arbeitswelt". Kassel: 1979.
S. 73 - 113.
Einsatzmöglichkeit: Sek. I; Gesellschaftslehre; 14 Ustd.

Die nach dem "Bausteinprinzip" konzipierte UE gliedert sich in 8 Arbeitsschritte: (1) Einstiegs- und Motivationsphase mit Erfahrungen aus
dem persönlichen Bereich, (2) Sinn der Arbeit/Würde des Menschen,
(3) Auswirkungen der Arbeitsplatzsituation auf Gesundheit, Familie, Freizeit, (4) Möglichkeiten, sich über Arbeitsplatz- und Berufssituationen
zu informieren, (5) Aspekt Mehrwert, (6) Automation und Arbeitslosigkeit, (7) Humanisierung im Betrieb, (8) Wege der Verwirklichung von
humanen Arbeitsbedingungen.

Nr. 110

MATT, K. u. a: Baustein: Rationalisierung im Betrieb - Ursachen und
Folgen. In: Evers, J. u. a.: Der Betrieb 1. Wir-
kungsstruktur und Entscheidungsbereich. Der Betrieb als ökonomisches, technisches, organisatorisches und soziales System. Didaktische Reihe Ökonomie. Köln: Bachem, 1979[3]. S. 189 - 247.
Einsatzmöglichkeit: Hauptschule 7. u. 8. Jg.; Arbeitslehre, Wirtschaftslehre, Gesellschaftslehre.
Erprobungshinweise: UE wurde im 7. u. 8. Jg. Hauptschule erprobt.

In dem vorliegenden Unterrichtsbaustein werden ökonomische, technische
und organisatorische Prinzipien von Rationalisierungsinvestitionen analysiert sowie positive und negative Folgen von technisch-organisatori-
schen Veränderungen für die menschlichen Arbeits- und Lebensbedingungen
ermittelt.

ARBEIT UND TECHNIK - Rohstoff- und Energieversorgung

Nr. 111

Deutsche Shell AG, Abt. Wirtschafts- und Energiepolitik
(Hrsg.): Unterrichtsmodell Energie. Hamburg:
Deutsche Shell AG, 3. überarbeitete Fassung 1979,
344 S.

Einsatzmöglichkeit: 9. u. 10. Jg.; Physik, Wirtschaftskunde, Politik.

Inhaltliche Schwerpunkte und Aufbau

Der Aufbau der UE orientiert sich am Baukastenprinzip. Das Grundmodell
enthält neun Unterrichtssequenzen. Dabei sind die Bausteine (1) Was ist
Energie? (2) Bestimmungsfaktoren des Energieverbrauchs, (3) Energiereserven und -verbrauch, als Grundkurs konzipiert. Die übrigen Elemente
- (4) Energiequellen der Zukunft, (5) Energieverbrauch, Einsparungsmöglichkeiten und Umweltbelastungen, (6) Produktion, (7) Preisbildungsfak-
toren, (8) nationale/übernationale Institutionen, (9) Energieprogramme -
können nach Bedarf ausgewählt und kombiniert werden.

Jeder Baustein enthält einen Informationsteil mit zahlreichen Übersichten, Tabellen und Graphiken sowie Vorschläge für Gruppen- und Einzelar-
beiten, ferner einen Testbogen für Schüler. Stichworte, Literaturhinweise und eine Sammlung von z. T. kontroversen Presse- und Redeauszügen
zum Thema Energie ergänzen die Unterrichtsmaterialien.

Jede Sequenz schließt mit einer graphischen Darstellung der Arbeitsergebnisse. Im Verlauf des Gesamtprogramms ergibt sich aus den Zusammenfassungen eine sich differenzierende und vervollständigende, die einzelnen Bausteine systematisch verordnende Übersichtstafel. Die im Modell
favorisierte Unterrichtsplanung ergibt sich aus der nachfolgenden Übersicht:

```
                 ┌───┐              ┌───┐
                 │ 3 │              │ 9 │
      ┌───┐ ┌───┐┴┌───┐ ┌───┐ ┌───┐╱└───┐
      │ 1 │─│ 2 │─│ 5 │─│ 6 │─│ 7 │
      └───┘ └───┘┬└───┘ └───┘ └───┘╲┌───┐
                 │ 4 │              │ 8 │
                 └───┘              └───┘
```

Zielsetzungen:

Der Unterrichtslehrgang akzentuiert energiewirtschaftliche und politisch-
soziale Gesichtspunkte. Die Absicht des Herausgebers ist es, unterrichtspraktische Materialien und didaktische Vorschläge zur Verfügung
zu stellen, die zu einer sachgerechten und kritischen Auseinandersetzung
mit einem wichtigen Sektor der bundesrepublikanischen Wirtschafts- und
Lebensordnung anregen sollen. Jedem Baustein sind mehrere Zielvorstellungen vorangestellt. Die folgende Zusammenstellung soll andeuten, in
welchen Dimensionen, auf welchem Niveau und in welcher Richtung die Lernziele angesiedelt sind.

Die Schüler sollen

- lernen, daß eine ausreichende Energieversorgung Grundlage unseres
  täglichen Lebens ist und die Abhängigkeit unseres Landes von Energie-
  importen beurteilen können;
- die Bedeutung der sog. Entkopplung von Wirtschaftswachstum und Energieverbrauch begrunden können;

ARBEIT UND TECHNIK - Rohstoff- und Energieversorgung

- aus der ungleichen geographischen Verteilung von Energiereserven und
  -verbrauch Folgerungen für den Weltenergiehandel ziehen;
- die Notwendigkeit der Erschließung neuer Energiequellen begründen
  können;
- Möglichkeiten der Energieeinsparung in den Bereichen Industrie, Haushalt und Verkehr aufzeigen können und die Hauptargumente der Kern-
  kraftgegner und -befürworter nennen können;
- beschreiben können, welchen Einfluß Angebot und Nachfrage auf die
  Preisbildung für Mineralöl haben;
- die Unterschiede bei der Preisbildung von Kohle, Elektrizität, Erdgas
  und Mineralöl beurteilen können;
- Zusammenhänge zwischen Energiemarktsituation, Wettbewerbsfunktion(en)
  und staatlicher Einflußnahme aufzeigen können;
- energiepolitische Probleme in der Bundesrepublik, Zielsetzungen nationaler und internationaler Energieprogramme und die Auffassungen
  der im Bundestag vertretenen Parteien zum Thema Kernenergie darstellen können.

Methoden

Das Unterrichtsmodell enthält zu jedem Baustein ausgearbeitete didaktische und methodische Vorschläge. Es werden Lehrerfragen ausformuliert
und Lösungsbeispiele angeboten. Ein Schülertestbogen soll die Lerner-
folgskontrolle sichern. Um die Informations- und Arbeitsgrundlagen zu
erweitern, können Abschnitte aus den Hintergrundinformationen für Lehrer kopiert oder als Transparente für Tageslichtprojektoren übernommen
werden. Die farbigen Graphiken sind i. d. R. so angelegt, daß sie auch
als Kopien anschaulich bleiben. Die unterrichtlichen Arbeits- und Sozialformen werden durch Symbole hervorgehoben:.Fragen an Schüler, Unterrichtsgespräch, Referat, Diskussion, Einzel- und Gruppenarbeit, Schülertestbogen.

Kritische Anmerkungen

Das Unterrichtsmodell beeindruckt zunächst durch die Qualität des
Layouts und durch die ambitionierte graphische Gestaltung der Hintergrundinformationen, der didaktisch-methodischen Vorschläge und der Schülerarbeitsmaterialien. Keine der in dem hier interessierenden Zusammenhang gesichteten und ausgewerteten Unterrichtseinheiten war optisch
auch nur annähernd aufwendig aufgemacht. Es ist jedoch fraglich, ob im
Hochglanzformat der professionellen Industriewerbung stilisierte Arbeitsmaterialien den praktischen Anforderungen von Schülern und Lehrern entgegenkommen.

Die vorliegenden Materialien stellen eine Vielzahl von Informationen
über grundlegende wirtschaftliche und politische Zusammenhänge zum
Thema Energie zur Verfügung. Sie sind übersichtlich gestaltet und leicht
lesbar. Sie können insofern die Vorbereitung eigener, thematisch äquiva-
lenter UE ebenso erleichtern und verkürzen wie eine lerngruppenspezifische Adaption einzelner Bausteine des Grundmodells.

Die formale Struktur der didaktischen Vorschläge vermittelt den Eindruck, es handele sich um ein geschlossenes Curriculum: Es werden Lehrerfragen und Aufgabenstellungen exakt vorgegeben, Gesprächs- und Diskussionsthemen detailliert umschrieben und das Wissen der Schüler in
Testbögen kontinuierlich abgefragt und kontrolliert - und dies, obwohl

ARBEIT UND TECHNIK - Rohstoff- und Energieversorgung

eine vorherige Erprobung und Evaluation des Modells nicht stattgefunden hat. Mir scheint, daß die didaktisch-methodischen Empfehlungen nur in Teilbereichen mit realen Unterrichtsabläufen in Einklang zu bringen sind. Es handelt sich offensichtlich weniger um ausgearbeitete Lernsequenzen, sondern vielmehr um intentional den Unterricht strukturierende Markierungspunkte, die zu konkretisieren und zu vervollständigen wären.

Die im Grundmodell gesetzten Eckdaten implizieren eine zentralistische Unterrichtssteuerung durch den Lehrer, für Eigeninitiativen und schöpferische Impulse der Schüler bleibt nur wenig Raum. Eine Mitbestimmung und Mitwirkung der Klasse bei der inhaltlichen und methodischen Gestaltung des Kursus ist nicht vorgesehen.

Die Unterrichtsmaterialien und die didaktischen Markierungspunkte spiegeln den wirtschafts- und gesellschaftspolitischen Standort der bundesrepublikanischen Energiekonzerne, der in den Formen der Allgemeinheit als quasi vorgegebene Sachlogik zum Ausdruck gebracht wird. Dazu drei Beispiele: (1) Im Abschnitt "Sparsamer Energieeinsatz und Umweltschutz" wird angedeutet, daß durch die "Verlagerung von Transporten auf weniger energieintensive Transportmittel" der Nutzungsgrad des Erdöls optimiert werden könne, eine alternative verkehrspolitische Weichenstellung, die den Ausbau des öffentlichen Nah- und Fernverkehrs in den Vordergrund rückt, wird jedoch nicht in Betracht gezogen. In den didaktischen Vorschlägen werden unter der Rubrik "Lösungen" an Einsparungsmöglichkeiten auf dem Verkehrssektor aufgezählt: Auslastung von Transportmitteln, energiesparende Fahrweise und Bau energiesparender Motoren. (2) Den "Faktoren der Preisbildung" werden zwei umfängliche Bausteine gewidmet. Zwar wird konstatiert, daß das marktwirtschaftliche Prinzip von Angebot und Nachfrage auf dem Weltmarkt kaum noch funktioniere, seit der Rohölpreis von den OPEC - Ländern diktiert werde. Die preistreibende Funktion der internationalen Mineralölkonzerne findet allerdings keine Erwähnung. Der interessierte Leser sucht vergeblich nach Tabellen, bunten Graphiken o. ä., in denen die letztjährigen Bilanzen der "Ölmultis" dokumentiert würden. Hinsichtlich der Preisbildung auf dem Inlandsmarkt wird die Behauptung, der Preis werde von wenigen "gemacht" ausgiebig "widerlegt": Es werden insgesamt 16 verursachende Faktoren aufgezählt - von der weltpolitischen Lage "über das Wetter bis zu den Tarifen der Verkehrsträger." (3) In einem Exkurs werden - im Unterschied zu allen anderen behandelten Themenstellungen - die "Argumente pro und contra Kernenergie" gegenübergestellt. Zuvor haben die Schüler jedoch, sollte der Unterricht nach Plan verlaufen sein, bereits gelernt, daß das Energieverbrauchswachstum einerseits und die Reichweite der Weltenergiereserven andererseits eine "beträchtliche" Zunahme der Nutzung von Kernenergie unumgänglich mache.

ARBEIT UND TECHNIK - Rohstoff- und Energieversorgung

Nr. 112

MIKELSKIS, H. u. a.: Energieversorgung durch Kernkraftwerke. IPN Curriculum Physik, UE 9. 3. Stuttgart: Klett, 1980. 228 S.

Einsatzmöglichkeit: 9. u. 10. Jg.; Physik, Biologie, Gesellschaftslehre, Deutsch; 25 Ustd.

Erprobungshinweise: Formative Evaluation in 21 Klassen des 9. und 10. Schuljahres an Hauptschulen, Realschulen und Gymnasien.

Literaturhinweise: H. MIKELSKIS: Schulerprobung der UE P 9. 3. Kiel: IPN (Arbeitsbericht 40), 1980. 175 S.

Inhaltliche Schwerpunkte und Aufbau

Der Curriculumbaustein "Energieversorgung durch Kernkraftwerke" stellt unterrichtspraktische Materialien zu folgenden Aspekten des Themas zur Verfügung:

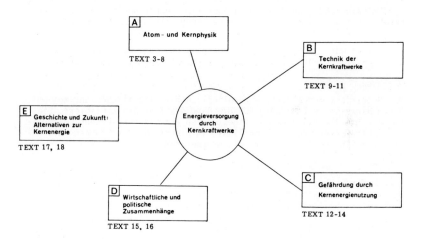

Bestandteile des Unterrichtsmodells sind: (1) 18 Texte, die Hintergrundinformationen, Zusammenfassungen, Medienhinweise, Experimentiervorschläge und Aufgabenstellungen bereitstellen; (2) sog. Schleifen, in denen Informationen zusammengestellt werden, die zumeist aus früheren Kursen bekannt sind, möglicherweise aber, da sie nicht mehr ohne weiteres aktiviert werden können, rekapituliert werden müssen; (3) ergänzende Unterrichtsmaterialien; (4) Quellennachweise; (5) weiterführende Literatur; (6) Sachregister.

ARBEIT UND TECHNIK - Rohstoff- und Energieversorgung

Zielsetzungen

Die vorgängigen Intentionen der Autoren werden der Unterrichtseinheit
in Form von fünf "Leitideen" vorangestellt:

(1) Physik, Technik, andere Naturwissenschaften, Wirtschaft und Politik
hängen eng miteinander zusammen. Sie wirken sich in dieser Verflechtung
auf unser tägliches Leben aus.

(2) Energieversorgung und Umweltgefährdung stehen in einem unmittelbaren Zusammenhang. Sowohl die unzureichende Versorgung mit Energie als
auch die Gefahr schädlicher Nebenwirkungen bei der Rohstoff- und Energieversorgung sind Probleme der Gegenwart und der Zukunft.

(3) Um die öffentliche Kontroverse "pro und contra Kernenergie" zu verstehen und um sich an der Diskussion beteiligen zu können, braucht man
Kenntnisse aus anderen Naturwissenschaften sowie aus verschiedenen Bereichen der Wirtschaft und der Politik.

(4) Um verschiedene zum Teil widersprüchliche Informationen zu bewerten und um einen eigenen Standpunkt zu erarbeiten, muß man lernen, Texte
zu verstehen, Informationen zu überprüfen und Meinungen zu diskutieren.

(5) Um selbständig und eigenverantwortlich denken und handeln zu können,
haben Lehrer und Schüler an der Gestaltung des Unterrichts gemeinsam
mitzuwirken.

Zusätzlich wird jede Unterrichtssequenz durch sog. Leitfragen eingelei-
tet, die als Orientierung für die Unterrichtsplanung dienen können.

Methoden

Das Unterrichtsmodell ist, einschließlich der didaktischen und methodischen Hinweise, vollständig für die Hand des Schülers konzipiert. Sie
sollen unter Nutzung der bereitgestellten Arbeits- und Planungsmaterialien ihren Unterrichtsplan möglichst in Eigenregie durchführen. Als unterrichtliche Sozialform wird die Gruppenarbeit favorisiert.

Kritische Anmerkungen

In den fünf Lernsequenzen der Curriculumeinheit erhalten die Schülerinnen und Schüler als Adressaten des Unterrichtskonzepts inhaltliche und
methodische Hilfestellungen und Hinweise, die es ihnen ermöglichen sollen, möglichst eigenständig auf ein Thema bezogene physikalische, technische, wirtschaftliche, historische und politische Handlungskompeten-
zen zu erwerben. Dabei geht es zunächst darum, erforderliche Basisinformationen im Unterricht aufzubereiten. Weitergehend sollen die Lernenden
in die Lage versetzt werden, einen eigenverantworteten Standort zu einem in der Öffentlichkeit wie unter Experten kontrovers debattierten
Thema zu entwickeln. Dabei wird - im Unterschied zu manchen thematisch
ähnlich gelagerten unterrichtspraktischen Materialien - programmatisch
davon Abstand genommen, Scheinlösungen zu Problemaspekten des Themas
zu suggerieren, die wissenschaftlich noch nicht als geklärt oder gelöst unterstellt werden können. Stattdessen wird der Versuch gemacht,
Materialien zur Verfügung zu stellen und Arbeitsweisen anzuregen, verschiedene, zum Teil sich widersprechende Informationen und Interpretationen gewichten, überprüfen, hinterfragen und sachbezogen diskutieren zu können.

ARBEIT UND TECHNIK - Rohstoff- und Energieversorgung

Durch die inhaltliche Strukturierung und die - wenngleich wenig übersichtliche - formale und graphische Gestaltung der Unterrichtseinheit
wird gewährleistet, daß zum einen für den Unterricht vielfältige Grundlageninformationen abgerufen werden können und zum anderen thematische
Schwerpunktsetzungen möglich sind. Als Orientierungs- und Auswahlraster
interessen- und qualifikationsbezogener Unterrichtsplanungen können hierbei die insgesamt 99 Leitfragen des Curriculums fungieren, die als eine Art Checkliste den wissenschaftlichen Problemhorizont und den gegenwärtigen öffentlichen Diskussionsrahmen in wesentlichen Momenten umspan-
nen. Da den vorgängigen Problemstellungen des Unterrichtsmodells jeweils
einzelne Lernsequenzen zugeordnet sind, ergibt sich aus der Entscheidung
für bestimmte thematische Komplexe implizit eine jeweils klassen- und
gruppenbezogene Kombination von Unterrichtselementen. Das vorliegende
Curriculum stützt sich auf Erkenntnisse und Einsichten, die im Rahmen
einer formativen Evaluation über einen längeren Zeitraum und unter variablen institutionellen und organisatorischen Beginnen gesichert werden konnten. An einigen Stellen wird darüber hinausgehend auf mögliche
didaktisch-methodische Alternativen aufmerksam gemacht. Zu den Ergebnissen der begleitenden Untersuchungen liegt ein gesonderter Arbeitsbericht
vor.

Nr. 113

Bürger entscheiden über Kernkraftwerke. Keine Angst: Es wird nicht dun-
kel! In: Betrifft uns 1978, 12, 1 - 12.

Einsatzmöglichkeit: Sek. I u. II; Politik, Gemeinschaftskunde, Sozialkunde, Wirtschaftslehre.

Es werden die Vorausschätzungen über den Energiebedarf in Verbindung mit
dem geplanten Bau von weiteren Kernkraftwerken problematisiert. Es wird
stattdessen vorgeschlagen und begründet, die Prozeßwärme aus der Indu-
strieproduktion für die Stromerzeugung zu nutzen. Erklärt werden das
Funktionsprinzip, die Anwendung und der Nutzeffekt des Wärmepumpen -
Heizsystems und des Sonnenkollektor - Heizsystems für die Energieversorgung.

Nr. 114

GOETZ, V., KOSCHIG, M. (Redaktion): Der politische Prozeß. Meinungs-
und Willensbildung, Gesetzgebung und Wirkungen ei-
nes Gesetzes in der Bundesrepublik Deutschland am
Beispiel der Energiekrise. Unterrichtsmodelle Sozialkunde. Bad Kreuznach: RPZ, 1979. 79 S.

Einsatzmöglichkeit: Sek. I; Sozialkunde; 6 Ustd.

Erprobungshinweise: Erprobt im 7. - 10. Jg. allgemeinbildender Schulen des Landes Rheinland-Pfalz.

Das Unterrichtsmodell basiert auf dem Lehrplanentwurf Sozialkunde für
die allgemeinbildenden Schulen des Sekundarbereichs I des Landes Rheinland - Pfalz. Thematisiert werden: Probleme der Energieversorgung; Energieversorgung im Streit der öffentlichen Meinung; das Gesetzgebungsver-
fahren an einem konkreten Beispiel; der Verlauf des politischen Prozesses in Abhängigkeit von horizontaler und vertikaler Gewaltenteilung;
die Wirkungen des Gesetzes.

ARBEIT UND TECHNIK - Rohstoff- und Energieversorgung

Nr. 115

Informationskreis Kernenergie (Hrsg.): Projekt Kernenergie, Basisinformationen. Acht Arbeitstransparente mit Be-
gleitheft. Düsseldorf: Hagemann, 1976. 48 S.

Das Unterrichtsmodell thematisiert anhand von Transparenten den Komplex Energiebedarf - Energiepolitik - Gesellschaftspolitik. Die UE hat
Schüler aller Schulformen der Sekundarstufe I zum Adressaten. Sie kann
im gesellschaftskundlichen, geographischen und naturwissenschaftlichen
Unterricht eingesetzt werden.

Nr. 116

Kernkraft gegen Kohle. Ein gefährlicher Streit! In: Betrifft uns,
1978, 10, 1 - 12.

Einsatzmöglichkeit: Sek. I u. II; Politik, Gemeinschaftskunde, Sozialkunde, Wirtschaftslehre.

Die Schüler lernen die Bedeutung der einheimischen Vorkommen an Pri-
märenergien für die Stromerzeugung kennen und beurteilen. Anhand von
Fallbeispielen wird untersucht, warum die Elektroversorgungsunterneh-
men nicht bereit sind, zusätzlichen Kohlestrom abzunehmen.

Nr. 117

Risiko Kernenergie. In: Betrifft und, 1978, 11, 1 - 12.

Einsatzmöglichkeit: Sek. I u. II; Physik, Sozialkunde.

Im Mittelpunkt des Planungsmaterials steht das Risiko der radioaktiven Strahlung durch Kernkraftwerke im Normalbetrieb. Erklärt wird die
Stromerzeugung in Kernkraftwerkstypen mit Siedewasser- und Druckwasser-
reaktoren. Die Erörterung der Gefährdung durch künstliche Strahlenbe-
lastungen konzentriert sich auf die gesundheitlichen Folgen der Anrei-
cherung von radioaktiven Spaltprodukten im menschlichen Organismus.

Nr. 118 - 121

Energiesparen. In: arbeiten + lernen 1980, 4, 14 ff.

Das Themenheft bringt Unterrichtsmodelle zu folgenden Problembereichen:

- ERTL, S.: Wir hören Musik mit Hilfe der Sonnenenergie (Adressaten:
Sekundarbereich II).
- HEITMANN, W.: Die Wärmeenergiepumpe - Eine Möglichkeit zur Energie-
einsparung? (Adressaten: Berufsschule, gymnasiale Oberstufe; Fächer:
Werkkunde, Gemeinschaftskunde, Wirtschaftskunde, Deutsch; Dauer:
5 Ustd.; Erprobung: Berufsschulklasse mit Industrieelektronikern).
- LORENZEN, M., ECKSTEIN, F.: Windenergiegewinnung (Adressaten/Erpro-
bung: Primarbereich und Sekundarstufe I).
- FREITAG, R.: Energiesparen mit dem Kraftfahrzeug - aber wie? (Adres-
saten/Erprobung: Sekundarstufe II).

QUALIFIKATION und BERUF - Wirtschaftlich-technischer Wandel

Nr. 122

BÖHM, O. u.a.: Zur Problematik von Berufsprognosen. Koordinationssystem Studienberatung. Materialien zur studien-
vorbereitenden Beratung - Heft 4, Wiesbaden, 1980,
69 S.

Einsatzmöglichkeit: Grund-, Leistungs- oder Ergänzungskurse der Sek. II.
Gemeinschaftskundeunterricht.

Erprobungshinweise: Mehrfacher Einsatz in Oberstufenkursen an Gymnasien
und Gesamtschulen in Hessen; formative Evaluation
im Rahmen des Modellversuchs "Kooperationssystem
Studienberatung".

Inhaltliche Schwerpunkte und Aufbau

Es wird die Aussagekraft von Bedarfsprognosen aus der Arbeitsmarkt-
und Berufsforschung, die als Entscheidungshilfen bei der Studien- und
Berufswahl gelten, kritisch hinterfragt. Anhand eines Arbeitsblattes
(eine Kombination von Zeitungsmeldungen und Karikaturen) werden in einer
zweiten Sequenz Voreinstellungen zur Relevanz von Berufsprognosen hinsichtlich des Gültigkeitsbereiches statistischer Aussagen problematisiert. Aus einer Gegenüberstellung von wechselseitig sich widerspre-
chenden Lehrerbedarfsberechnungen der Bund-Länder-Kommission für Bildungsplanung und Forschungsförderung (BLK) und der Gewerkschaft Erziehung und Wissenschaft ergibt sich eine Diskussion um wirtschafts-,
gesellschafts- und bildungspolitische Momente in der Beziehung von Bil-
dungs- und Beschäftigungssystem. Es folgt eine Auseinandersetzung mit
den für die kommenden Jahrzehnte absehbaren Implikationen der "demo-
graphischen Welle" im Hinblick auf die Situationsfelder Schule, Ausbildung und Beruf. Abschließend werden Grundcharakteristika von Berufsprognosen in Thesenform zusammengefaßt und schriftlich fixiert.

Bestandteile der UE sind: Basisinformationen für Lehrer, Grundlagentexte für die unterrichtliche Gruppenarbeit, Zusammenstellungen von
Pressemeldungen und Karikaturen, regierungsamtliche und offiziöse Stellungnahmen, Statistiken und Graphiken, Literaturliste zum Thema.

Zielsetzungen

Die Schüler sollen aus der Kenntnis des Gültigkeitsbereichs von Prognosen ableiten, daß die Ergebnisse der Arbeitsmarkt- und Berufsforschung
bei individuell zu treffenden Studien- und Berufswahlentscheidungen -
entgegen landläufigen Urteilen - nur eine bedingte Orientierungsgrund-
lage darstellen. Dazu ist es erforderlich, Prognosen zur Ausbildungs- und
Beschäftigungssituation kennenzulernen und auf ihre Prämissen (politische und wirtschaftliche Interessen, Zwecksetzungen, Einschränkungen in
bezug auf die Aussagekraft) kritisch überprüfen und bewerten zu können.

Methoden

Die Lernziele, die didaktisch-methodische Struktur und die zugeordneten
Materialien sind als ein Angebot an den Lehrer konzipiert. Die Anlage
der UE folgt der Konzeption "offener Curricula". Es wird empfohlen, die
auf einzelne Sequenzen bezogenen Planungsentwürfe unter Beteiligung der
Schüler bei der Planung und Durchführung des Unterrichts entsprechend

QUALIFIKATION und BERUF - Wirtschaftlich-technischer Wandel

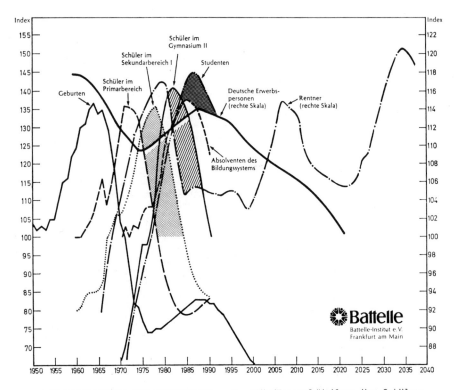

VOM GEBURTENBERG ZUM RENTNERBERG aus: Blüm/Frenzel/Weiler: Vom Schüler-
berg zum Rentnerberg - Die programmierte Dauerkrise? In: Battelle-Infor-
mation 24, Frankfurt 1976

den jeweiligen Interessen und Problemlagen zu aktualisieren und zu
konkretisieren. Gerade weil die individuellen Erfahrungen der Schüler
und ihre subjektive Berufs- und Ausbildungswegplanung im Zentrum stehen
sollen, bietet sich an, den Unterricht schülerzentriert und in Gruppenarbeit zu planen.

Kritische Anmerkungen

Bei der Studien- und Berufswahl rücken zunehmend berufsperspektivische
Probleme in den Vordergrund, die durch die Beratungs- und Informations-
angebote der Arbeitsämter immer weniger kompensiert werden können. Erforderlich ist vielmehr eine sozialwissenschaftlich ausgerichtete Auseinandersetzung mit den zukünftigen Ausbildungs-, Berufs- und Arbeits-

QUALIFIKATION und BERUF - Wirtschaftlich-technischer Wandel

bedingungen der Schüler. In diesem Sinne wurden im Rahmen eines mehrjährigen Modellversuchs an hessischen Gymnasien und Gesamtschulen Möglichkeiten einer curricularen Verankerung der Ausbildungsweg- und Berufsplanung im Sekundarbereich erprobt und evaluiert.

Die UE skizziert aus der - didaktisch reduzierten - Sicht der Arbeits-
markt- und Berufsforschung einen auf individuelle Erfahrungen und subjektive Entscheidungsprozesse zugeschnittenen Problemaufriß zum Verhältnis von Bildungs- und Beschäftigungssystem. Am Ende steht die Erkenntnis, daß Bedarfsfeststellungen eine relativ unergiebige und un-
sichere Informationsquelle abgeben. Zu dieser Problemstellung werden
vielfältige, gut sortierte Materialien angeboten. Demgegenüber bleibt
die systematische und didaktische Verortung der Sequenz "Demographische
Welle und Probleme des Bildungs- und Beschäftigungsproblems" ungeklärt.
Weder werden Vorschläge entwickelt, wie sich auf der Basis der zur Verfügung gestellten Materialien statistische Tendenzaussagen zur Entwicklung der Schul- und Ausbildungssituation sowie der zukünftigen Berufs-
perspektiven ablesen lassen noch erscheint es möglich, auf dieser Grundlage bildungs-, arbeitsmarkt- und tarifpolitische "Lösungsmöglichkeiten" herauszuarbeiten. Unter theoretischen Gesichtspunkten ist zudem
zu prüfen, inwieweit eine Arbeitsmarkt- und Berufsforschung, die den
methodischen Schwächen traditioneller Berufsklassifikationen verhaftet
bleibt, zur Problematisierung und Analyse der infragestehenden komplexen Beziehungen von organisierter Bildung, Beschäftigungssystem,
Produktionsprozeß und Qualifikationsstruktur beizutragen vermag.

Die Produzenten sehen in dem vorliegenden Projektentwurf ihre Konzeption eines "offenen" Curriculums verwirklicht. Die angebotenen Lerninhalte und -materialien sollen an unterschiedliche schulische und institutionelle Bedingungen angepaßt werden können. Daraus ergibt sich
für die Autoren die Konsequenz, auf curriculare Ausarbeitungen zugunsten einiger weniger didaktischer Ideenskizzen und methodischer Impulse
zu verzichten. Eine - im Rahmen von Modellversuchen mögliche - Konkretisierung des didaktisch-methodischen Grundkonzepts ist nicht vorgenommen worden. Ebensowenig werden Erfahrungsberichte und Evaluationsergebnisse aus der Entwicklungs- und Erprobungsphase zugänglich gemacht.

Nr. 123

DGB (Hrsg.): Bildungs- und Beschäftigungssystem. Zusammenhänge - Konflikte - Herausforderungen. DGB, Abteilung Bildung,
Düsseldorf, 1977, 112 S.

Einsatzmöglichkeit: Jugend- und Erwachsenenbildung.

Erprobungshinweise: Abend-, Tages- und Wochenendveranstaltungen der
gewerkschaftlichen Bildung

Inhaltliche Schwerpunkte und Aufbau

Es werden Materialien und didaktisch-methodische Leitfäden zu fünf
Themen zur Verfügung gestellt: (1) Die Rationalisierungswelle rollt -
wird Arbeit ein Luxusgut?; (2) Weniger Bildung - weniger Lohn - schlechtere Arbeitsbedingungen: Der gesellschaftspolitische Skandal; (3) Wissen
ist Macht: Berufliche Aus- und Weiterbildung von Arbeitnehmern als Mittel
gesellschaftlicher Auseinandersetzung; (4) Bildung - ein Beitrag zur
Sicherung und Qualität der Arbeit; (5) Recht auf Arbeit - Recht auf Bildung: Existenzfragen der abhängig Beschäftigten.

QUALIFIKATION und BERUF - Wirtschaftlich-technischer Wandel

Bestandteile des Referentenleitfadens sind: Empfehlungen zur Didaktik,
Methodik und inhaltlichen Themenfolge; Lehrgangsmaterialien; Arbeitsblätter; Basis- und Hintergrundinformationen.

Zielsetzungen

Jedem Unterrichtsabschnitt sind mehrere Lernziele vorangestellt worden. Die nachfolgende Auswahl soll die dem Bildungsmodell zugrundeliegenden Intentionen andeutungsweise nachzeichnen:

1. Die Teilnehmer sollen typische Formen von Rationalisierungsmaßnahmen benennen, ihre Auswirkungen beschreiben und Handlungsmöglichkeiten zur Milderung und Abwendung kapitalorientierter Rationalisie-
   rungen im Rahmen der Interessenvertretung nennen können.

2. Sie sollen erkennen,
   - daß unmittelbare Beziehungen zwischen Beschäftigungs- und Bil-
     dungssystem vorhanden sind,
   - daß einerseits bei relativ wenig Beschäftigten die Qualifikations-
     anforderungen steigen, andererseits bei einer größeren Zahl der
     Beschäftigten angelernte Tätigkeiten zunehmen,
   - daß die These von der "Gefahr durch Überqualifizierung" nicht
     haltbar ist, sondern im Gegenteil eine umfassende Qualifikation
     wirtschafts- und gesellschaftspolitisch notwendig ist.

3. Sie sollen lernen, daß die betriebliche Erst- und Weiterbildung von
   Unternehmenszielen geprägt wird und diesen ihre eigenen Interessen
   entgegenstellen können.

4. Sie sollen erkennen, daß bessere Qualifikationen umgesetzt werden
   können, wenn zugleich eine Strategie zur qualitativen Veränderung
   der Arbeitsinhalte, der Arbeitsorganisation und der technischen
   Strukturen verfolgt wird.

5. Sie sollen herausarbeiten, daß für die Durchsetzung einer menschengerechten Gesellschaft die Verwirklichung des Anspruchs auf Arbeit
   und des Anspruchs auf Bildung notwendig ist.

Methoden

Die für die Bildungseinheit entwickelten Materialien sollen die Teilnehmer bei der Erarbeitung der themenspezifischen Aufgabenstellungen
und Problembereiche unterstützen und dazu beitragen, die jeweiligen
Erfahrungen und Deutungen zu verallgemeinern und zu interpretieren.
Die didaktische und methodische Aufbereitung der einzelnen Sequenzen
zeigt Möglichkeiten auf, wie und in welcher Richtung die Zusammenhänge
von Bildungs- und Beschäftigungssystem, ausgehend von und unter Bezugnahme auf die Kenntnisse, das Wissen und die Einstellungen der Lehr-
gangsteilnehmer, aufgearbeitet werden können.

Kurze Fallschilderungen, Dokumentationen und "Orientierungseinheiten"
(Zeitungsmeldungen und Schlagzeilen) sollen in der Eingangsphase eine
unmittelbare Identifikation mit den dargestellten Konflikten ermögli-
chen und zur analytischen Auseinandersetzung mit den Beispielen und
Skizzen anregen. Als Arbeitsform wird zumeist auf die Konzeption des
Lehrgesprächs zurückgegriffen.

QUALIFIKATION und BERUF - Wirtschaftlich-technischer Wandel

Kritische Anmerkungen

Die vorliegende Einheit gehört - soweit ich sehe - zu den wenigen bildungspraktischen Materialien, in denen die Beziehung von Technik, Arbeitsorganisation, Qualifikation, Bildung und Ausbildung explizit thematisiert wird. Obwohl sie vornehmlich Teilnehmer gewerkschaftlicher Kurse und Lehrgänge zum Adressaten hat, liegt es doch in mehrfacher Hinsicht nahe, sie an dieser Stelle hervorzuheben. Das Bildungsmodell ist das Resultat einer engen Zusammenarbeit von gewerkschaftlichen Bildungspraktikern und -experten und Mitarbeitern des wirtschafts- und sozialwissenschaftlichen Instituts des Deutschen Gewerkschaftsbundes. Dieses Kooperationsmodell hat offenkundig mit zur Entwicklung einer Bildungskonzeption beigetragen, in der sowohl Forschungsergebnisse der Arbeits-, Betriebs- und Industriesoziologie als auch komplexe arbeitsmarkt-, bildungspolitische und arbeitsrechtliche Problemstellungen curricular eingeschmolzen worden sind. Ausgeblendet wird hingegen die historische Dimension des Themas.

Der Referentleitfaden enthält trotz und wegen der Abgeschiedenheit schulischer und außerschulischer Bildung zahlreiche Hinweise, Anregungen und Materialien, die es lohnen, auch unter anderen institutionellen Bedingungen aufgegriffen und adaptiert zu werden. Da die Lernenden in der Schule jedoch über weniger Kenntnisse und häufig nur über marginale Kenntnisse und Erfahrungen aus der Berufs- und Arbeitswelt verfügen können, wird es unumgänglich sein, Akzentverschiebungen vorzunehmen, zusätzliche Arbeitsunterlagen bereitzustellen und flexiblere Lehr- und Arbeitsformen einzuplanen.

Nr. 124

BARTHEL, M. u.a.: Unterrichtseinheit "Wandlungen in der Qualifikation der Arbeitskraft am Beispiel der Textilproduktion". In: Heinrich, B., Krankenhagen, G. (Hrsg.): Audiovisuelle Medien im Arbeitslehreunterricht. Stuttgart: Klett, 1973. S. 97-123.

Erprobungshinweise: Erprobung im 8. Jg. Hauptschule; 8 Ustd.

Es werden im Ausgang von mehreren audiovisuellen Dokumentationen die Merkmale ganzheitlich-handwerklicher und repetitiv-industrieller Fertigung zusammengestellt und die Auswirkungen von Produktionsveränderungen auf die qualifikatorischen Anforderungen an die Arbeitskraft in den "typisch weiblichen" Berufsfeldern der Textilindustrie analysiert.

Nr. 125

GUMMERT, A. u.a.: Von der Blockhütte zum modernen Wohnblock. In: GEW, Landesverband Niedersachsen (Hrsg.): Materialien zur Arbeitslehre in Niedersachsen. Hannover: 1979[3], S. 101 - 118.

Einsatzmöglichkeit: Arbeitslehre; ca. 6 Doppelstd.

Die UE intendiert eine Einführung in Veränderungsprozesse von Berufsbildern und Arbeitsplätzen. Folgende Themen werden vorgeschlagen: I. Die Blockhütte; II. Das Fachwerkhaus; III. Der moderne Wohnblock.

QUALIFIKATION und BERUF - Wirtschaftlich-technischer Wandel

Nr. 126

HANSEN,   u.a. : Berufsanforderungen. In: GEW, Landesverband Nieder-
            sachsen(Hrsg.): Materialien zur Arbeitslehre in
            Niedersachsen. Hannover: 1979[3], S. 207 - 217.

Einsatzmöglichkeit: 5 - 9 Unterrichtsstunden.

Die Schüler lernen anhand von Berufsbeschreibungen sowie in Gesprächen
mit Eltern und Bekannten die charakterlichen, körperlichen und geisti-
gen Anforderungsstrukturen verschiedener Berufe kennen. Exemplarisch
werden die im Zuge der technischen und wirtschaftlichen Veränderungen
der Arbeitswelt sich wandelnden beruflichen Anforderungen erkundet und
analysiert.

Nr. 127

HUTH, M., RINKE, B.: Projekt: Lederarbeiten. In: Die Arbeitslehre 1979,
            3, 147 - 161.

Einsatzmöglichkeit: Für die Konzeptionierung und Planung des Modell-
            betriebes sind 5 bis 7 Unterrichtsstunden vorge-
            sehen. Für die Produktionsphase werden 3 Schultage
            angesetzt. Zur Auswertungsphase werden keine quanti-
            tativen Angaben gemacht.

In einem schulischen Modellbetrieb werden von den Schülern Lederwaren
in Serienfertigung hergestellt. Sie erhalten auf diese Weise einen
exemplarischen Einblick in betriebliche Prozesse, lernen wesentliche
Momente von Arbeitsplatzstrukturen in der Fließfertigung kennen, untersuchen in der Auswertungsphase des Projekts unterschiedliche Interessen in der Arbeitswelt und diskutieren Ursachen und Lösungsperspektiven betrieblicher Konflikte.

Nr. 128

JAHN, K. u.a.: Bild und Gesellschaft, Ausbildung und Berufsarbeit. In:
            Jahn, K. u.a.: HInführung zur Arbeitswelt. Frank-
            furt/M.: 1970[2], S. 50 - 144.

Das Projekt will die Schüler mit den gesellschaftlichen Konsequenzen
der massenhaften Produktion von Fotografien vertraut machen. Diese Absicht wird in Auseinandersetzung mit zwei sich teilweise überschneidenden Problemkreisen verwirklicht: (a) mit der Herstellung und Vervielfältigung von Fotografien (technisch-wirtschaftlicher Aspekt) und
(b) mit verschiedenen Formen der Verwendung und ihrer Wirkungen (wirt-
schaftlich-politischer Aspekt). Im Rahmen der Erkundung eines Betriebes der optisch-elektronischen Industrie lernen die Schüler typische berufliche Anforderungen der Branche kennen.

QUALIFIKATION und BERUF - Sozialisation und Qualifikation
Nr. 129

SCHMIEDERER, R.: Bildungskrise und Schulreform. Frankfurt/M.:
    Europäische Verlagsanstalt, 1971, 126 S.

Einsatzmöglichkeit: Abgangsklassen der Sek. I; Sek. II; Sozialkunde;
    20 - 30 Ustd.

Inhaltliche Schwerpunkte und Aufbau

Aus einer Einstiegsdiskussion erwächst ein Katalog von möglichen Problemen und Sachfragen zum Thema "Bildungskrise und Schulreform", der als
Grundlage für die Auswahl der ersten Lernschritte und zur Festlegung
eines "Organisations- und Verlaufsschemas" dient.

Der Projektentwurf integriert sechs thematische Hauptkomplexe:
1. Bildungskrise - Bildungskatastrophe; 2. Bildung als Bürgerrecht?
Chancengleichheit und Demokratisierung des Schulwesens; 3. Kritik und
Reform der Bildungsinhalte; 4. Ansätze einer Schulreform; 5. Widerstand
und Verzögerung; 6. Kritik der "Technokratischen Schulreform". - Ein
möglicher Organisations- und Ablaufplan kann dem nachfolgenden Schema
entnommen werden.

Zu jeder Unterrichtssequenz sind Basistexte für Schüler und Lehrer zusammengestellt worden.

Zielsetzungen

Intention des Unterrichtsprojekts ist es, den Schülern einen Zugang zu
Problemen des Bildungswesens zu eröffnen und eine fortlaufende Beobachtung und Auseinandersetzung mit Fragen der Bildungspolitik, der Schulreform usw. anzuregen. Im Unterricht soll bearbeitet werden:

(a) was mit Begriffen wie Bildungskrise, Schulreform, Demokratisierung
    des Bildungswesens, Lehrermangel usw. gemeint ist;

(b) woran es liegt, daß die längst fällige Bildungsreform in der BRD
    bisher nicht oder nur schleppend durchgeführt wird;

(c) welche Interessen auf eine Reform drängen und welche ihr entgegen-
    stehen;

(d) welche künftigen Entwicklungen sich im Bereich des Bildungswesens
    abzeichnen;

(e) welche Probleme mit einer Reform der Bildungsinhalte und des Fächer-
    kanons der Schule verbunden sind.

Methoden

Die Realisierung der auf Emanzipation und Demokratisierung gerichteten
Bildungsziele und -inhalte setzt unterrichtsmethodisch ein weitgehend
repressionsfreies und zugleich konfliktfreudiges Erziehungsfeld voraus.
Es wird angeregt, den Unterricht in Form einer Arbeitsgemeinschaft zu
arrangieren, in der Lehrer und Schüler gleichberechtigt an einem Projekt arbeiten, in dem von Beginn an der gesamte Unterrichtsverlauf -
Themenauswahl, Schwerpunktsetzung, Zielsetzungen, Auswahl der Informationsmaterialien, Arbeitsorganisation - gemeinsam erörtert und untereinander abgestimmt werden.

Insoweit ein theoretisch-literarischer Zugang nicht oder nur ansatz-
weise möglich erscheint, wird empfohlen, immer wieder über praktische
Arbeitsphasen (wie Kollegen, Umfragen, graphische Darstellungen) den
Fortgang der Projektarbeiten zu unterstützen.

QUALIFIKATION und BERUF - Sozialisation und Qualifikation

Kritische Anmerkungen

Das Modell bilanziert wesentliche Schwerpunktbereiche der bundesdeutschen Bildungsreformdiskussion in den Jahren 1963 bis 1971. Die Öffentlichkeit der bildungspolitischen Kontroversen um die inhaltliche und organisatorische Gestaltung des allgemeinbildenden Schulwesens und insbesondere die spezifischen Vorerfahrungen und -kenntnisse der Schüler erschließen in hohem Maße unterrichtliche Handlungsspielräume, die wie in kaum einem anderen thematischen Bereich für Impulse und Initiativen fachlicher Schülermit- und Selbstbestimmung offen sind. In diesem Sinne sind neben den Bildungsinhalten zugleich auch die schulischen Lern- und Arbeitsprozesse integrale Bestandteile der Modellkonzeption.

Der Projektentwurf nimmt verschiedene sozialwissenschaftliche Bezugsdisziplinen didaktisch auf. Die behandelten thematischen Aspekte sind ferner so gewählt, daß jeweils auf bereits vorhandene Informationen zurückgegriffen werden kann. Die Projektbausteine können interessen- und situationsgebunden kombiniert und zu Schwerpunkten verdichtet werden.

Obwohl auf die Bedeutung nicht theoretisch-literarischer Zugangs- und Arbeitsformen explizit verwiesen wird, speisen sich die methodischen Vorschläge doch nahezu ausschließlich aus Verweisen auf Quellentexte. Hinweise bspw. auf audiovisuelle Medien fehlen völlig. Ergänzende oder alternative Empfehlungen zu einzelnen Projektsequenzen werden nicht unterbreitet. Erfahrungsberichte liegen nicht vor.

Nr. 130

JANSSEN, B. u.a.: Schule und Ausbildung. In: Erfahrung-Kritik-Ermutigung. Modell für den politischen und sozialwissenschaftlichen Unterricht. Band 312. Frankfurt/M.: Europäische Verlagsanstalt, 1977, S. 125 - 142

Einsatzmöglichkeit: Haupt-, Real- und Berufsschule, außerschulische Jugendbildung; Sozialkunde

Inhaltliche Schwerpunkte und Aufbau

Anspruch und Realität des schulischen Unterrichts werden miteinander konfrontiert und vor dem Hintergrund von Interdependenzen und Abhängigkeiten in dem Beziehungsgeflecht Ausbildung, Beruf und Wirtschaftssystem verortet. Hieraus erwachsen Hinweise und Vorschläge für mögliche Veränderungen der eigenen Schule und darüber hinausgehend für Innovationen des gegenwärtigen Schulsystems.

Die Materialsammlung zum Thema enthält Texte und Bildmaterialien für die Hand des Schülers.

Methoden

Das Thema knüpft gezielt an unmittelbare Lebensverhältnisse der Schüler an. Durch die Anordnung der Materialien und durch die vorgeschlagene unterrichtliche Abfolge der Arbeitsschritte soll ermöglicht werden, die persönliche Situation der Schüler in enger Verknüpfung mit dem gesellschaftlichen Hintergrund zu untersuchen.

Kritische Anmerkungen

Es handelt sich um eine kommentierte Materialsammlung, die als Grundlage zur Konstruktion von Unterrichtseinheiten und für die Planung von Einzelstunden herangezogen werden kann. Die Vorschläge für den

QUALIFIKATION und BERUF - Sozialisation und Qualifikation

Unterricht wenden sich an Lehrer und Schüler. Die didaktisch-methodischen Empfehlungen und Hinweise gehen über den Konkretisierungsgrad von Unterrichtsentwürfen kaum hinaus: Es werden Frage- und Aufgabenstellungen skizziert, jedoch keine weitergehenden Ausarbeitungen vorgelegt.

Nr. 131

JUNK, W., HAGNER, K.: Mitbestimmung in der Schule. Schule als Übungsfeld politischen Handelns. Modelle für den politischen und sozialwissenschaftlichen Unterricht - Band 16. Frankfurt/M.: Europäische Verlagsanstalt, 1972, 50 S.

Einsatzmöglichkeit: Sek. I; ca. 23 Ustd.

Erprobungshinweise: 8. Klasse einer Hauptschule.

Aus einer idealtypischen Gegenüberstellung einer autoritären und einer antiautoritären Schulordnung ergeben sich Markierungspunkte für die Konzipierung und Erstellung einer neuen, demokratischen Schulverfassung, die die Interessen aller beteiligten Gruppen berücksichtigt und emanzipatorische Lernprozesse ermöglicht. Die Unterrichtseinheit endet mit Überlegungen zu legalen Realisierungsmöglichkeiten der erarbeiteten Schülervorschläge.

Nr. 132

LUGERT, W.D.: Zur Kritik bürgerlichen Unterrichts. Modelle zur Arbeits- und Wirtschaftslehre. Starnberg: Raith, 1973, S. 119 - 138

Anhand eines Textes wird im Klassengespräch über den Zusammenhang von schulischer Bildung einerseits und betrieblichen Qualifikationsanforderungen andererseits gesprochen. Am Beispiel eines entlassenen Arbeitnehmers, der nach einer Produktionsveränderung den fachlichen Anforderungen des Betriebs nicht mehr gewachsen ist, werden bildungsstrategische Schlußfolgerungen diskutiert.

Nr. 133

SCHMIEDERER, R.: Schule und Gesellschaft. I und II. Modelle für den politischen und sozialwissenschaftlichen Unterricht. Band 24 und 25. Frankfurt/M.: 1973 und 1974. 108 und 104 S.

Einsatzmöglichkeit: Sek. I und II; Sozialkunde/Gesellschaftslehre

Der Band 24 "Schule als Bürokratie und Rollensystem" unterbreitet Materialien und didaktisch-methodische Markierungspunkte zu institutionellen und personellen Situationsfeldern der Schule. Im zweiten Modell wird die Themenstellung um eine Analyse der Widersprüche des Bildungswesens in gesellschaftlicher und ökonomischer Dimension erweitert.

QUALIFIKATION und BERUF - Berufswahl

Nr. 134

BEHRENS, G. u.a.: Einführung in die Berufsorientierung. Probleme der
Berufslaufbahn und der Berufswahl. Hrsg.: Wissenschaftliche Begleitung des Forschungsprojekts
"Berufsorientierender Unterricht". Hannover: Level,
1979, 106 S.

Einsatzmöglichkeit: Sek. I; Arbeits-, Wirtschafts- und Gesellschaftslehre

Erprobungshinweise: Entwicklung und Evaluation in den Klassen 9 und 10
einer Realschule mit großstädtischem Einzugsbereich

Inhaltliche Schwerpunkte und Aufbau

Die UE, die als Einstiegs- und Motivationsphase eines auf insgesamt
17 Bausteine angelegten Curriculums zur Berufsorientierung konzipiert
wurde, gliedert sich in fünf Sequenzen: In einem ersten Schritt werden
Situationen und Nahtstellen von Berufslaufbahnen durch Befragungen und
Interviews erschlossen und im Unterrichtsgespräch ausgewertet. Anhand
tabellarischer Fassungen von Fallstudien und der Analyse typischer
Bruchstellen und Fehlkalkulationen wie der Problematisierung beruflicher Enttäuschungen und Erschütterungen werden zweitens negative Punkte
einer verspäteten und unzureichenden Auseinandersetzung mit Problemen
der Arbeits- und Berufswelt thematisiert. Auf diese Weise gewinnen die
Schüler erste Anhaltspunkte und Kriterien. Diese sollen es ihnen ermöglichen, ihre Erwartungen, Interessen und thematischen Präferenzen im
Hinblick auf die schulische "Hinführung zur Wirtschafts- und Arbeitswelt" begründet in das unterrichtliche Geschehen einzubringen. In der
vierten Unterrichtssequenz werden Themenwünsche der Schüler mit den
für das folgende Schuljahr vorgesehenen Unterrichtseinheiten, die vom
Lehrer in Anlehnung an die "Curriculummaterialien zur Berufsorientierung" gewählt und zusammengestellt werden können, im Unterrichtsgespräch konfrontiert und mögliche Schwerpunktsetzungen mit der Klasse
durchgesprochen und vereinbart. Abschließend werden a) die thematischen
und inhaltlichen Aspekte der vorgängigen Sequenzen zusammengefaßt, vertieft und systematisiert und b) in Überleitung zu nachfolgenden Unterrichtseinheiten (vorgeschlagen werden die Curriculumelemente "Bedingungsfaktoren der Berufswahl" oder "Berufskundliche Informationsquellen") die zugeordneten Problemfelder herausgearbeitet.

Bestandteile der UE sind: Hintergrundinformationen für Lehrer: Sachdarstellung, Auszüge aus Presse- und Zeitschriftenartikeln, Literatur-
und Medienhinweise; Arbeitsmaterialien für Lehrer und Schüler.

Zielsetzungen

(1) Durch die Problematisierung von lebens- und berufslaufbahngeschicht-
lichen Zusammenhängen soll die Notwendigkeit und Bedeutung einer
Berufsorientierung für die Bewältigung von Berufslaufbahnproblemen
aufgezeigt werden.

(2) Dabei soll, ausgehend von konkreten Berufslaufbahnproblemen, der
Sinnzusammenhang des geplanten Unterrichts (z.B. in der Form des
Curriculums zur Berufsorientierung) vermittelt werden.

QUALIFIKATION und BERUF - Berufswahl

(3) Durch die Auseinandersetzung mit konkreten Schülererwartungen an den Unterricht sollen die Möglichkeiten und Grenzen des Unterrichts aufgezeigt werden.

(4) Die für die Schüler subjektiv bedeutsamste berufliche Handlungs- und Entscheidungssituation ist die Ausbildungsweg- und Berufswahl, durch deren Problematisierung den Schülern ein Einstieg in die anschließenden Unterrichtseinheiten geboten werden soll.

(5) Inhaltlich und methodisch soll in dieser Unterrichtseinheit eine Motivation für die aktive Teilnahme und ein Interesse am weiterführenden Unterricht geweckt werden.

Methoden

Zu den einzelnen Unterrichtsabschnitten werden verschiedene Unterrichtsformen und -aktivitäten vorgeschlagen: Fallbeispiele, Tonbandinterviews, Befragung von Eltern und Bekannten, Entscheidungsstudie und Rollenspiel.

Kritische Anmerkungen

Den Mitarbeitern des Curriculumprojekts "Berufsorientierender Unterricht in der Realschule" ist es m.E. gelungen, einen sachlich begründeten und didaktisch ausgewiesenen Unterrichtsvorschlag zu unterbreiten, der geeignet erscheint, dem vorberuflichen Unterricht in den Jahrgangsklassen 7 bis 10 der allgemeinbildenden Schulen neue Impulse zu geben. Hervorzuheben sind insbesondere die durchgängigen Bemühungen der Autoren zu unterschiedlichen institutionellen und qualifikatorischen Ausgangs- und Realisierungsbedingungen, alternative methodische Vorgehensweisen und thematische Akzentuierungen vorzuschlagen. Eine gelungene Kombination aus Unterrichtsentwürfen und ergänzenden "Hintergrundinformationen" und "Arbeitsmaterialien" sichert zudem eine gezielte und konzentrierte, auf die speziellen Bedürfnisse der Rezipienten zugeschnittene Auswertung und Nutzung der Handreichungen. Der übergreifende Anspruch der UE, in der Einführungs- und Orientierungsphase des vorberuflichen Unterrichts einen motivationalen Erwartungshorizont herzustellen und einen ersten thematischen Bezugsrahmen zu skizzieren, wird somit ohne Einschränkungen eingelöst.- Infrage steht jedoch, inwieweit die weitergehende Zielbestimmung, in den Sinnzusammenhang und die Spannbreite des gesamten berufsorientierenden Unterrichts einzuführen, sich in der Unterrichtspraxis als umsetzbar erweist.

Ebenfalls problematisiert werden sollte die für die vierte Unterrichtssequenz vorgesehene Zuordnung und Kopplung von Ausbildungsweg- und Berufswahlentscheidungen einerseits und der für ein Jahr oder länger geplanten Themenbereiche und Schwerpunktsetzungen des berufsorientierenden Unterrichts andererseits. Es ist davon auszugehen, daß durch die didaktische Ausrichtung auf individuelle Entscheidungssituationen die zentralen Problemfelder "Technik", "Arbeit", "Ökonomie" und "Qualifikation" eindimensional unter den spezifischen Fragestellungen des berufsorientierenden Unterrichts behandelt und in ihren konstitutiven Dimensionen strukturell vernachlässigt werden.

Es wäre wünschenswert, wenn im Zuge der Weiterentwicklung und Konkretisierung der UE die kategoriale Fassung der Bezugsbegriffe des Curriculum-

QUALIFIKATION und BERUF - Berufswahl

projekts fundiert und die analytische Aufbereitung der im Unterricht
zu behandelnden Problemstellungen, die vornehmlich auf Untersuchungs-
ansätze und empirische Materialien des Nürnberger Instituts für Ar-
beitsmarkt- und Berufsforschung rekurriert, um Aspekte aus der in-
dustrie- und betriebssoziologischen Grundlagen- und Feldforschung
ergänzt werden könnte. Die theoretische und analytische Klärung des
wissenschaftlichen Bezugsrahmens könnte dazu beitragen, die Unterrichtsvorschläge präziser und stimmiger zu fassen. Didaktische Unge-
nauigkeiten und Unsicherheiten, wie sie bspw. im Entwurf für die erste
Unterrichtssequenz hinsichtlich der statistischen Verortung von Haus-
frauentätigkeiten zum Ausdruck kommen, in der sich die theoretisch
höchst unzulängliche Fassung der Begriffe "Arbeit" und "Beruf" lediglich reproduziert, ließen sich auf diese Weise bei einer Neufassung
der UE eher vermeiden.

Nr. 135

BRUCKER, H.-P. u.a.: Lebensziel Beruf. Arbeitshilfen und Lernmaterialien für Hauptschule und Jugendgruppen
zur Berufsvorbereitung, Berufsentscheidung,
Berufsrealität. Reinbek bei Hamburg: Rowohlt,
1980, 251 S.

Einsatzmöglichkeit: Haupt- und Realschule, Lehrlinge, arbeitslose
Jugendliche; 28 Ustd.

Erprobungshinweise: Die Arbeitshilfen und Lernmaterialien sind im
Rahmen der außerschulischen Jugendarbeit einer
Volkshochschule mit der Zielgruppe Hauptschüler
entstanden.

Inhaltliche Schwerpunkte und Aufbau

In einem ersten Abschnitt des Taschenbuches werden, ausgehend von der
Ausbildungs- und Berufswahlsituation von Hauptschülern, die Zielvorstellungen und didaktisch-methodischen Grundüberlegungen für den Einsatz von Spiel- und Lernmaterialien im Schulunterricht oder in Jugendgruppen skizziert.

In zweiten Abschnitt werden Arbeitshilfen, Medien und Methoden zur
"prophylaktischen Vorbereitung" der Jugendlichen vor Eintritt in das
Berufs- und Arbeitsleben zusammengestellt und kommentiert. Die Inhalte,
Themen, Materialien, Medien und Arbeitsformen der Programmkonzeption
lassen sich dem nebenstehenden Ablaufschema entnehmen.

Übersicht: Ablaufschema einer Unterrichtsreihe zur Berufsvorbereitung von Hauptschülern in Abgangsklassen.
(s. folgende Seite)

QUALIFIKATION und BERUF - Berufswahl

Inhalt/Thema	Lernmaterial Medien	Arbeitsform	Zeit
Rechtliche Grundlagen der Ausbildung und des Berufs - Jugendarbeitsschutzgesetz - Berufsbildungsgesetz Auswertung und zusätzliche Information	vorbereitete Fallpapiere Auszüge aus Gesetzen Lehrvertrag	Bearbeitung in Kleingruppen Gesamtgruppe	45 150
Ansprechpartner zur Berufswahl und Lehrstellenvermittlung: Wer hilft bei der Berufswahl? Auswertung	Brainstorming Wandzeitung	Kleingruppen Gesamtgruppe	30 45
Die Bewerbung: - Verfassen eines Bewerbungsschreibens - das Vorstellungsgespräch Auswertung der Rollenspiele und Entwicklung von Verhaltensstrategien	Muster i.d. Informationen d. Arbeitsamtes Rollenspiel	individuell freiwillig und ein Teamer Diskussion der Gesamtgruppe	45 120
Abschlußgespräch und Seminarkritik	offene Fragen Karteikarten	individuell anschließend Gesamtgruppe	30 60
I. Vor Beginn des Seminars			
Vorstellung der Teamer und des Programms/Erwartungen der Schüler	Einführung/ Comic: "Was würdest du sagen?	Klassengespräch	45
II. Im Seminar			
Kennenlernen der Räume/des Hauses Kennenlernen der Teilnehmer in der Seminarsituation	Plenumsgespräch Interaktionsspiel	Gesamtgruppe und Teamer	20 30

QUALIFIKATION und BERUF - Berufswahl

Inhalt/Thema	Lernmaterial/ Medien	Arbeitsform	Zeit
Berufswünsche der Schüler	Kassetten-recorder-Interviews, Wandzeitung	Kleingruppen	60
Berufsperspektive und Berufs-auswahl "Was ist bei meinem zukünftigen Beruf wichtig?" Auswertung	Prioritätenspiel (Fragebogen) Wandzeitung	individuell Kleingruppe Gesamtgruppe	15 30 45
Realistische Berufsperspektiven "So lebe ich in zehn Jahren" - "Was wird das alles kosten?" - Auswertung "Sind die Erwartungen realistisch?"	Collagen Ausstellung	Anfertigung indiv. Collagen aus Illustrierten; Aufstellung d.Kosten in Kleingruppe Diskussion d.Gesamtgruppe	90 30 60
Der Übergang von Schule in Beruf und Lehre aus der Sicht der Schüler: "Wie stelle ich mir das Berufsleben vor?" Auswertung	Alternativfragebogen Wandzeitung	indiv. Bearbeitung des Fragebogens Diskuss.i.d.Kleingr. Gruppenvotum Gesamtgruppe	10 30 120
Die Rolle des Lehrlings aus der Sicht der Schüler: "Was ändert sich?"	Kurzstatement (schriftl.)	individuell	20
Der Lerhling im Betrieb - "Lehrjahre sind keine Herrenjahre" - Gespräche mit Lehrlingen über den Film und deren Erfahrungen im Beruf	Film Frageraster	Gesamtgruppe individuell Kleingruppen und je ein Lehrling Plenum	60 90 30
Berufsrealität: - Planspiel "Konflikt im Betrieb" Planspielverlauf und Gruppenstrategien	Planspiel - Ausgangslage - Rollenpapier Fragebogen	Spielgruppen Spielgruppen	240 30
Auswertung: Ableitung von Perspektiven Realitätsgehalt	Fragebogen	Gesamtgruppe Spielleitung	90

QUALIFIKATION und BERUF - Berufswahl

Im dritten Abschnitt werden außerschulische, in der traditionellen
Jugend- und Sozialarbeit bislang nur ansatzweise praktizierte Arbeitsformen aufgezeigt, die Jugendlichen durch politische Bildungsarbeit und
Jugendberatung bei der Bewältigung aktueller Probleme beim Übergang
von der Schule in das Berufsleben Unterstützung geben sollen.

Zielsetzungen

Mit den Unterrichtsbausteinen wird beansprucht, komplementär zu den
gängigen, nahezu ausschließlich kognitiv bestimmten Zielen schulischen
Lernens auf der Ebene sozialer Qualifikationen die Entwicklung bzw.
Änderung von Haltungen, Meinungen, Einstellungen und Handlungen von
Schülern in den Abgangsklassen der Hauptschulen im Zusammenhang der
Berufswahl und des Wechsels von der Schule in das Berufsleben zu ver-
mitteln.

Abgeleitet aus dem besonderen Konkurrenzdruck, dem Hauptschüler auf dem
Ausbildungs- und Arbeitsmarkt ausgesetzt sind, wird intendiert, die
Schülerinnen und Schüler zu ermutigen und in die Lage zu versetzen,
eigene Berufswünsche zu artikulieren. Außerdem sollen sie lernen, sich
eigenen Interessen und Bedürfnissen,entgegenstehenden Widerständen
gegenüber durchzusetzen.

Der intentionale Bezugsrahmen der Unterrichtskonzeption wird hinsichtlich einzelner thematischer Bereiche der Berufsorientierung differenziert und konkretisiert.

Methoden

Bei der didaktisch-methodischen Strukturierung der beschriebenen Zielvorstellungen, die in der vorstehenden Übersicht tabellarisch skizziert
wird, werden als Prinzipien zugrundegelegt: (1) Entwicklung alternativer Lernsituationen zum typischen schulischen Unterricht; (2) Anknüpfung an vorhandene Sozialisationserfahrungen, Einstellungen und
Meinungen der Schüler; (3) experimenteller Umgang mit dem eigenen Verhalten und antizipatorische Vermittlung von Erfahrungen durch Simulation
in Rollen- und Planspielen; (4) abwechslungsreiche und zielgruppenspezifische Gestaltung des methodischen Instrumentariums; (5) gruppenzen-
trierte Arbeitsweise.

Kritische Anmerkungen

Die Arbeitshilfen und Lernmaterialien zur Berufsvorbereitung von Hauptschülern sind in mehreren fünftägigen Blockseminaren mit kontinuierli-
cher Gruppengröße und -struktur in Bildungsstätten der Jugend- und
Erwachsenenbildung und im organisatorischen und konzeptionellen Rahmen
außerschulischer Jugendbildung entstanden und erprobt worden. Obwohl
durchweg Themenstellungen aufgegriffen werden, die auch in schulischen
Lehrplänen vorgesehen sind, manifestiert sich in den vorliegenden Unterrichtsskizzen doch, daß sich in der relativen Abgeschiedenheit außerschulischer pädagogischer Felder Zielsetzungen, Methoden und Arbeitsformen herausgebildet und durchgesetzt haben, die sich zwar nicht sta-
tisch auf andere pädagogische Situationen transferieren lassen, sehr
wohl aber ergänzende und modifizierende curriculare Impulse zur Pro-
jektierung und Realisierung von Unterrichtsprojektion im Rahmen der
Institution Schule beizusteuern in der Lage sind. Darüber hinaus wird

QUALIFIKATION und BERUF - Berufswahl

durch den Aufbau der didaktisch-methodischen Materialien gewährleistet,
daß die Unterrichts- bzw. Seminarvorschläge zu den Themenbereichen der
UE unabhängig voneinander in einzelnen Schulstunden oder sequentiert
als Bestandteil anders konzipierter Einheiten oder Projekte einsetz-
bar sind.
Über Personen (Lehrlings- und Ausbilderinterviews), Medien (Filme,
Videobänder, Hörspiele, Kurzgeschichten) und Simulationen (Plan- und
Rollenspiele) werden die Erfahrungen der potentiellen Auszubildenden
bzw. Beschäftigten vornehmlich zu den Themenbereichen "Berufsperspektive und Berufsauswahl", "Ausbildungssituation", "Berufsrealität" und
"Jugendschutz und Jugendrecht" antizipiert und problematisiert. Der
weitergehende Anspruch jedoch, nicht die "gebrochenen" Erfahrungen der
Schülerinnen und Schüler selbst in den Mittelpunkt der Seminararbeit
zu rücken, sondern die antizipatorischen Lernprozesse zum Ausgangspunkt von reflektierenden Diskussionsprozessen werden zu lassen, findet
keine Entsprechung in den angebotenen Lernhilfen und unterrichtspraktischen Materialien. Insofern beinhalten die didaktisch-methodischen Vorschläge eine Vielzahl von Hinweisen, die in der Praxis die Schüler
darin unterstützen können, die Möglichkeiten und Grenzen persönlicher
Anstrengungen zu erkennen und die gegebenen Handlungsspielräume gezielt zu nutzen. Es wird jedoch konzeptionell darauf verzichtet, Arbeitshilfen und Materialien anzubieten, die eine Verknüpfung von individuellen
und Gruppendeutungen mit wissenschaftlich begründeten Analysen der ökonomischen, sozialen und politischen Bedingungen individueller Handlungsperspektiven ingangsetzen zu können.

Nr. 136   - unbesetzt -

Nr. 137

ARBEITSKREIS SCHULE - Gewerkschaft im DGB - Kreis Duisburg. Berufswahl
                     und Berufseinmündung. Duisburg: o. J. 38 S.

Einsatzmöglichkeit: 7 Ustd.

Die Unterrichtseinheit versucht Hilfestellungen bei der Berufswahl und
Berufseinmündung zu geben. Gesellschaftliche Ursachen der gegenwärtigen Ausbildungsmisere werden einbezogen.

Nr. 138

BARTHEL, H. u.a.: Alle Jahre wieder kommt ... der Berufsberater. Bei-
                  spiel: Vorbereitung auf die berufliche Einzel-
                  beratung. In: Arbeit und Lernen, 1979, 1, 21.

Erprobungshinweise: Die vorliegende Unterrichtssequenz wurde innerhalb
                      einer Doppelstunde in einer Realschule erprobt.

Es werden Berufsmerkmale mit Hilfe berufsorientierender und berufskundlicher Schriften der Bundesanstalt für Arbeit erarbeitet. Im Rahmen
eines Rollenspiels sollen den Schülern die Möglichkeiten und Grenzen
beruflicher Einzelberatung unterrichtlich vermittelt werden.

QUALIFIKATION und BERUF - Berufswahl

Nr. 139

BAYER, u.a.: Unterrichtsmaterialien zur Berufsorientierung. Hamburg:
Amt für Schule, 1979, 136 S. (Unv. Ms.)

Für 60 der insgesamt für den Berufswahlunterricht an den Hamburger
Hauptschulen zur Verfügung stehenden maximal 80 Stunden werden von einer
Arbeitsgruppe beim Hamburger Amt für Schule Planungsmaterialien zu folgenden Themenfeldern bereitgestellt: (1) Einführung in die Berufsorientierung; (2) Berufe in unserer Gesellschaft; (3) Erstellen eines Be-
rufsbildes; (4) Vorbereitung auf betriebliche Auswahl- und Einstellungs-
verfahren; (5) Problematik der Berufswahl; (6) Konflikte in der Berufsausbildung.

Nr. 140

BECK, H.: Berufsleben im Wandel. Der Beruf des Fleischers. In: Pädagogische Welt, 1977, 3, 170 - 174

Die Unterrichtseinheit gibt Hinweise auf den Wandel der Fleischer-
innung vom Handwerksbetrieb des Mittelalters zum modernen Großschlach-
terbetrieb, benennt einige berufsfeldtypische Ausbildungselemente und
skizziert andeutungsweise qualifikatorische Anforderungsebenen.

Nr. 141

BIERMANN - BERLIN, B.: Nazim will Autos reparieren. Berufsorientierung für Kinder ausländischer Arbeitnehmer. Ein
Unterrichtsmodell für den Sekundarbereich I. In:
arbeiten + lernen, 1979, 1, 34 - 39.

Adressaten sind türkische Jugendliche, die die Schulpflicht in ihrem
Heimatland absolviert haben, in der Bundesrepublik in sog. Vorberei-
tungsklassen eingeschult werden und diese nach ein bis zwei Jahren,
ohne in eine deutsche Regelschule überzuwechseln, verlassen. In der
UE sollen die Schüler den Formalisierungsgrad von Berufsausbildungs-
gängen in der Bundesrepublik kennenlernen. Als inhaltliche Aspekte
werden angesprochen: Bildungssysteme der Türkei und der Bundesrepublik;
Institutionen der Berufsbildung; Berufsausbildungchancen in der Bundesrepublik; Zusammenhang von Zertifikats- und Berechtigungswesen.

Nr. 142

BÖHM, O. u.a.: Gesellschaftliche Bedingungen von Ausbildung und Beschäftigung. Eine Unterrichtseinheit mit Vorschlä-
gen zur Behandlung der Studien- und Berufswahl-
problematik im Gemeinschaftskundeunterricht der
Sek. II Koordinationssystem Studienberatung (Hrsg.)
Wiesbaden, 1980[2], 192 S.

QUALIFIKATION und BERUF - Berufswahl

Erprobungshinweise: Die Unterrichtseinheit ist erprobt.

Die Schüler lernen die Bedingungen und gesellschaftlichen Voraussetzungen ihrer Berufswahlentscheidung kennen. Auf die Einstiegsphase, in der eine subjektive Betroffenheit der Schüler erzielt werden soll, folgt eine außerschulische Infophase. Parallel dazu verläuft der schulische Unterricht mit den Themenschwerpunkten: Der Berufsbegriff gestern und heute; der Selbstverwirklichungsaspekt der Arbeit am Beispiel sozialer Berufe; Berufsbild technischer und wissenschaftlicher Intelligenz. In der Auswertungsphase erfolgt neben der Reflexion der Erfahrungen die Erörterung von Vorgehensweisen bei Bewerbungen.

Nr. 143

BUSSE, CH. u.a.: Projektorientierter Unterricht im Berufsvorbereitungsjahr - dargestellt am Beispiel: der Jugendliche
sammelt berufliche Erfahrungen in den Berufsfeldern
Textil/Bekleidung und Ernährung/Hauswirtschaft.

Einsatzmöglichkeit: Berufsvorbereitungsjahr; fächerübergreifend; ca.
6 Wochen.

Erprobungshinweise: Die Erprobung hat ergeben, daß die Dauer des Projekts 6 Unterrichtswochen nicht überschreiten soll.

Zur Koordination von Unterrichtsfächern mit handlungsorientiertem Unterricht mit dem schulischen Ziel der Motivation zur Berufswahl werden Schüler im Berufsvorbereitungsjahr in NRW im projektorientierten Unterricht mit 2 Berufsfeldern Textil/Bekleidung und Ernährung/Hauswirtschaft vertraut gemacht. Das Projekt Textil/Bekleidung setzt sich aus folgenden Unterrichtseinheiten zusammen: (1) Vorbereitung einer Betriebsbesichtigung in den schulinternen Fertigungsräumen; (2) Betriebsbesichtigung; (3) Planung einer industriellen Fertigung; (4) Vorbereitung einer industriellen Fertigung; (5) Durchführung einer industriellen Fertigung; (6) Auswertung. Der Unterrichtsaufbau im Berufsfeld Ernährung/Hauswirtschaft setzt sich analog zusammen.

Nr. 144

DESIDERATO, H.: Orientierung in Berufsfeldern. Didaktisch-methodische
Überlegungen zur ersten Phase des Vorhabens.
Didaktisch-methodische Hilfen für den Unterrichts-
bereich Arbeit - Wirtschaft - Technik.
Freiburg: Studienkreis Schule - Wirtschaft Süd-
baden, 1978[3], 48 S.

Einsatzmöglichkeit: Hauptschule 8. Jg.; AWT; 40 Ustd.

Mit der vorliegenden Broschüre beginnt der südbadische Studienkreis Schule-Wirtschaft eine Reihe, mit der Lehrern Anregungen und Hilfen für die Gestaltung ihres Unterrichts in dem in Baden-Württemberg an den Hauptschulen neu eingeführten Lernbereich Arbeit-Wirtschaft-Technik gegeben werden sollen. Als Integrationseinheit im 8. Schuljahr stellt der 40stündige Unterrichtsabschnitt "Orientierung in Berufsfeldern" einen Kristallisationspunkt dar. Themenstellungen der UE sind: (1) Die

QUALIFIKATION und BERUF - Berufswahl

Systembegriffe des soziotechnischen Arbeitssystems als Beobachtungs-
kriterien; (2) Die Einführung eines Beobachtungsleitfadens für Betriebserkundungen.

Nr. 145

EGLOFF, E.: Berufswahlvorbereitung. 6. bis 9. Schuljahr. Grundlagen -
Probleme - Lösungswege. Aargau: Lehrmittelverlag
des Kantons Aargau, 1979[2], 258 S.

Erprobungshinweise: erprobt

Es werden Aspekte und Formen des Arbeitslebens, der Berufsfelder und
der Ausbildungsbereiche erkundet.
Die verschiedenen Arbeitsvorhaben, Rollenspiele, Betriebserkundungen
und -praktika wenden sich an Schüler und Schülerinnen der Volksschul-
oberstufe in der Schweiz.

Nr. 146

FAUST, P.: Was soll ich werden? Rollenspiele im Berufswahlunterricht.
In: arbeiten + lernen, 1980, 10 - 10a, 75 - 78.

Das Rollenspiel ist konzipiert als Einstiegsphase in den Berufswahlunterricht. Angesprochen sind die Abhängigkeiten und Gesetzmäßigkeiten
einer Berufswahlsituation.

Nr. 147

HEBEL, H.-R., HILGERS, E. (Redaktion): Hilfen zur Berufswahl im Rahmen
einer Betriebserkundung. Unterrichtsmodelle Arbeitslehre. Bad Kreuznach: RPZ, 1977, 76 S.

Einsatzmöglichkeit: 8. - 10. Jg.; Arbeitslehre, Wirtschafts- und Sozialkunde.

Erprobungshinweise: 8. - 10. Jg. in allgemeinbildenden Schulen in
Rheinland-Pfalz.

Das Unterrichtsmodell skizziert ein exemplarisches Verlaufsschema der
Vorbereitung und Durchführung einer Betriebserkundung in berufskundlicher Dimension.

QUALIFIKATION und BERUF - Berufwahl

Nr. 148

HERLITZ, A., HÖHNER, W.: Modellversuch "Schüler- und Laufbahnberatung"
an der integrierten Gesamtschule Babenhausen/
Hessen. Arbeitsbericht und Materialien III. Teil 1:
Berufswahlunterricht. Hrsg.:   Verbundmodell
"Beratung in der Schule" des Hessischen Kultus-
ministers am Deutschen Institut für Internationale
Pädagogische Forschung. Babenhausen: 1976, 63 S.

Einsatzmöglichkeit: Gesamtschule 8. u. 9. Jg.; Gesellschaftslehre u.Poly-
technik
Erprobungshinweise: Für beide Jahrgangsstufen werden dieselben Unter-
richtsinhalte und -materialien angeboten. Aller-
dings wurden von den Lehrern unterschiedliche Ver-
mittlungsschritte gewählt.

Literaturhinweise: Vgl. auch erweiterte und überarbeitete Fassung:
Herlitz, A., Höhner, W.: Berufswahlunterricht. Ein
Ergebnis des Modellversuchs "Schüler- und Laufbahn-
beratung an der Integrierten Gesamtschule Baben-
hausen". Hrsg.: Verbundmodell "Beratung in der
Schule (BIS)", Frankfurt, 1978, 154 S. - Dies.:
Berufswahlunterricht an der Gesamtschule Baben-
hausen.In:Gesamtschule , 1977, 2, 14 - 26.

Der im vorliegenden Heft dokumentierte und kommentierte Berufswahl-
unterricht, der im Rahmen eines Modellversuchs an einer integrierten
Gesamtschule durchgeführt wurde, gliedert sich in drei Arbeitsphasen:
(1) Welche Faktoren bestimmen "meine" Berufswahl. (2) Berufsausbildung,
Berufsweiterbildung (gesetzliche und vertragliche Regelungen, duales
Ausbildungssystem). (3) Berufliche Praxis (Betriebsbesichtigung und
Probleme der (Jugend)Arbeitslosigkeit, Interessenvertretung, auslän-
dische Arbeitnehmer und Frauen in der Arbeitswelt.

Nr. 149

IGS LANGENHAGEN: Berufswahl I. In: Gewerkschaft Erziehung und Wissen-
schaft, Landesverband Niedersachsen (Hrsg.):
Materialien zur Arbeitslehre in Niedersachsen,
Hannover 1979[3], S. 219 - 226.

Einsatzmöglichkeit: 8. Jg.;Arbeitslehre; 14 Ustd.

Es werden Entwürfe zum berufskundlichen Unterricht in der 8. Klasse
allgemeinbildender Schulen skizziert: (1) Die Berufsbereiche; (2) Was
will der Berufsberater?; erarbeitet an der Fallstudie "Inge und Karin",
zwei Arzthelferinnen berichten über ihren Beruf; (3) Was kann ich? Wie
bin ich? Berufswichtige Fähigkeiten und Eigenschaften; (4) Berufe und
Berufsbereiche in der Arbeitswelt am Beispiel Fahrzeugbau; (5) Betriebserkundung unter berufskundlichen Aspekten.

QUALIFIKATION und BERUF - Berufswahl

Nr. 150

KESSLER, A. u.a.: Beraten und Betreuen. Eine vorberufliche Einführung
in Formen der Sozialarbeit.
Materialien für den Unterricht der 10. Jahrgangsstufe an Berliner Gesamtschulen. Berlin: Pädagogisches Zentrum, 1978, 215 S.

In der Klasse 10 der Berliner Gesamtschulen wählen die Schüler zwischen
den Schwerpunkten "Fertigen", "Messen - Steuern - Regeln", "Handeln
und Verwalten" sowie "Beraten und Betreuen". In den Materialien wird
der Versuch unternommen, den Schwerpunkt "Beraten und Betreuen" (Soziale
Berufe) für den Unterricht aufzubereiten. Es werden thematisiert: Hand-
lungsfelder und Zielgruppen der Sozialarbeit sowie Grundtechniken der
Arbeit in sozialen Berufen. Für die dritte, abschließende Lernphase
werden drei Projekte angeboten: (1) Schüler der 10. Klasse entwickeln
außerunterrichtliche Angebote für Mitschüler; (2) Schüler entwickeln
Angebote für Senioren; (3) Schüler erkunden pädagogisch betreute Spiel-
plätze.

Nr. 151

KETTEL-RULCOVIUS, E., NEUSER, H.: Jugend und Berufswahl, Berufswahlunterricht im Kurssystem der gymnasialen Ober-
stufe. In: arbeiten + lernen, 1979, 1, 40 - 45.

Erprobungshinweise: Die UE wurde in einem sozialwissenschaftlichen
Grundkurs der Jahrgangsstufe 11 einer gymnasialen
Oberstufe erprobt. Sie umfaßt 10 bis 12 Unter-
richtsstunden.

Die UE intendiert eine Einführung in die Berufsorientierung. Der Unterricht gliedert sich in fünf Sequenzen: (1) Berufswahl - eine Wahl?;
(2) Berufswahl als Entwicklungsprozeß; (3) Berufswahl als Allokutions-
prozeß; (4) Berufswahl als Interaktionsprozeß; (5) Berufswahl als Entscheidungsprozeß.

Nr. 152

KLAWE, W.: Berufsvorbereitung für Hauptschüler. Ein didaktisches Konzept. In: Deutsche Jugend, 1977, 3, 128 -   .

Einsatzmöglichkeit: Hauptschule 9. Jg.; 5 Tage (Blockseminar).

Erprobungshinweise: Erprobt in 2 Abgangsklassen der Hauptschule.

In dem Projekt werden Schüler sensibilisiert für Zusammenhänge der
Berufswahl, für realistische Zukunftserwartungen und für das Auftre-
ten und Lösen von Arbeitsplatzkonflikten, wobei unterschiedliche Unterrichtsmethoden zum Einsatz kommen:

QUALIFIKATION und BERUF - Berufswahl

- Gruppeninterviews mit Schülern über ihre Berufswünsche,
- Prioritätenspiel zur Überprüfung der Berufswünsche,
- Collagenarbeit zum Thema: "So lebe ich in 10 Jahren",
- Gruppendiskussion und Film mit Lehrlingen,
- Planspiel eines betrieblichen Konflikts,
- rechtliche Fallösung aus dem Bereich des Jugendarbeitsschutzes,
- Rollenspiel einer Bewerbung.

Das fünftägige Blockseminar richtet sich an Hauptschüler aus Abgangs-klassen und wurde in zwei Klassen als Modell durchgeführt.

Nr. 153

LEDZIK, K., JENSCHKE, B.: Physiologische und Psychologische Aspekte der
        Berufswahl. In: Dies. (Hrsg.): Berufswahlunterricht
        als Teil der Arbeitslehre. Ergebnisse eines von
        Schule und Berufsberatung in Berlin erprobten Pro-
        jekts. Hannover: Schroedel, 1979, S. 91 - 133.

Einsatzmöglichkeit: Hauptschule 9. Jg.; Arbeitslehre.

Das Projekt unterteilt sich in vier Blöcke, denen themenzentriert Schü-lermaterialien zugeordnet sind: (1) Feststellung und Wertung der Wün-sche an die zukünftige berufliche Tätigkeit; (2) und (3) Berufswunsch, individuelle Fähigkeiten und berufliche Anforderungen am Beispiel des Chemotechnikers und des Sozialarbeiters; (4) Auslesung als Mittel der Sortierung möglicher Bewerber.

Nr. 154

DER KULTUSMINISTER DES LANDES NORDRHEIN-WESTFALEN (Hrsg.): Berufswahl...
        Eine Wahl? Die Berufswahl zwischen Zwängen und
        persönlichen Wünschen.
        Erarbeitet im Auftrage des Kultusministers NW von
        der Richtlinien- und Handreichungskommission für die
        Politische Bildung. Düsseldorf, Stuttgart: Hagemann
        und Klett, 1977, 48 S.

Das Planungsmaterial bezieht sich auf ein Thema, das in den Richtlinien für den Politischen Unterricht im Themenkatalog für die Klassen 9 und 10 an den Hauptschulen in NW aufgeführt ist. Thematisiert werden: (1) Traditionelle und moderne Vorstellungen von Beruf und Berufswahl; (2) Welche Faktoren bestimmen die Berufswahl? (3) Entscheidungshilfen bei der Berufswahl.

QUALIFIKATION und BERUF - Berufswahl

Nr. 155

KULTUSMINISTERIUM RHEINLAND-PFALZ (Hrsg.): Arbeitslehre. Eine didakti-
          sche Handreichung. Mit 27 Unterrichtsmodellen für
          das 7. und 8. Schuljahr in Wirtschaftskunde, Be-
          rufskunde, Techniklehre, Haushaltslehre. Mainz:
          v. Hase & Köhler, 1977, S. 106 - 123, 124 - 148.

Einsatzmöglichkeit: 8 Ustd.

Die Schülerinnen und Schüler lernen im Berufskundeunterricht des 7.
Schuljahres Merkmale des gärtnerisch-landwirtschaftlichen, des kauf-
männischen (Verkäuferin) und des sozialpflegerischen (Krankenschwester)
Berufsfeldes sowie die Haupttätigkeitsbereiche in Metallberufen (KFZ-
Mechaniker) kennen.

Für das 8. Schuljahr enthalten die Materialien für den Arbeitslehre-
unterricht des Landes Rheinland-Pfalz Lernsequenzen zu den Themen
"Startberuf und Berufsplanung", "Arbeitsplatzangebot" und "Groß- und
Außenhandelskaufmann".

Nr. 156

KULTUSMINISTERIUM RHEINLAND-PFALZ (Hrsg.): Arbeitslehre II. Eine didakti-
          sche Handreichung. Mit 14 Unterrichtsmodellen für
          das 9. Schuljahr in Wirtschaftslehre, Berufskunde,
          Techniklehre, Haushaltslehre. Mainz: v. Hase &
          Koehler, 1979, S. 87 - 105.

Einsatzmöglichkeit: 8 Ustd.

In den drei für den Berufskundeunterricht des 9. Schuljahres an den
rheinland-pfälzischen Hauptschulen konzipierten und erprobten Unterrichtsmodellen werden Einblicke in den Berufsweg und den damit verbundenen persönlichen und gesellschaftlichen Problematiken vermittelt.
Die Schüler lernen zunächst berufliche Qualifikationsstufen unterscheiden sowie unterschiedliche Formen beruflichen Rollenverhaltens beurteilen. In der dritten Lernsequenz werden tradierte und emanzipatorische
Merkmale in der beruflichen Rolle der Frau problematisiert.

Nr. 157

LEGBANDT, F.: "Intensive Berufsorientierung" - Eine Hilfe auf dem Weg
          zur Berufswahlreife. In: Roth, F. (Hrsg.): Wege in
          die Arbeitswelt. Kaiserslautern: Georg Michael Pfaff
          Gedächtnisstiftung, 1970, S. 228 - 257.

Um rechtzeitig allen Schülern in einem möglichst großen Umfang Informationen über die für sie in Frage kommenden Berufe zu vermitteln, wurde
in Zusammenarbeit mit dem Landesarbeitsamt Rheinland Pfalz ein intensiver
berufsorientierender Unterricht geplant und durchgeführt, zu dem eine
große Zahl von Angehörigen verschiedener Betriebe, Berufsschulen und
Berufsorganisationen als auch Experten der Berufsberatung eingeladen
wurden. An dem Vorhaben waren 4 Klassen der 8. und 9. Jgst. einer Hauptschule beteiligt. Jeder Schüler wählte aus einem breiten Angebot drei

QUALIFIKATION und BERUF - Berufswahl

Berufsfelder. Entsprechend dieser Auswahl wurden Vortragsgruppen
so eingeteilt, daß die Schüler an jedem Tag einen Bericht hören konnten. Für die Vorträge standen 4 Unterrichtsstunden zur Verfügung. In
der 5. und 6. Stunde konnten Berufsberater und Lehrer im Gespräch
mit den Schülern das Bild ergänzen und abrunden.

Nr. 158

MODICK, H.-E., SCHÜTTE, L.: Gerd wählt einen Beruf - Eine Entschei-
                            dungsstudie. Unterrichtsmodell für den Sekundar-
                            bereich I. In: arbeiten + lernen, 1979, 1, 16 -

Erprobungshinweise: Das Unterrichtsmodell stützt sich auf Erfahrungen
                      in der 9. Klasse einer Realschule. Die Bearbei-
                      tung der Entscheidungsstudie nahm ca. drei Unter-
                      richtsstunden in Anspruch.

Die Schüler erarbeiten Handlungsstrategien zur Bewältigung von Problemsituationen der Berufswahl. Als Hilfsmittel zur unterrichtlichen Realisierung der Entscheidungsstudie werden Spiel- bzw. Aufgabenkarten bereitgestellt. In der UE werden angesprochen: Kriterien der Berufs- und
Ausbildungsplatzwahl, Notwendigkeit breiter Informationsbeschaffung,
persönliche Voraussetzungen und berufliche Anforderungen, Möglichkeiten der Erkundung von Berufen, Berufsberatung, Realisierungsprobleme
bei der Berufs- und Betriebswahl.

Nr. 159

SCHÖRKEN, R.: Berufswahl als Entscheidungstraining. Ein didaktisches
             Modell im Rahmen des politisch-sozialwissenschaft-
             lichen Unterrichts der Sekundarstufe II. In:
             Politische Bildung, 1975, 1, 76 - 90.

Einsatzmöglichkeit: 8 - 10 Ustd.

In der Unterrichtseinheit geht es darum, Faktoren und Prozesse der
Berufswahlentscheidung zu analysieren, zu reflektieren und zu simulieren.

Nr. 160

SCHUSTER, H.-G.: Berufswahl - Eine Unterrichtseinheit als Entscheidungs-
                hilfe für Schülerinnen einer 10. Klasse. In:
                Politische Didaktik, 1976, 1, 23 - 36.

Einsatzmöglichkeit: Gymnasium 10 Jg.; Sozialkunde; 13 Ustd.

Es wurden folgende Themenschwerpunkte gewählt und realisiert: (1) Berufswahl: Selbstbestimmung oder Fremdbestimmung; (2) und (3) Individuelle
und gesellschaftliche Bestimmungsfaktoren; (4) Rahmenkriterien der Berufswahl.

QUALIFIKATION und BERUF - Berufswahl

Nr. 161

THIELKE, R.: Arbeitslehre. Thema Berufswahl. Arbeitsheft für Lehrer
mit Anregungen und Unterrichtsbeispielen. Döffingen:
Lexika, 1972. 47 S.

Einsatzmöglichkeit: Haupt- und Realschule, 9. und 10. Jg.; Arbeitslehre;

Die Schüler analysieren idealtypische Berufsschicksale und ziehen Rück-
schlüsse hinsichtlich ihrer eigenen Möglichkeiten, Neigungen und Eignun-
gen. Weiterhin soll ein Überblick über Berufsfelder und fachliche Tätigkeitsbereiche anhand von Fachbüchern gegeben werden. Eine Verzahnung
mit betrieblichen Erkundungen und Praktika ist vorgesehen.

Nr. 162

TIGGELERS, K.-H.: Planspiel: Berufswahl - Ein Verfahren im Rahmen der
Berufswahlvorbereitung von Schülern der Sekundar-
stufe I. Köln: Bachem, 1978, 135 S.

Erprobungshinweise: Abgangsklassen der Sek. I; 6 Ustd.

Das Planspiel, das einen idealtypischen Berufsentscheidungsprozeß simulativ nachzeichnet, soll den beteiligten Schülern Kenntnisse und Fertigkeiten zur Verfügung stellen, die eine situationsgerechte und rational
begründete Ausbildungsweg- und Berufsplanung unterstützen können.

Nr. 163

Was der Klaus macht - kann Karin noch lange nicht ..!
Von der Erziehung zur Berufswahl. In: Betrifft uns
1977, 10, 1 - 13.

Einsatzmöglichkeit: Sek. I und II; Politik, Gemeinschaftskunde, Sozialkunde, Wirtschaftslehre.

Das Themenheft unterbreitet unterrichtliche Planungsmaterialien zu geschlechtsspezifischen Verhaltensweisen und Tätigkeiten von Mädchen und
Jungen sowie von Frauen und Männern.

QUALIFIKATION und BERUF - Berufswechsel und Arbeitsmarkt

Nr. 164

FAULSTICH, P. u.a.: Arbeitslosigkeit. Erfahrungen - Ursachen - Handlungsmöglichkeiten. Unterrichtseinheiten für Schule und
Jugendbildung - Heft 1. Köln: Pahl-Rugenstein Verlag, (1980), 60 S.

Einsatzmöglichkeit: Sek. I und II, gewerkschaftliche Jugendbildung;
Deutsch, Geschichte, Gesellschaftslehre, Arbeits-
lehre/Polytechnik.

Inhaltliche Schwerpunkte und Aufbau

Das Modell zum Thema "Arbeitslosigkeit"unterteilt sich in fünf Unter-
richtsabschnitte: (1) Erscheinungsformen und Auswirkungen; (2) Entwicklung; (3) Ursachen; (4) Strategien und (5) Handlungsmöglichkeiten.

Zunächst werden die persönlichen Erfahrungen, die eigene potentielle
Betroffenheit der Schüler sowie typische öffentliche Deutungsformen
unterrichtlich aufgenommen. Zweitens wird anhand langfristiger Entwicklungstrends die historische Dimension der Problemstellung untersucht. Anschließend wird nach den Ursachen von Arbeitslosigkeit gefragt.
Zur Erklärung wird auf grundlegende Strukturelemente der gegenwärtigen bundesrepublikanischen Gesellschaftsordnung rekurriert. Ferner werden die wirtschaftlichen Folgen von Rationalisierungsinvestitionen herausgearbeitet. In einer Gegenüberstellung beschäftigungspolitischer
Konzeptionen wird viertens die Kontroverse zwischen Arbeitgebern und
Gewerkschaften um wirtschafts-, sozial- und arbeitsmarktpolitische
Strategien aufgenommen. Abschließend sollen die erarbeiteten Unterrichtsergebnisse auf die Handlungsebene transformiert werden, und zwar
sowohl in individueller und politischer Perspektive.

Bestandteile der UE sind: Schülerarbeitsmaterialien: Fallschilderungen,
Statistiken, Schaubilder, Arbeitsaufträge; Hintergrundinformationen
für Lehrer: Sachanalyse, Dokumentation arbeitsmarktpolitischer Ansätze
und Forderungen, Tafelbilder.

Zielsetzungen

Die Lernenden sollen gegenüber einer schicksalhaften Erduldung der
Arbeitslosigkeit immunisiert werden. Sie sollen im Rahmen der schulischen Lebens- und Berufsvorbereitung in die Lage versetzt werden, die
eigenen Interessen reflektiert zu bestimmen, Handlungsmöglichkeiten zu
erkennen und den Stellenwert solidarischer Interessenvertretung zu verstehen.

Methoden

Die Bearbeitung der Themen- und Aufgabenstellungen vollzieht sich vornehmlich in Gruppenarbeit. Ergänzende Sozialformen sind: Einzel- und
Partnerarbeit, Lehrgespräche und Diskussionsrunden.

Als Medien fungieren die integrierten Schülerarbeitsmaterialien der UE.
Ferner werden zur Planung und Konkretisierung individueller und kollektiver Handlungsschritte einige in Gruppenarbeit zu fertigende Pro-
duktionen angeregt: Flugblatt, Plakat, Wandzeitung, Leserbrief, Argu-
mentationshilfen, Fragebögen, szenische Darstellung.

QUALIFIKATION und BERUF - Berufswechsel und Arbeitsmarkt

Kritische Anmerkungen

Es werden Materialien sowie didaktisch-methodische Strukturelemente
zu einem Problemkomplex zur Verfügung gestellt, der zunehmend stärker
in das Zentrum wirtschafts- und gesellschaftspolitischer Auseinandersetzungen zu rücken scheint. Die Erscheinungsformen und sozialen Auswirkungen von konjunktureller und struktureller Arbeitslosigkeit sind
vielen Schülern keineswegs mehr fremd. Manche Familie ist heute in-
direkt oder unmittelbar in ihrer Existenz betroffen. Hinzu kommt, daß
insbesondere die Abgangsklassen von Hauptschulen bereits in vielfälti-
ger Weise den Konsequenzen latenter und manifester Formen der Arbeitslosigkeit ausgesetzt sind. Die Autoren unternehmen in dem vorliegenden
Unterrichtsmodell den Versuch, grundlegende Aspekte und Ebenen der Problemstellung curricular zu bündeln und die individuellen und kollektiven
Handlungsperspektiven im Kontext historischer, technischer, ökonomischer,
politischer und rechtlicher Zusammenhänge zu vermitteln. Dabei wird in
Gegenüberstellung zu wirtschafts- und gesellschaftspolitischen Konzeptionen der Unternehmerverbände explizit auf gewerkschaftliche Positionen Bezug genommen.

Die fünf Lernsequenzen der UE bauen aufeinander auf. Sie sind offen für
Akzentuierungen und Erweiterungen, aber in ihrer inhaltlichen Abfolge
grundsätzlich nicht austauschbar. Die Materialien sind so ausgewählt
und zusammengestellt, daß sie in Gruppenarbeit, dies gilt jedenfalls
für den Sekundarbereich II, in eigener Regie bearbeitet werden können.
Hinsichtlich der Sekundarstufe I dürfte es sich allerdings - eine vorgängige Erprobung des Modells hat nicht stattgefunden - als unumgänglich erweisen, entweder ergänzende und unterstützende Arbeitsunterlagen einzubringen und/oder vom Lehrer gestaltete Lehrgangssequenzen
einzuschieben.- Eine Mitbestimmung der Schüler bei der inhaltlichen und
organisatorischen Gestaltung der Unterrichtsreihe ist in der unterrichtlichen Verlaufsplanung nicht vorgesehen, wenngleich möglich.

Die vorliegenden didaktischen und methodischen Vorschläge und Anregungen heben nicht auf bestimmte Zielgruppen ab. Sie sollen sowohl auf den
schulischen Unterricht als auch auf die Jugendbildung übertragbar sein.
Die Umsetzung der UE ist somit an eine adressaten- und situationsspezifische Konkretisierung gebunden.

Nr. 165

KAMINSKI, H. u.a.: Modell 2: Berufliche Mobilität. Unterrichtsmodelle
zur Arbeits- und Wirtschaftslehre und zur politi-
schen Bildung. Bad Heilbrunn: Klinkhardt, 1980.

Einsatzmöglichkeit: Sek. I; Arbeitslehre, Wirtschaftslehre, Politische
Bildung; Gesellschaftslehre; Sozialkunde

Erprobungshinweise: Das Modell wurde im Rahmen praxisnaher Curriculumentwicklung an der Gesamthochschule Paderborn in
Zusammenarbeit mit Studenten und Lehrern entwickelt
und mehrfach im Unterricht an Hauptschulen eingesetzt.

QUALIFIKATION und BERUF - Berufswechsel und Arbeitsmarkt

Inhaltliche Schwerpunkte und Aufbau

In der vorliegenden UE sind fachwissenschaftliche, fachdidaktische und methodische Strukturelemente sowie Unterrichtsmaterialien, die im Rahmen praxisnaher Curriculumentwicklung entstanden, erprobt und ausgewertet worden sind, zu einem Grundmodell verdichtet worden. Über die Verlaufsstruktur des Curriculumbausteins gibt eine schematische Aufstellung der inhaltlichen Schwerpunktbereiche Aufschluß:

Komplex 1:
 Arbeitslosigkeit und Mobilität

 - Arbeitslosigkeit und Jugendarbeitslosigkeit
 - generelle Forderungen nach mehr Mobilität
 - staatliche Maßnahmen (z.B. Mobilitätshilfen) und Inanspruchnahme

Komplex 2:
 Wirtschaftliche Entwicklung und Mobilität

 - Industrialisierung - neue Berufe
 - Veränderung der Wirtschaftsbereiche
 - Rationalisierung, Mechanisierung, Automatisierung

Komplex 3:
 Gesellschaft und Mobilität

 - "offene" und "geschlossene" Gesellschaft
 - vertikale und horizontale Mobilität
 - formale und faktische Chancengleichheit
 - Chancengleichheit und Elternhaus bzw. Schulbildung
 - Mobilitätsbegriff

Komplex 4:
 Vorbereitung und Auswertung eines Erkundungsganges zum Arbeitsamt; Problematik und Reichweite von Prognosen

 - Aufbau und Aufgaben des Arbeitsamtes: Berufsberatung, Arbeitsvermittlung, Leistungsabteilung
 - Fortbildungs- und Umschulungsmaßnahmen
 - Prognosen

Bestandteile des Materialienteils sind: Auszüge aus Gesetzestexten und Verordnungen; Bildergeschichten und -schilderungen; Muster eines Fragebogens für Erkundungsgespräche in Arbeitsämtern; Karikaturen; Entwürfe für Rollenspiele; Fallstudienschilderungen, Statistiken, Übersichten; Graphiken; Pressemeldungen und -berichte; Schülerarbeitsblätter.

Zielsetzungen

Die Lernzielvorgaben des Modells korrespondieren mit den Hauptkomplexen der unterrichtlichen Arbeit. Die nachfolgende Auswahl kennzeichnet einige intentionale Markierungspunkte, die im Gefüge des Zielkatalogs eine Schlüsselstellung einnehmen dürften.

QUALIFIKATION und BERUF - Berufswechsel und Arbeitsmarkt

Die Schüler sollen u.a. die Fähigkeit entwickeln, zu erkennen, daß

(1) Arbeitslosigkeit als Jugendarbeitslosigkeit vor allem für den jetzigen Hauptschüler ein existentielles Problem darstellen kann;

(2) sich aus den Gründen für den Wandel in den Beschäftigtenanteilen der einzelnen Wirtschaftssektoren keine zuverlässigen Prognosen über künftige Entwicklungen von Berufen und Qualifikationsanforderungen ableiten lassen;

(3) dem Begriff "Mobilität" generell ein positiver Wert unterlegt wird, dabei jedoch die Gefahr besteht, daß die ideologischen Implikationen dieses Begriffes frühzeitig verdeckt werden;

(4) zum einen unterschiedliche Maßnahmen (Umschulung, Fortbildung, Mobilitätshilfen) zur Förderung beruflicher Mobilität entwickelt worden sind und zum anderen diese staatlich subventionierten und geförderten Maßnahmen den Interessen der Wirtschaft und den konjunkturellen Rahmenbedingungen angepaßt werden.

Methoden

Neben dem herkömmlichen Repertoire unterrichtlicher Arbeits- und Sozialformen - Einzel- und Gruppenarbeit, Frontalunterricht - wird empfohlen, den Besuch eines örtlichen Arbeitsamtes einzuplanen. Bei der Betriebserkundung sollen berufskundliche Aspekte in den Vordergrund gerückt werden. Anhand eines Beobachtungsleitfadens wird der Frage nachgegangen, welche Informationen und Leistungen das Arbeitsamt Schulabgängern, Auszubildenden und Beschäftigten oder erwerbslosen Arbeitnehmern ggf. zur Verfügung stellen kann.

Kritische Anmerkungen

Die Problematik der beruflichen Mobilität wird ohne Beschönigungen offen dargelegt. Das latente Unbehagen und die in den Abgangsklassen der Sekundarstufe I häufig erstmalig nachhaltig infragegestellte existentielle berufliche Zukunft der Schüler werden ernst genommen.

Die UE entzieht sich der Versuchung, die komplizierte Ambivalenz der Problemstellung einseitig und ausschließlich zugunsten scheinbar praktikabler individueller oder kollektiver "Lösungs"strategien aufzulösen. Beide Dimensionen werden gleichermaßen didaktisch produktiv. Es werden einerseits Restriktionen, Chancen und Wege einer "individuellen Lebensstrategie" herausgearbeitet. Andererseits wird den Schülern in der Auseinandersetzung mit den Rahmenbedingungen beruflicher Mobilität deutlich, daß individuelle schulische und berufliche Krisensituationen häufig gesellschaftlich verursacht sind. In dieser Dimension geht es darum, die Kompetenz und die Bereitschaft der Schüler zu erhöhen und zu fördern, "an längerfristigen Lösungen in Kooperation mit anderen Betroffenen teilzunehmen". Der auf die soziale Handlungskompetenz der Lernenden abhebende Lernzielkomplex wird durch historische Bezüge fundiert und erweitert. Aus der Gegenüberstellung von ständischen und bürgerlichen Ordnungskonzeptionen ergeben sich in dieser Hinsicht wesentliche Anhaltspunkte zur Beurteilung gesellschaftlicher Entwicklungstendenzen. Fraglich ist allerdings, ob die Charakteristika und die Freiheitsgrade beruflicher Mobilität sich unter inhaltlichen und didaktischen Gesichtspunkten als ausreichend erweisen, zur begrifflichen und historischen Verortung von Gesellschaftsmodellen vorzustoßen ("offene" und "geschlossene" Gesellschaft).

QUALIFIKATION und BERUF - Berufswechsel und Arbeitsmarkt

Die inhaltlichen Elemente des Modells werden im Materialienteil hin-
länglich berücksichtigt. Von den Projektmitarbeitern wurden zu diesem
Zweck eigens einige Bildergeschichten sowie mehrere Fallschilderungen und
Rollenspiele konzipiert. Die Arbeitsunterlagen sind so ausgewählt, daß
es prinzipiell möglich ist, zu Lasten einer situationsspezifischen und
lerngruppenorientierten Projekt- und Stundenplanung einen wenig aufwen-
digen "materialgestützten" Unterricht "abzuspulen". Die Verlaufsstruktur der dargebotenen didaktischen und methodischen Realisierungsmöglichkeiten, dem Kurs der unterrichtschronologisch angeordneten Materialien zu folgen, ist kaum geeignet, dem vordergründige Sicherheit
suggerierenden "Angebot" des Modells konzeptionell entgegenzusteuern.

Nr. 166

Arbeitsgruppe "Technik/Wirtschaft (Arbeitslehre)": Schüler untersuchen
                Fragen beruflicher Mobilität im Hinblick auf die
                eigene Berufsweggestaltung. In: Der Kultusminister
                des Landes Nordrhein-Westfalen (Hrsg.): Lernbereich
                Technik/Wirtschaft (Arbeitslehre). Wahlpflichtbereich
                der Klasse 9. Köln: Greven, 1979, S. 81 - 152.

Das Projekt untersucht die Vor- und Nachteile beruflicher Mobilität.
Die Arbeitsergebnisse verweisen auf den Stellenwert qualifizierter Schul-
abschlüsse. Vorgesehen sind die Erkundung eines Produktionsbetriebes und
eines Arbeitsamtes.

Nr. 167

BARTHEL, M. u.a.: Unterrichtseinheit "Mobilität". In: Heinrich, B.,
                Krankenhagen, G. (Hrsg.): Audiovisuelle Medien
                im Arbeitslehreunterricht. Stuttgart: Klett, 1973,
                S. 52 - 80.

Erprobungshinweise: Die UE wurde in einer 9. Klasse erprobt.

Ausgehend von einem "Fall", der durch den Film "Im Betrieb: Stillegung
einer Teilproduktion" dokumentiert wird, werden Formen und Auswirkungen
beruflicher Mobilität unter ökonomischen und gesellschaftspolitischen
Gesichtspunkten untersucht und die Bedeutung kollektiver Gegenstrategien herausgearbeitet.

Nr. 168

BORELLI, M.: Fremdarbeiter/Gastarbeiter/Arbeitsemigranten - Ökonomie
                und Politik - Unterrichtsmodelle für die Sekundar-
                stufe I und II. Didaktischer- und Materialienteil.
                Schriftenreihe Politische Didaktik. Stuttgart:
                Metzlersche Verlagsbuchhandlung, 1979. 129 S.

QUALIFIKATION und BERUF - Berufswechsel und Arbeitsmarkt

Der Beitrag enthält didaktisch-methodische Modellskizzen zu den Themenfeldern "Ursachen der Emigration", "Effekte der Emigration" und "Beschäftigung von Arbeitsemigranten in der Bundesrepublik Deutschland."

Nr. 169

BRAUN, W., MÜHLENHAUPT, A.: Arbeitslos - Hilfe vom Arbeitsamt? Ein
Unterrichtsbeispiel für den Skundarbereich I. In:
arbeiten + lernen, 1979, 2, 35 - 39.

Erprobungshinweise: Mehrfache Erprobung. Dauer: 4 Ustd.

Ausgehend von einem Fallbeispiel, dem Konkurs eines mittelständischen
Unternehmens, wird eine Leistungsübersicht der Bundesanstalt für Arbeit
erstellt, die Beratungssituation eines Arbeitslosen spielerisch nachempfunden sowie ein mit einem Experten eines Arbeitsamtes anberaumtes
Gespräch thematisch vorstrukturiert.

Nr. 170

DGB - Landesbezirk NRW (Hrsg.): Reformpolitik im Interesse der Arbeitnehmer. Materialien zur gewerkschaftlichen Bildungs-
arbeit "Recht auf Arbeit - Arbeit für alle?"
Düsseldorf, o.J., 55 S.

Erprobungshinweise: Referentenleitfaden und Materialien sind im Rahmen
der politischen Erwachsenenbildung mehrfach erprobt
worden.

Das Lehrgangsprojekt entstammt der gewerkschaftlichen Bildungsarbeit.
Er gliedert sich in 6 Lernschritte: (1) Einstieg über einen konkreten
Fall "Wie sicher ist mein Arbeitsplatz?"; (2) Arbeitslosigkeit in der
BRD; (3) Die Ursachen der Arbeitslosigkeit; (4) Die Arbeitsmarkt- und
Konjunkturpolitik in der BRD; (5) Das Recht auf Arbeit; (6) Alternative
Beschäftigungspolitik.

Nr. 171

DIESSENBACHER, H., SCHEILKE, C.T.: Arbeitslosigkeit. Ursachen und Gegenmaßnahmen. Unterrichtseinheiten für die Sekundar-
stufe I und die außerschulische Jugendarbeit.
Modelle für den politischen und sozialwissenschaftlichen Unterricht, Nr. 35. Köln: Europäische Verlagsanstalt, 1979, 159 S.

Einsatzmöglichkeit: Abschlußklasse Sek. I.; fächerübergreifend (Arbeitslehre, Sozialkunde/politische Bildung, Deutsch,
Geschichte und Religion)

QUALIFIKATION und BERUF - Berufswechsel und Arbeitsmarkt

Literaturhinweise: Die Kurse integrieren teilweise Bausteine aus:
Dießenbacher, H., Scheilke, C.T.: Jugendarbeitslosigkeit. Situation und Folgen. Modelle für den
politischen und sozialwissenschaftlichen Unterricht,
Nr. 34. Köln: Europäische Verlagsanstalt, 1979.

Die Bausteine des Modells können im schulischen Unterricht flexibel entsprechend den Bedürfnissen der Schüler eingesetzt werden. Es werden drei
Kurssysteme exemplarisch entwickelt und angeboten. Der erste Lehrgang
akzentuiert Ursachen der Jugendarbeitslosigkeit und mögliche Gegenstrategien. Im zweiten Kurs setzen sich die Schüler mit den konkreten
Problemen der Berufswahl auseinander, wobei gesellschaftliche-ökonomi-
sche Aspekte im Mittelpunkt stehen. Der dritte Vorschlag legt den
Akzent auf emotionale und handlungsorientierende Lernschritte und soll
Schüler befähigen, sich gegenüber arbeitslosen Jugendlichen adäquat
verhalten zu können.

Nr. 172

FREY, K.: Strukturelle Arbeitslosigkeit. Ursachen und Probleme. Ein
Unterrichtsbeispiel aus der Berufsschule. In:
arbeiten + lernen, 1979, 2, 39 -

Erprobungshinweise: Erprobung in einer Berufsschule.

Es wird eine Unterrichtssequenz angeboten, die sich im Verlaufe von
drei Stunden inhaltlich mit den Ursachen von Arbeitslosigkeit, den
individuellen Auswirkungen von Arbeitslosigkeit und den Möglichkeiten
persönlicher Sicherung befaßt.

Nr. 173

HÜBNER, M.: Planspiel: Arbeitslosigkeit. Eine Unterrichtseinheit für
den Sekundarbereich I. In: arbeiten + lernen, 1979,
2, 25 - 34.

Erprobungshinweise: Die UE wurde in mehreren Abschlußklassen des Sekundarbereichs I erprobt.

Anhand eines Textes wird in den Problemkomplex der Arbeitslosigkeit
eingeführt. In der Sequenz "Jugendarbeitslosigkeit" werden die Auswirkungen quantitativer und qualitativer Tendenzen des Lehrstellenangebots
auf dem jugendlichen Teilarbeitsmarkt bearbeitet. Drittens wird der
Zusammenhang von Investitionen und Arbeitsplätzen in analytischer Perspektive thematisiert. In einem Planspiel zum Thema "Stillegung einer
Teilproduktion" sollen materielle, soziale und psychische Folgen von
Arbeitslosigkeit faßbar werden.

QUALIFIKATION und BERUF - Berufliche Bildung
Nr. 174

BUDDENSIEK, W. u.a.: Curriculumelement: Der Jugendliche im Ausbildungs-
system des Betriebs. Erscheint als Modell 3: Der
Jugendliche im Ausbildungssystem des Betriebs. Bad
Heilbrunn: Klinkhardt, 1980.

Einsatzmöglichkeit: Arbeitslehre, Wirtschaftslehre, Politische Bildung,
Gesellschaftslehre, Sozialkunde.

Erprobungshinweise: Das Modell wurde im Rahmen praxisnaher Curriculumentwicklung an der Gesamthochschule Paderborn in
Zusammenarbeit mit Studenten und Lehrern entwickelt
und während eines Fachpraktikum in einer 8./9. Hauptschulklasse eingesetzt und evaluiert.

Inhaltliche Schwerpunkte und Aufbau

Die Themenstellung des Modells integriert vier thematische Hauptkomplexe.
Anhand einer Fallstudie werden erstens rechtliche Bedingungen von Aus-
bildungsverhältnissen, soweit sie im Jugendarbeitsschutzgesetz, im Beruf-
bildungsgesetz und in den Ausbildungsverträgen fixiert sind, untersucht
und Handlungsmöglichkeiten unter juristischen Gesichtspunkten herausgearbeitet. Im zweiten Komplex "Interessenvertretung der Jugendlichen
im Betrieb" geht es darum, in einem Simulationsspiel modellhaft sowohl
die Aufgabenstellungen als auch die Schwierigkeiten in der praktischen
Arbeit von Jugendvertretungen in Kleinbetrieben im Beziehungsgeflecht
von Betriebsrat, Arbeitgebern und erwachsenen und jugendlichen Arbeitnehmern zu verdeutlichen. Drittens werden Defizite schulischer und betrieblicher Berufsausbildung analysiert, berufs-bildungs-politische Pro-
grammatiken von Parteien, Verbänden und staatlichen Stellen gegenübergestellt und Verlaufsformen der gescheiterten Berufsbildungsreform hinterfragt. Der vierte Schwerpunkt gibt eine Einführung in "Probleme des
Jungarbeiters".

Bestandteile der UE sind: Lehrerinformationen, Schülermaterialien, Lite-
ratur- und Medienverzeichnis.

Zielsetzungen

Die Schüler sollen angeregt werden, Handlungsstrategien zu entwerfen,
die sie später in die Lage versetzen, ihre Position als Auszubildende
und jugendliche Arbeitnehmer zu sichern und zu verbessern und darüber
hinaus am Abbau ungerechtfertigter und anachronistischer Herrschafts-
strukturen zugunsten von mehr Mitbestimmung und Selbstorganisation aktiv
mitzuwirken. In diesem Sinne soll das Modell (1) zu einer aktiven Auseinandersetzung mit Problemen der Berufsausbildung herausfordern; (2)
Kriterien für die Beurteilung von Arbeitskonflikten liefern; (3) Handlungsmöglichkeiten in betrieblichen Konfliktsituationen aufzeigen; (4)
Perspektiven zur Lösung grundsätzlicher Probleme der derzeitigen Berufsausbildung darstellen.

Um die handlungsleitenden Intentionen der UE didaktisch einzulösen, werden grundlegende Kenntnisse, insbesondere hinsichtlich des bestehenden
Arbeitsrechts vermittelt, strukturelle Gegebenheiten, Macht- und Abhän-
gigkeitsverhältnisse in der beruflichen Bildung aufgezeigt und Möglichkeiten und Grenzen der Arbeit von Jugendvertretungen, Betriebsräten, Gewerkschaften und politischen Parteien dargestellt.

QUALIFIKATION und BERUF - Berufliche Bildung

Methoden

Die Vorgehensweise, das betriebliche Ausbildungssystem zum Ausgangs-
und Orientierungspunkt des Curriculumelements zu machen, nimmt Bezug auf
die Motivationslage der Schüler, die sich während ihrer Ausbildung und
in ihrem späteren Berufsleben mit Fragen und Konfliktsituationen auseinanderzusetzen haben werden, wie sie ähnlich in der UE modellhaft aufgegriffen werden. Um eine problemorientierte Auseinandersetzung mit
der künftigen Ausbildungs- und Arbeitssituation zu erreichen, wurden im
ersten und zweiten Unterrichtskomplex als unterrichtliche Methoden die
Fallstudie, das Simulationsspiel sowie Erkundungsaufträge und Interviews mit den vom dualen System der beruflichen Bildung unmittelbar Betroffenen gewählt. Ferner wird aufgrund der bisherigen Erfahrungen beim
Einsatz von Simulationsspielen und Fallstudien nachdrücklich empfohlen,
die Aufgabenstellungen und Rahmenbedingungen derartiger Lernverfahren in
einem einführenden "Meta-Unterricht", in dem das Verhältnis von Modellen
zur Wirklichkeit durchleuchtet werden soll, zu begründen und systematisch
zu verorten.

Kritische Anmerkungen

Im Zentrum der UE stehen Möglichkeiten und Grenzen der Veränderbarkeit
betrieblicher Ausbildungssituationen: Zum einen werden in der Konfrontation von betrieblicher Realität und öffentlich-rechtlicher Normierung
Chancen und Wege sichtbar, unter gegebenen Rahmenbedingungen a) individuell und b) kollektiv im Zusammenhang der Interessenvertretung der
Jugendlichen nach dem Betriebsverfassungsgesetz Verschlechterungen abzu-
wehren und ggf. einige innerbetriebliche Verbesserungen durchzusetzen.
Zum anderen ergeben sich aus der Anbindung der beruflichen Bildung an
die private Verfügungsgewalt des Kapitals Hinweise auf strukturelle
Barrieren, an denen Bemühungen um systemimmanente Reformen immer wieder
zu scheitern drohen. Eine historische Dimensionierung der Problemstellung,
die in den didaktisch-methodischen Skizzen allerdings nur am Rande berücksichtigt wird, soll dazu beitragen, auf politischer Ebene zu initi-
ierende und durchzusetzende grundlegende bildungsorganisatorische Re-
formforderungen zu verdeutlichen.

Die Projektgruppe verfolgt die Intention, wesentliche Bestimmungsmomente
der Ausbildungssituation zu erfassen. Sie nimmt damit Bezug auf die nord-
rhein-westfälischen Lehrpläne für die 9. Jgst. der Hauptschule (Problemfeld: Arbeit und Ausbildung; Teilbereiche des Themenkomplexes: Mitbestimmung in Betrieb und Unternehmung) und der Gesamtschule (Themenbereich:
Rechtliche und soziale Aspekte der Berufstätigkeit.)

Zu den Komplexen "Rechte und Pflichten der Jugendlichen im Betrieb" und
"Interessenvertretung..." werden didaktisch und methodisch durchstruktu-
rierte Vorschläge zu einer problem- und interessenorientierten Unterrichtsplanung zur Verfügung gestellt. Insbesondere die vorgeschlagene
Verknüpfung von Simulationsspiel und "Meta-Unterricht" scheint geeignet
zu sein, die Problemstellungen und Aufgabenbereiche von Jugendvertretungen (in Klein- und Mittelbetrieben) modellhaft zu verdeutlichen. Zu hinterfragen wäre allerdings, ob eine Befragung unter Auszubildenden hin-
reichende Basisinformationen und Anhaltspunkte zur Auseinandersetzung mit
der betrieblichen Ausbildungssituation bereitzustellen vermag. Oder anders gefragt: Ist es unter didaktischen und methodischen Gesichtspunkten

QUALIFIKATION und BERUF - Berufliche Bildung

angemessen, die Bestimmungsfaktoren beruflicher Bildung im Unterricht
eingehend zu behandeln, wenn auf der anderen Seite die inhaltliche und
organisatorische Gestaltung der schulischen und betrieblichen Berufsausbildung in den einzelnen Lernsequenzen als relativ unbekannte, nur
ansatzweise umrissene "Funktionsstelle" fungiert?

Im Unterschied zu den ersten beiden Themenbereichen folgen die didaktisch-methodischen Empfehlungen zu den Komplexen "Schwächen der beruflichen Bildung" und "Probleme des Jungarbeiters" dem "materialgestützten"
Konstruktionsmuster des in derselben Reihe herausgegebenen Modells "Berufliche Mobilität". Ich verweise deshalb in diesem Zusammenhang auf
die "kritischen Anmerkungen" zur UE "Berufliche Mobilität". Hinzuzufü-
gen ist, daß insbesondere zum dritten Komplex nur lückenhafte und teilweise wenig geeignete Materialien vorliegen. Keine der anvisierten Lernsequenzen (Berufsschule; duales System; Träger, Institutionen und Finanzierung der Berufsbildung; Auseinandersetzung um die Berufsbildungsreform; Programme der Bundesregierung, der politischen Parteien, des
DGB und der Arbeitgeberverbände) dürfte sich auf der Grundlage der im
Modell zusammengestellten Lehrerinformationen, Schülerarbeitsbögen,
auch nur annähernd bewältigen lassen.

Nr. 175

FAULSTICH, P. u.a.: Von der Hauptschule zur Arbeitswelt (I). Zur Lage
der Schulabgänger. Dortmund/München: Pressedienst
Demokratische Initiative, 1976, 128 S.

Einsatzmöglichkeit: Haupt- und Realschule   9. Jg.

Inhaltliche Schwerpunkte und Aufbau

Im ersten Unterrichtsabschnitt wird problematisiert, inwieweit die
"Berufswahl" für den überwiegenden Teil der Hauptschüler eine freie
Wahl überhaupt noch zuläßt. In der Sequenz "Berufsentwicklung, Berufswechsel und Arbeitsmarktlage" wird die gesellschaftliche und individuelle
Bedeutung fehlleitender, noch häufig zum Berufswechsel zwingender Bildungs-
gänge behandelt. In der Themenfolge "Berufsausbildung und Berufsbildungsreform" werden die historischen Auseinandersetzungen um eine gesetzliche
Regelung des Lehrlingswesens im Interesse der Auszubildenden skizziert
und der Verlauf der zu Beginn der siebziger Jahre projektierten Berufsbildungsreform untersucht. Im vierten Unterrichtsabschnitt "Lehrstellenboykott und Jugendarbeitslosigkeit" werden die individuellen psychischen
Auswirkungen der Arbeitslosigkeit bei Jugendlichen aufgegriffen, die Kri-
sentendenzen des gegenwärtigen Systems der Berufsausbildung aufgezeigt
und Lösungsperspektiven analysiert.

Zu jeder Unterrichtssequenz wurde ein umfangreicher Materialteil gestaltet, der Lehrern und Schülern die jeweils (nach dem Stand der Voraus-
kenntnisse und der zur Verfügung stehenden Zeit) die geeigneten Arbeitsunterlagen bereitstellen soll. Hinweise und Inhaltsangaben zu AV-Medien
finden sich im Literatur- und Medienverzeichnis. Wichtige Leitbegriffe
werden in einer Fremdwort- und Begriffserklärung erläutert.

QUALIFIKATION und BERUF - Berufliche Bildung

Zielsetzungen

Angesichts von Lehrstellenknappheit und Jugendarbeitslosigkeit bedeutet
die Klärung der weiteren Berufs- und Lebensperspektive für viele Haupt-
und Realschüler eine Überforderung, auf die sie ohne ausreichende Information und Orientierung mit Hilflosigkeit und Abwehrhaltungen reagieren. Die UE soll in dieser Situation die Entscheidungsfähigkeit im Hinblick auf die Ausbildungsweg- und Berufsplanung fördern, Handlungsmöglichkeiten aufzeigen und die Fähigkeit und Bereitschaft, gewerkschaftliche Forderungen zur Reform der beruflichen Bildung zu unterstützen,
ausbilden. Als Teillernziel werden u.a. angegeben:

- erkennen, daß persönliche Glücksvorstellungen durch geschichtliche
  und gegenwärtige gesellschaftliche Faktoren mitgeprägt werden;

- lernen zu prüfen, inwieweit sich in unmittelbaren beruflichen
  Interessen und den jeweiligen Formen ihrer Durchsetzung die Zuge-
  hörigkeit zu einer bestimmten Gruppe spiegelt;

- erkennen, daß die jeweiligen Formen der Bildung und Ausbildung
  historisch entstanden und veränderbar sind;

- Beziehungen herstellen können zwischen Veränderungen im Bereich der
  Ausbildung/Berufstätigkeit und Entwicklungstendenzen im Bereich
  der Produktion;

- die Bedeutung allgemeiner gesellschaftlicher Bedingungen für die
  eigene Lebensgestaltung erkennen;

- prüfen, inwieweit sich wirtschaftliche Macht auch in ihrem Einfluß
  auf bildungspolitische Entscheidungsprozesse dokumentiert;

- Möglichkeiten und Grenzen beruflicher Aus- und Weiterbildung und ihre
  Bedeutung für den einzelnen erkennen;

- erkennen, daß Konflikte und Krisen im Produktionsbereich direkte
  und indirekte Auswirkungen auf den Privatbereich haben;

- lernen, den eigenen Standort in wirtschaftlichen und gesellschaftlichen Auseinandersetzungen zu bestimmen.

Methoden

Zu den einzelnen Unterrichtsabschnitten werden methodische Anregungen
auf zwei Ebenen unterbreitet: Die Lerngruppengröße wechselt ständig
zwischen Kleingruppenarbeit und Plenumsveranstaltungen. Rollenspiele,
Zettelcollagen und Interviews bestimmen die Unterrichtsform. Zu den
Themen "Berufswahl", "Berufsentwicklung..." und "Berufsausbildung..."
wird der Einsatz von Filmen empfohlen.

Anmerkungen

Die Analyse der an der Diskrepanz zwischen Verfassungsanspruch und gesellschaftlicher Wirklichkeit festgemachten realen technischen, wirtschaftlichen, bildungspolitischen und pädagogischen Prozesse intendiert
eine systematische Verbreiterung und Vertiefung der Informationsbasis
und die Entwicklung von Hilfestellungen für die von Jugendarbeitslosigkeit und Berufsbildungsmisere potentiell betroffenen Jugendlichen. In
dieser Perspektive werden die Schüler - so Carl-Heinz Evers in einem
Vorwort - durch die Auseinandersetzung mit Tatsachen und Zusammenhängen, Ursachen und Veränderungsmöglichkeiten zu einer realistischen

QUALIFIKATION und BERUF - Berufliche Bildung

Beurteilung ihrer Zukunft veranlaßt und zugleich motiviert, "in den Gewerkschaften solidarisch für die Verwirklichung des Grundrechtes einzutreten, 'Beruf, Arbeitsplatz und Ausbildungsstätte frei zu wählen' (Art. 12 GG)."
Demgegenüber greift die Thematisierung der individuellen Handlungsperspektiven zu kurz. Die Autoren entziehen sich der Problemstellung, wie die betroffenen Schüler unter den gegebenen Bedingungen die verbliebenen Spielräume im Prozeß der Berufseinmündung und der Ausbildungswegplanung nutzen können. Ebenso werden die Erfahrungen und Deutungen der Schüler hinsichtlich ihrer zukünftigen Berufs- und Lebensperspektive im Rahmen der Unterrichtsplanung angemessen berücksichtigt.

Zu kurz kommen die didaktischen und methodischen Überlegungen zur Gestaltung des Unterrichts. Zwar bietet sich an, die sorgfältig und begründet ausgewählten Materialien zu den Themenbausteinen und die ergänzend aufgeführten Arbeitshinweise unmittelbar zur Bearbeitung in Gruppen einzusetzen. Da jedoch auf der anderen Seite die unterbreiteten Planungsvorschläge nurmehr summarische Anregungen beinhalten, verbleibt dem Lehrer für die unterrichtliche Vorbereitung noch ein erheblicher Zeit- und Arbeitsaufwand.

Nr. 176

ARBEITSGRUPPE GL - Lehrer an der GS Bruchköbel:
Unterrichtseinheit: Lehrlingsausbildung in der Bundesrepublik. Offenbach: Verlag 2000, 1973[3], 53 S.

Erprobungshinweise: 8. Jg. in der Gesamtschule Bruchköbel

Der Strukturierungsvorschlag für die UE folgt folgenden Gesichtspunkten: (1) Zerstörung von illusionären Berufsvorstellungen; (2) Konfrontation mit der Ausbildungssituation von Lehrlingen und (3) Einsicht in die Notwendigkeit, während der Ausbildung organisierten Widerstand zu leisten. Die UE setzt sich aus 13 Lernsequenzen zusammen. Zu jedem Unterrichtsabschnitt werden didaktische Vorschläge unterbreitet und entsprechende Arbeitsblätter für Schüler zur Verfügung gestellt.

Nr. 177

GEW, Landesverband Niedersachsen (Hrsg.): Berufliche Bildung. In: ders.:
Materialien zur Arbeitslehre in Niedersachsen. Hannover, 1979[3], S. 153 - 162.

Die Verfasser verstehen die UE als Teil einer Reihe zum Thema "Berufliche Bildung". Sie gehen davon aus, daß aufgrund der fortschreitenden technischen Entwicklung in der Arbeitswelt berufliche Mobilität zur notwendigen Voraussetzung der persönlichen Existenzsicherung wird. Die Lernenden sollen die Risiken und Chancen beruflicher Mobilität kennenlernen und die sie verursachenden Faktoren erkennen.

QUALIFIKATION und BERUF - Berufliche Bildung

Nr. 178

BOCK, B., KLUGE, J.: Planspiel: Betriebliche Ausbildungsprobleme. In:
arbeiten + lernen, 1980, 10 - 10a, 59 - 64.
Einsatzmöglichkeit: Abschlußklassen Sek. I. Berufsbildende Schulen.
Erprobungshinweise: Erprobt im Berufsbildungsjahr.

Das vorliegende Planspiel simuliert betriebliche Ausbildungsprobleme.
Es ist konzipiert im Hinblick auf die Verwendung im Rahmen von Unterrichtsreihen zum Problemkomplex "Qualität der Berufsausbildung".

Nr. 179

EISSEL, D.: Schülerproblem: Ausbildung und Berufswahl. Unterricht zum
neu eingeführten Thema Berufsentscheidung und Ausbildung für Haupt- und Realschüler. München:
Urban und Schwarzenberg, 1977, 215 S.

Im ersten Hauptteil werden Bestimmungsfaktoren und Motive untersucht,
welche die Veränderungen und Strukturen der beruflichen Bildung in
der Bundesrepublik determinieren. Das zweite Kapitel dokumentiert u.a.
Materialien zu den Themen Berufswahl, Lehrstellenmarkt, Chancengleichheit im Beruf und Ausbildungssteuerung. Jedem Unterabschnitt ist eine
knappe Vorbemerkung vorangestellt worden, in der auch didaktische und
methodische Aspekte angeschnitten werden.

Nr. 180

ENGELHARDT, R.: Ausgleich partikularer Interessen als öffentliche
Aufgabe am Beispiel der Auseinandersetzung um die
Lehrlingsabgabe. In: Hessisches Institut für Lehrer-
fortbildung (Hrsg.): Ergebnisse aus der Lehrgangs-
arbeit im Fachbereich Gesellschaftslehre Sek. I:
Unterrichtsvorschläge für die Problemstellung "Ar-
beitsplatzsituation im Betrieb - Humanisierung der
Arbeitsbedingungen". Kassel, 1979, S. 114 - 161.
Einsatzmöglichkeit: Hauptschule; Sek. I; Gesellschaftslehre; 9 Ustd.

Die Schüler werden in einem Unterrichtsabschnitt mit der Situation auf
dem Lehrstellenmarkt und den Ursachen der Lehrstellenknappheit vertraut gemacht. Anschließend werden staatliche Maßnahmen zur Verbesserung der Ausbildungssituation am Beispiel des Ausbildungsplatzförde-
rungsgesetzes diskutiert. Die jährlichen Auseinandersetzungen um die
Erhebung der Berufsbildungsabgabe werden interessenanalytisch hinterfragt
und handlungsstrategisch verortet.

QUALIFIKATION und BERUF - Berufliche Bildung

Nr. 181

GEW, Landesverband Niedersachsen (Hrsg.): Fortbildung - Umschulung -
    Weiterbildung. In: ders.: Materialien zur Arbeits-
    lehre in Niedersachsen. Hannover 1979[3]. S. 251 - 264.

Die Schüler erkunden Möglichkeiten schulischer und beruflicher Weiterbildung. Sie setzen sich darüber hinaus mit den Institutionen beruflicher Fortbildung und Umschulung auseinander und lernen allgemein- und
berufsbildende Angebote öffentlicher und privater Träger kennen.

Nr. 182

HUTH, M.: Probleme der Berufsausbildung. In: Wulfers, W. (Hrsg.):
    Materialsammlung zur Polytechnik/Arbeitslehre,
    Plankstadt: Uli Geiß Verlag, 1979, S. 140 - 177.

Einsatzmöglichkeit: Haupt- und Realschule, 8. - 10. Jg.; Arbeitslehre/
    Polytechnik, Sozialkunde, Deutsch; 18 - 22 Ustd.

Diese UE versucht anhand von Konflikten in der Berufsausbildung Kontroversen und unterschiedliche Interessen zu analysieren und problem-
orientiert in den Gebrauch der gesetzlichen Grundlagen einzuführen.
Die zunächst gewonnenen Kenntnisse sollen durch eine Befragung von Auszubildenden, Jugendvertretern und Betriebsräten überprüft und erweitert
werden.

Nr. 183

Ohne Ausbildung, ohne Arbeit - keine Zukunft für die Jugend! In:
    Betrifft uns 1979, 1, 1 - 14.

Einsatzmöglichkeit: Sek. I und II; Politik, Gemeinschaftskunde, Sozial-
    kunde, Wirtschaftslehre.

In vier Lernsequenzen wird der Fragestellung nachgegangen, ob und unter
welchen Bedingungen Wirtschaftswachsum einerseits und Arbeitszeitverkürzung andererseits zur Behebung von Ausbildungsplatzmangel und Jugendarbeitslosigkeit beizutragen vermögen.

QUALIFIKATION und BERUF - Jugendarbeitslosigkeit

Nr. 184

CHRISTIAN, W.: Unterrichtspraxis: Kein Interesse an Jugendarbeitslosigkeit. In: Fischer, K.G. (Hrsg.): Unterrichtsskizzen
zum Thema Jugendarbeitslosigkeit. Stuttgart:
Metzler, 1977, S. 3 - 31.

Einsatzmöglichkeit: Hauptschule 9. Jg.; Arbeitslehre; 8 Ustd.

Erprobungshinweise: 9. Klasse einer Hauptschule im Bereich eines groß-
städtischen Wohnbereichs mit hoher Arbeitslosigkeit.

Inhaltliche Schwerpunkte und Aufbau

Um Anhaltspunkte für die inhaltliche Planung zu gewinnen, wird vor Projektbeginn eine kurze schriftliche Befragung unter den Schülern durchgeführt. In der ersten Unterrichtsphase geht es um eine orientierende
Untersuchung des Problemfeldes Jugendarbeitslosigkeit. Dem schließt
sich eine Problematisierungsphase an, in der positive und negative Momente in der Situation jugendlicher Arbeitloser konfrontiert und in
Beziehung gesetzt werden. Ferner sollen erste Versuche zur Analyse
(Automation, kleinbetriebliche Ausbildung, Wirtschaftskrise, demographische Entwicklung) initiiert und weiterführende Untersuchungen in
Eigenregie der Schüler angeregt werden. In der dritten Doppelstunde
steht die Erarbeitung des grundlegenden Zusammenhangs von Profitinter-
esse und Arbeitsplatzrisiko im Vordergrund. Der Phase der "Theorie-
bildung" folgt die "Interpretierende Darstellung" der erworbenen Erkenntnisse anhand konkreter Beispiele. Behandelt werden ein amtliches
Schreiben zur Behebung der Jugendarbeitslosigkeit, der Bericht einer
Frankfurter Arbeitslosenhilfe und "Tips für den Ernstfall: Der Arbeitsplatz ist weg!"

Bestandteile der UE sind: Skizzen zur Fachdidaktik; Angaben zu materiellen und persönlichen Voraussetzungen des Unterrichts; Verlaufsplanung
und -realisierung; didaktische Analyse; Schülerarbeitsmaterialien.

Zielsetzungen

Als projektübergreifende "inhaltliche Lernziele" werden ausgewiesen:

(1) Kenntnis empirischer Sachverhalte zur Verbreitung und zu den unmittelbaren Folgen von Jugendarbeitslosigkeit.

(2) Fähigkeit zur Unterscheidung scheinbarer und struktureller Ursachen: Lehrstellenboykott, mangelnder oder geringgeschätzter Schulabschluß, Konflikte während der Ausbildung als vordergründige Ursachen; Automation/Rationalisierungen, Exportkrise, Inflation, Nach-
lassen der Massenkaufkraft als strukturelle Ursachen.

(3) Interpretation der konkreten Situation arbeitsloser Jugendlicher
im Sinne eines nicht mehr an persönlichen Merkmalen orientierten,
sondern nunmehr in ökonomischen Begriffen ausgewiesenen Verständ-
nisses.

(4) Informationen über individuelle und kollektive Möglichkeiten zur
Vermeidung oder Überwindung der Jugendarbeitslosigkeit: Lehrstellen-
suche, Bildungsangebote, Arbeitsamt, Sozialamt, Arbeitslosenselbst-
hilfe u.a.

QUALIFIKATION und BERUF - Jugendarbeitslosigkeit

Methoden

Das Unterrichtsprojekt folgt der "Methode des Aufsteigens vom Abstrakten zum Konkreten", aus dem notwendig die Absicht zum praktischen Handeln hervorgeht. Umformuliert auf die didaktische Ebene ergibt sich ein fünfstufiges methodisches Modell als Empfehlung zur Strukturierung von Unterrichtseinheiten. Dieses Konzept wird in einen systematischen Planungsrahmen gestellt, in dem die Interdependenzen zwischen den Voraussetzungen von Unterricht und den innerdidaktischen Schritten ausgewiesen sind.

Das gesamte Projekt wird, obgleich zunächst anders beabsichtigt, im Frontalunterricht durchgeführt. Lediglich die Bearbeitung der "Tips für den Ernstfall..." kann in Partnerarbeit erfolgen.- Die UE schließt mit einer Testarbeit.

Als Medien werden eingesetzt: Fragebogen, Tafelbilder, Plakate, Tonbandaufzeichnungen, Fallschilderung, Grundlagentexte, Karikatur, Jugendzentrumsbroschüre, Handzettel des Arbeitsamtes.

Kritische Anmerkungen

Der Unterrichtsentwurf ist in sich konsistent. Das Thema ist schülernah gewählt. Nahezu das gesamte mediale Repertoire gängiger Didaktik kommt zum Einsatz. Dem Unterricht sind thematisch ähnlich gelagerte Projekte zur beruflichen Bildung und zum Jugendarbeitsschutzgesetz vorausgegangen. Das Modell wird in Kenntnis der besonderen soziokulturellen Voraussetzungen und institutionellen Bedingungen des Unterrichts entworfen. Die inhaltliche und methodische Feinplanung wird von den Ergebnissen des vorangehenden Unterrichts abhängig gemacht. Zu den Kernelementen der UE werden alternative Vorgehensweisen eingeplant.

Zum anderen: Im Schulbezirk herrscht eine hohe Arbeitslosigkeit. 26 von 34 Schülern haben sechs Wochen vor Schulentlassung noch keinen Ausbildungsvertrag.

Und dennoch: Für den Unterricht stehen nur vier Doppelstunden zur Verfügung. Die Schüler zeigen kein sonderliches Interesse. Ein Problemaufriß gelingt nicht. Eine eingeplante Diskussion wird mit dem Zwischenruf eines Schülers erstickt. Die Überführung der UE in eine handlungsorientierte Projektarbeit kommt nicht zustande, weil die Klasse nicht bereit ist, den mutmaßlichen Mehraufwand an Zeit und Arbeit zu investieren. Alles in allem: Die Schüler erwerben einige Fachkenntnisse. Kritische Einstellungen werden nur in Ansätzen entwickelt. Praktische Handlungskonsequenzen ergeben sich nicht. Ist der gemessen an den Ansprüchen relative Mißerfolg dem Projektmodell geschuldet? Wohl kaum. In der Spannung von Modellplanung und unterrichtlicher Realisierung manifestieren sich vielmehr soziale und institutionelle Grenzen der Bildung und Erziehung, die schulimmanent nicht bedingungslos außer Kraft gesetzt werden können. Der Autor hat davon Abstand genommen, bereinigte oder abstrahierende Erprobungsfassungen vorzulegen. Er berichtet stattdessen aus der Unterrichtspraxis einer Hauptschule. Auf diese Weise wird der "Dualismus von Denken und Handeln" im Schulunterricht offengelegt. Aber gerade aus der systematischen Verknüpfung von Modellentwurf und Unterrichtspraxis ergeben sich Anhaltspunkte für eine innovatorische schulische Praxis.

QUALIFIKATION und BERUF - Jugendarbeitslosigkeit

Nr. 185

ILSEMANN, H. u.a.: Jugendarbeitslosigkeit. Unterrichtsmaterialien 2. Hamburg: GEW, 1980[7], 38 S.
Einsatzmöglichkeit Haupt-, Real-, Sonder- und Gewerbeschulen; 14 Ustd.

Inhaltliche Schwerpunkte und Aufbau

Es werden drei, von Fall zu Fall auszuwählende Einstiegsvarianten angeboten: Durch ein Fallbeispiel kann Betroffenheit und Interesse bei den Schülern geweckt werden. Ein Rollenspiel soll ermöglichen, verschiedene Haltungen und Einstellungen nachzuvollziehen. Durch eine Befragungsaktion können die Lernenden mit Formen politischer Praxis konfrontiert werden.

In der zweiten Unterrichtssequenz wird herausgearbeitet, daß der Mensch erst durch die Arbeit ein sinnvolles Leben führt. Drittens und viertens werden empirische Materialien zu den Entwicklungstendenzen auf dem Ausbildungsplatz- und Arbeitsmarkt ausgewertet und unternehmerische Rationalisierungsstrategien erörtert. Dem schließt sich eine Gegenüberstellung der verschiedenartigen Lösungsvorschläge und der gegensätzlichen Interessenlagen von Gewerkschaften und Arbeitgeberverbänden zur Behebung der Jugendarbeitslosigkeit an. Siebtens werden Aktionsvorschläge gesammelt, ausgewählt, geplant und durchgeführt.

Bestandteile des Unterrichtsmodells sind: Sachinformationen; Schülerarbeitsmaterialien; Arbeitsbögen; Begriffserklärungen.

Zielsetzungen

Die Schüler sollen Ausmaß und Ursachen der Jugendarbeitslosigkeit kennenlernen. Sie sollen erfahren, daß Arbeit das Leben sinnvoll macht. Der Zerstörung des Selbstwertgefühls der Jugendlichen soll entgegengewirkt werden. Ihnen soll bewußt werden, daß die Betroffenen nicht individuell verantwortlich sind, sondern Arbeitslosigkeit eine Folge der Entwicklung der Wirtschaftsstruktur ist, die nicht losgelöst von den Eigentums- und Verfügungsverhältnissen in Produktions- und Dienstleistungsbetrieben gesehen werden kann. Die Schüler sollen einige wichtige gewerkschaftliche Forderungen zur Überwindung des Ausbildungsplatzmangels und der Jugendarbeitslosigkeit kennenlernen. Sie sollen ferner ein problembezogenes und transferfähiges Aktionswissen erwerben.

Methoden

Es wird im Klassen-, im Gruppen- und im Partnerverband gearbeitet. Mögliche Aktionsformen sind: Rollenspiel, Interviews, Expertenbefragung, Diskussion. In den Abschlußrunden werden in Gruppenarbeit praktische Umsetzungsformen gesucht und realisiert. Als Arbeitsmittel kommen zum Tragen: Text- und Arbeitsblätter, Folien, Overheadprojektor, Tafelbilder, Collagen, Tonband, Matrizenabzüge, Tapetenrolle.

Kritische Anmerkungen

Der Unterrichtsentwurf ist das Produkt einer Teamarbeit von Lehrern, in die praktische Vorerfahrungen aus verschiedenen Schulformen eingeflossen sind. Durch die sorgfältige Auswahl weniger themenzentrierter, auf die unmittelbaren unterrichtspraktischen Anforderungen zugeschnittenen Materialien, durch exemplarisch zu entfaltende Fallbeispiele und

QUALIFIKATION und BERUF - Jugendarbeitslosigkeit

aufgrund einer durchdachten methodischen Gesamtkonzeption gelingt es,
die Entwicklungstendenzen auf dem Arbeits- und Ausbildungsstellenmarkt
sowie die komplexen Bestimmungsmomente von Jugendarbeitslosigkeit didaktisch so zu strukturieren, daß auch unter eingeschränkten zeitlichen
Bedingungen eine in sich geschlossene Bearbeitung des Problemfeldes
möglich wird.

Als inhaltlicher Bezugspunkt fungiert der Arbeitsbegriff. Weil, so wird
argumentiert, der Ausschluß des Einzelnen von der Teilnahme an der gesellschaftlichen Produktion den Verlust der ökonomischen und sozialen
Selbständigkeit und Unabhängigkeit bedeutet, entscheidet die berufliche
Situation zugleich auch über die Lebensperspektiven und -chancen des
abhängig Beschäftigten. Aus dem Faktorenbündel von verursachenden und
verschärfenden Momenten der Arbeitslosigkeit und des Ausbildungsstellen-
mangels werden in exemplarischer Absicht die arbeitsmarktpolitischen
Folgen von Rationalisierungsinvestitionen abgehandelt. Andere Aspekte -
wirtschaftliche Konzentrationsprozesse, regionale und sektorale Struk-
turkrisen, Qualifikationsanforderungen, demographische Entwicklung u.ä.
werden demgegenüber nicht gesondert analysiert.

Die UE soll Resignationstendenzen unter den Schülern entgegenwirken.
Anhand von Fallbeispielen wird im Detail aufgezeigt, welche wirtschafts-
und bildungspolitischen Maßnahmen geeignet wären, ihre gegenwärtige und
zukünftige Situation zu verbessern. Sie lernen Techniken und Wege kennen, wie Mitschüler, Eltern und Öffentlichkeit auf die gesellschaftlichen Problemfelder Arbeitslosigkeit und Ausbildungsmisere aufmerksam
gemacht werden können. Sie werden herausgefordert, ihre, wenngleich zunächst bescheidenen Möglichkeiten gezielt zu nutzen. Darüber hinaus
wäre jedoch m.E. von Bedeutung, die gemeinsam erarbeiteten und realisier-
ten Aktionsvorschläge im Zusammenhang individueller und gesellschaftlicher Handlungsperspektiven zu verorten.

Nr. 186

DIESSENBACHER, H., SCHEILKE, C.T.: Jugendarbeitslosigkeit. Situation
          und Folgen. Modelle für den politischen und sozial-
          wissenschaftlichen Unterricht - Band 34. Köln:
          Europäische Verlagsanstalt, 1979, 123 S.

Einsatzmöglichkeit: Abgangsklassen der Sek. I, Berufsbildende Schulen,
          außerschulische Jugendarbeit; Arbeitslehre, Sozial-
          kunde, Politische Bildung.

Erprobungshinweise: UE wurde mehrfach erprobt.

Inhaltlich werden im ersten Hauptabschnitt verborgene Einstellungen,
ein Familienkonflikt, Situationen und Einstellungen in der Klasse,
Berufswünsche und -ängste sowie die Frage nach "Lehre oder Job" vor dem
Hintergrund von Jugendarbeitslosigkeit aufgegriffen. Der zweite Themenkomplex setzt sich mit psychischen und sozialen Situationen von jugendlichen Arbeitslosen auseinander. Das Modell kann nach dem Baukastenprinzip genutzt werden.

QUALIFIKATION und BERUF - Jugendarbeitslosigkeit

Nr. 187

FISCHER, K.G.: Jugendarbeitslosigkeit als Lerninhalt einer 8. Hauptschulklasse im ländlichen Raum Nordhessens. In:
Fischer, K.G. (Hrsg.): Unterrichtsskizzen zum
Thema Jugendarbeitslosigkeit. Stuttgart: Metzler,
1977, S. 32 - 60.

Einsatzmöglichkeit: Hauptschule 9. und 10. Jg.

Erprobungshinweise: UE wurde im 8. Jg. Hauptschule erprobt.

Der Unterrichtseinstieg erfolgt nach dem Fallprinzip und dient vornehmlich der Motivation der Schüler. Weitere Konsequenzen sind: (1) Erarbeitung der "Gründe" der gegenwärtigen Jugendarbeitslosigkeit und
Arbeitslosigkeit; (2) Kompilation von Fakten zur Entstehung der Jugendarbeitslosigkeit; (3) Erarbeitung von Folgen und Wirkungen der Jugendarbeitslosigkeit auf Menschen, die von ihr betroffen sind bzw. potentiell betroffen sind: Die Erarbeitung von Problemlösungsstrategien ist
Bestandteil aller Lernsequenzen.

Nr. 188

GEORGE, S.: Unterrichtsmodell: Arbeitslose Jugendliche. In: Fischer,
K.G. (Hrsg.): Unterrichtsskizzen zum Thema Jugend-
arbeitslosigkeit. Stuttgart: Metzler, 1977,
S. 51 - 66

Einsatzmöglichkeit: Hauptschule 7. u. 8. Jg.

Erprobungshinweise: UE wurde erprobt im 7. u. 8. Jg. Hauptschule

Das Unterrichtsmodell verdeutlicht   Probleme der Jugendarbeitslosigkeit und vermittelt den Schülern Handlungsmöglichkeiten. Vorgesehene Arbeitsschritte: (1) Auffaltung der Problemstruktur durch ein Fallbeispiel; (2) Gründe von Jugendarbeitslosigkeit; (3) Wie verkraften die
jugendlichen Arbeitslosen ihre Situation?; (4) Lösungsvorschläge. Dem
methodisch-didaktischen Entwurf sind Schülermaterialien zugefügt.

Nr. 189

JANSSEN, B. u.a.: Jugendarbeitslosigkeit. In: ders.: Erfahrung - Kritik -
Ermutigung. Methodisch kommentierte Materialien für
die Haupt-, Real- und Berufsschule sowie die außerschulische Jugendarbeit. Modelle für den politischen
und sozialwissenschaftlichen Unterricht. Band 32.
Frankfurt, Köln: Europäische Verlagsanstalt, 1977.
S. 43 - 162.

Folgen und Ursachen der Jugendarbeitslosigkeit sind Gegenstand der perspektivisch ausgerichteten und handlungsorientierten Sequenz. Die Vorschläge werden ergänzt um Unterrichtstips zur flexiblen Gestaltung der
Einzelschritte.

QUALIFIKATION und BERUF - Jugendarbeitslosigkeit

Nr. 190

KLAUSENITZER, A. u.a.: Bangemachen gilt nicht! Zur Situation der Jugendlichen: Schulmüde? Aussortiert und arbeitslos.
Eine Unterrichtseinheit zur Vorbereitung auf die
Arbeitswelt. Hrsg.: Ernst-Reuter-Schule, Projektgruppe Deutsch, Material Gesamtschule 12. Frankfurt,
1976, 92 S.

Einsatzmöglichkeit: Abschlußklassen Sek. I; Deutsch; 31 Ustd.

Die UE, die mit ausführlichen Schülermaterialien ausgestattet ist, vermittelt den Schülern ein kritisches Bewußtsein ihrer eigenen Situation
in der Institution Schule. Darauf aufbauend erarbeiten die Schüler Ursachen und Folgen der Arbeitslosigkeit, um abschließend Schlußfolgerungen hinsichtlich möglicher Formen politischen Handelns ziehen zu können.

Nr. 191

KOORDINATIONSSYSTEM STUDIENBERATUNG (Hrsg.):Jugendarbeitslosigkeit.
Ursachen, Ausmaß , Folgen. Materialien zur studien-
vorbereitenden Beratung: Heft 5. Wiesbaden: 1980,
64 S.

Auf eine erste Einführung in Erscheinungsformen und Problemebenen folgt
eine Teileinheit über Ursachenkomplexe der Arbeitslosigkeit, an die sich
eine Aufarbeitung der gesetzlichen Rahmenbedingungen und Normierungen
(Berufsbildungsgesetz, Ausbildungsplatzförderungsgesetz) anschließt.
Einige Fallbeispiele sollen soziale und individuelle Auswirkungen verdeutlichen. In einer abschließenden Sequenz geht es darum, in verschiedenen Dimensionen denkbare Wege zur Bewältigung und zur Veränderung der
Problemsituation ausfindig zu machen.

Nr. 192

SCHILD, H.: Jugendarbeitslosigkeit. Gesellschaftliche und individuelle
Folgen. Eine Unterrichtseinheit für Schüler im
Sekundarbereich I und II. In: arbeiten + lernen,
1979, 2, 44.

Einer Fallschilderung folgt in Gruppenarbeit eine Auseinandersetzung
mit Eigenbeurteilungen "anonymer", unmittelbar von Arbeitslosigkeit
betroffener Jugendlicher. Abschließend werden arbeitsmarkt-, berufs-,
bildungspolitische und sozialpädagogische Gegenmaßnahmen und Forderungen erkundet und bewertet.

REPRODUKTION und FREIZEIT - Arbeit und Freizeit

Nr. 193

BECK, K. u.a.: Freizeit in der Schule. Freizeitverhalten und Gestaltungsmöglichkeiten. Materialien zum Unterricht 9. Polytechnik/Arbeitslehre 1. Wiesbaden: HIBS, 1978, 60 S.

Einsatzmöglichkeit: 8. - 9. Jg.; Polytechnik/Arbeitslehre; 26 Ustd.

Erprobungshinweise: 8. Jg. einer Gesamtschule in Hessen.

Inhaltliche Schwerpunkte und Aufbau

Es wird im Polytechnikunterricht unter der Moderation eines Lehrers über Bedürfnisse und Verhaltensweisen von Kindern und Jugendlichen in den Frei- und Wartestunden der Gesamt- und Ganztagsschule sowie über Probleme einer freizeitgerechten Gestaltung unterrichtsfreier Zeit in der Schule diskutiert. Es werden unterschiedliche und gegensätzliche Interessenlagen von Schülern besprochen und analysiert, die entweder in Einzelarbeit lernen und im Gruppen- oder Klassenverband arbeiten möchten, oder aber sich in der unterrichtsfreien Zeit entspannen wollen, soziale Kontakte suchen usw. Aus der Gruppendiskussion erwachsen schnell realistische, im Polytechnikunterricht realisierbare Lösungsvorschläge. Es wird vereinbart, in der schulischen Freizeit nutzbares, die Interessen aller Schüler berücksichtigendes Spielmaterial zu entwerfen, zu konstruieren und zu fertigen.

In der zweiten Unterrichtsphase wird auf Jahrgangsebene (an der Erprobungsschule 7 Klassen mit 220 Schülern) ein Plenum anberaumt, auf dem die Schüler mit Unterstützung der Fachlehrer die Bildung von Arbeitsgruppen diskutieren und organisieren. Jeder Schüler hat im Rahmen der zuvor vereinbarten Vorgaben die Möglichkeit, sich einer Projektgruppe anzuschließen, die seinen besonderen Neigungen und Interessen am ehesten entspricht.

In Arbeitsgruppen werden folgende Spiele gefertigt: Groß- und Klein-Schach, Groß- und Klein- Dame, Groß- und Klein- Mühle, Tischtennis, Puzzle und Scrabble. Die Produkte werden zunächst in Einzelarbeit und in der zweiten Phase arbeitsteilig in Fließfertigung produziert.

In der "reflektorischen" Sequenz werden die Produktionsabläufe im Unterrichtsgespräch nachvollzogen. Notwendige Fachausdrücke für Werkzeuge oder Tätigkeiten, die für den Sprachschatz der Schüler neu sind, werden wiederholend mit Erklärungen - verbal und bildlich - als Tafeltext festgehalten. Es werden Kostenfaktoren ermittelt und die verschiedenen Fertigungsverfahren unter ökonomischen Gesichtspunkten berechnet und verglichen.

In der sog. Sozialisierungsphase gestalten die Schüler ihre Freizeit nach selbst entwickelten Vorstellungen. Sie führen Verhandlungen mit SV und Schulleitung, um eine sinnvolle Verwaltung der von ihnen aufgestellten Freizeitangebote zu gewährleisten.

Zielsetzungen

Die lernzielorientierte Gliederung des Themas nach Unterrichtssequenzen legt die Struktur der UE fest. Sie läßt zugleich die Folge der Lernziele in fortschreitendem Aufbau entstehen. Entsprechend diesem Prinzip

REPRODUKTION und FREIZEIT - Arbeit und Freizeit

werden auf dem jeweils oberen Niveau der hierarchisch angeordneten
Zielebenen die folgenden intentionalen Vorgaben gemacht:

Die Schüler sollen

- in der analytischen Phase den Begriff Freizeit gegen die Arbeitszeit,
  die Regeneration und unabweisbare, fremdbestimmte Arbeiten (repro-
  duktive Tätigkeiten) abgrenzen,

- in der praktischen Phase technische Aufgaben planen, verbal und
  zeichnerisch darstellen, arbeitsteilig organisieren und durchführen,

- in der reflektorischen Phase den materiellen Aufwand verschiedener
  Freizeitangebote und Tätigkeiten mit ihrem Nutzen in Beziehung setzen
  und ihre Effektivität feststellen,

- in der Sozialisierungsphase die Verwaltung und Instandhaltung der
  Spiele organisieren.

Methoden

Jeweils zwei Klassen wurden, dies ergab sich zwingend aus den hessischen
Bestimmungen über die Höchstzahl der Schüler im technischen Unterricht,
zusammengefaßt und in drei Gruppen aufgeteilt. In der analytischen Phase verlief der Unterricht in Kerngruppen. Am Beginn der zweiten Phase
fährt der Unterricht in den Kerngruppen fort, um dann zur Festlegung
auf die angebotenen Arbeitsgegenstände und zur Bildung neuer Arbeitsgruppen vorübergehend zwei Parallelklassen in einer Großgruppe zusam-
menzufassen. Während des verbleibenden Teils der zweiten Sequenz und im
dritten Unterrichtsabschnitt arbeiten die neuen Arbeitsgruppen in den
Technikräumen der Schule. In der Sozialisationsphase finden sich die
Großgruppen zusammen. Möglich wäre ebenso, den Unterricht in den Stamm-
klassen fortzusetzen.

Kritische Anmerkungen

Dem Situationsfeld Freizeit wird in den hessischen Rahmenrichtlinien
für das Fach Polytechnik ein hoher Stellenwert beigemessen. In der poly-
technischen Konzeption dieses Bundeslandes ist dieser Themenbereich
neben den Feldern Beruf, Familie und Öffentlichkeit als eigenständiger
Lebensbereich ausgewiesen. Die vorliegende UE versteht sich in diesem
Sinne als Versuch der Konkretisierung der Rahmenrichtlinien an hessischen Gesamtschulen.

Positiv hervorzuheben ist die "Projektidee", die darauf abzielt, verschiedene im Zusammenhang der Themenstellung relevante Bezugswissenschaften curricular zu integrieren. Weiterhin ist es gelungen, die Aus-
gangspunkte und Ergebnisse der theoretischen und praktischen Projektarbeit systematisch mit der schulischen Realität zu verkoppeln. Die UE
nimmt Bezug auf die in manchen Gesamt- und Ganztagsschulen zu einem
brennenden Problem gewordene Freizeitgestaltung. Aber auch in anderen
Schularten ist die unterrichtsfreie Zeit (Pausen, Freistunden, Warte-
zeiten auf Zubringerbusse) traditionell ständiger Gegenstand schul-
interner Konfliktregulierung. Insofern bietet sich an, die an der Ober-
urseler Gesamtschule entwickelte und erprobte Projektkonzeption auch
unter anders gelagerten institutionellen Bedingungen aufzugreifen.

Für den routinierten Lehrer dürfte es unproblematisch sein, die Angaben zu den unterrichtsbezogenen Lernzielen sowie zum inhaltlich-metho-

REPRODUKTION und FREIZEIT - Arbeit und Freizeit

dischen Ablauf des Unterrichts für eigene Zwecke zu adaptieren. Insbesondere für den nicht eingearbeiteten Lehrer dürfte jedoch, bedingt durch die mehr kursorische, die unterrichtlichen Realisierungsprobleme vernachlässigende Darstellungsweise, ein erheblicher konzeptioneller und planerischer Vorbereitungsaufwand verbleiben.

Nr. 194

WÜNSCHE, J.: Weniger Arbeit - mehr Freizeit? In: arbeiten + lernen, 1980, 5, 29 - 33.

Einsatzmöglichkeit: Sek. I; Arbeit/Wirtschaft/Sozialkunde

Erprobungshinweise: Die Erprobung der in der Ablaufstruktur genannten Punkte "Freizeitmöglichkeiten der Schüler am Ort" und "Expertenbefragung zum Thema Arbeitszeitverkürzung" war bei Abschluß des Manuskripts noch nicht beendet. Der Unterricht wurde in der 9. Jgst. einer Realschule durchgeführt.

Inhaltliche Schwerpunkte und Aufbau

Es sollen im Unterricht auf zwei Ebenen unterschiedliche Erfahrungsbereiche der Lernenden erschlossen werden. Auf der Ebene I wird der unmittelbar erfahrbare Zusammenhang von schulischer Situation und Freizeitgestaltung als Ausgangspunkt gewählt. Auf der zweiten Ebene geht es um die Beziehung von Betrieb/Büro und arbeitsfreier Zeit. Bestandteile der UE sind: Fallschilderung, Umfrageergebnisse zum Thema, Schaubilder.

Die UE enthält eine Ablaufstruktur, aus der die Vernetzung der einzelnen Unterrichtsblöcke hervorgeht und die Aufschluß über die möglichen unterschiedlichen Ablauffolgen des Unterrichts gibt. Inhaltlich sind u.a. folgende Themen vorgesehen:

(1) Planungsphase: Entwicklung der Ablaufstruktur des Unterrichts gemeinsam mit den Schülern.

(2) Schülerbefragung: Belastung durch die Schule. *Oder:* Vorbereitung und Durchführung der Elternbefragung: Was haltet ihr von Arbeitszeitverkürzung? Was bleibt von eurer Freizeit?

(3) Vorbereitung und Durchführung der Betriebserkundung: Thema: "Arbeitszeitverkürzung" als Teilaspekt.

(4) Entwicklung von Entwürfen für den Aufbau eines Jugendzentrums/ Freizeitmöglichkeiten der Schüler am Ort/ Expertenbefragung zum Thema: Aufbau eines Jugendzentrums/ *Oder:* Texte zur Arbeitszeitverkürzung/ Expertenbefragung zum Thema: Arbeitszeitverkürzung.

(5) Initiativen / (politisches) Engagement der Schüler.

Zielsetzungen

Der Autor hat von einer Ausformulierung der Intentionen der UE Abstand genommen. Stattdessen werden einige erkenntnis- und handlungsleitende Fragestellungen der Unterrichtsplanung vorangestellt. Z.B.:

REPRODUKTION und FREIZEIT - Arbeit und Freizeit

- Kann man das Problem der Arbeitszeitverkürzung isoliert sehen, oder greift nicht jeder Ansatz, der Arbeit und Freizeit voneinander trennt, von vorneherein zu kurz?
- Bedeutet Arbeitszeitverkürzung wirklich, daß mehr freie Zeit entsteht?
- Wie verteilen sich Arbeitsbelastungen und Freizeit bei Schülern und Erwachsenen?
- Wie soll ggf. zusätzlich gewonnene freie Zeit genutzt werden?
- Sind wir in der Freizeit übermächtigen Zwängen ausgeliefert? Besteht die Chance, im Freizeit- wie im Arbeitsbereich gesellschaftliche Vorstellungen zu entwickeln?

Methoden

Um den Schülern einige im Zusammenhang der Problemstellung grundlegende Momente verständlich zu machen, wird von den Erfahrungen der Lernenden in der Schule als einem Teil der Arbeits- und Berufswelt ausgegangen. Ferner werden Eltern, Geschwister, Verwandte und Bekannte befragt. In einem zweiten Unterrichtsabschnitt werden im Rahmen einer Betriebserkundung Gespräche mit Arbeitnehmern und Vertretern der Unternehmensleitung geführt.

Kritische Anmerkungen

Die UE versucht den komplexen Zusammenhang von Arbeit und Reproduktion exemplarisch unter der Fragestellung nach der Beziehung von Arbeitszeitverkürzung und freier Zeit didaktisch und methodisch zu erfassen. Es wird davon ausgegangen, daß die Schüler nur auf marginale Vorinformationen und Erfahrungen zurückgreifen können. Daraus resultiert der Vorschlag, vorhandene Defizite einerseits auf der Basis von Textanalysen und zum anderen durch Befragungen von Mitschülern, Eltern, Verwandten, Arbeitnehmern, Vertretern einer Unternehmensleitung und Experten von Gewerkschaften und Arbeitsverbänden auszugleichen. Im Rückblick auf die vorgängigen Erprobungssequenzen stellt sich heraus, daß die im Rahmen der Betriebserkundung erhobenen Daten weitaus weniger ertragreich waren als die in privaten Gesprächen der Schüler mit Eltern und Verwandten gewonnenen Informationen und Interpretationen.

Die Textanalysen und Befragungen können zweifelsohne dazu beitragen, die zur Bearbeitung der Themenstellung erforderlichen Basisinformationen zusammenzutragen. Insoweit werden durch die zugrundegelegten Materialien und die didaktisch-methodischen Vorschläge die an einführende, problematisierende und informationsichernde Unterrichtssequenzen zu stellenden Anforderungen im Grundsatz abgedeckt. Zu den weitergehenden Intentionen und Fragestellungen der UE werden allerdings keinerlei Hinweise und Anregungen gegeben, so daß in der Summe zwar einige Aspekte des Zusammenhangs von Arbeit und Freizeit in dem Modellentwurf schlaglichtartig aufleuchten, die gestellten Aufgaben- und Problemstellungen aber, soweit sie nicht in Eigenregie analytisch vertieft und handlungsstrategisch gewendet werden, insgesamt unbeantwortet und unerledigt bleiben.

REPRODUKTION und FREIZEIT - Freizeitindustrie

Nr. 195

CURTIUS, M., HUND, W.D.: Mode und Gesellschaft. Zur Strategie der
    Konsumindustrie. Modelle für den politischen
    und sozialwissenschaftlichen Unterricht, Band 12.
    Frankfurt: Europäische Verlagsanstalt, 1971. 86 S.
Einsatzmöglichkeit: Sozialkunde, Politik, Deutsch, Sexualkunde.

Inhaltliche Schwerpunkte und Aufbau

In dem Unterrichtsmodell soll der Zusammenhang von Herrschaft und Mode
in historischer und psychologischer Dimension betrachtet werden. Zu
folgenden Aspekten des Themas werden unterrichtspraktische Materialien
bereitgestellt: Sozialgeschichte der Mode; modisches Verhalten; Angst
und Konsum; Kapitalismus und Mode.

Zielsetzungen

Es soll historisch und gegenwartsbezogen herausgearbeitet werden, daß
sich in den kalkulierten und manipulierten Erscheinungen der Mode die
gesellschaftlichen Widersprüche in Form ambivalenter individueller Verhaltensweisen aufzeigen lassen, die als Unsicherheiten, Ängste und
Frustrationen zum Ausdruck kommen. Durch gegenseitige Hilfe und Beleh-
rung und durch die praktische Erprobung ihrer Erkenntnisse sollen Schüler und Lehrer erkennen und demonstrieren, daß Wissenschaft eine wichtige Waffe im Kampf gegen gesellschaftliche Herrschaft, Unterdrückung
und Bewußtseinsmanipulation darstellt. Sie sind aufgefordert, ihren
genüßlerischen Masochismus zu beenden, der sie bislang praktizieren
ließ, was sie theoretisch ablehnten.

Methoden

Es werden zwei alternative methodische Vorgehensweisen angeregt. Erstens
kann auf der Grundlage von theoretischen Texten ein begrifflicher Zugang zur Themenstellung versucht werden. Zweitens kann von historischen
oder gegenwärtigen Erscheinungsformen der Mode ausgegangen werden.

Kritische Anmerkungen

Die Autoren sind bemüht, auf einem wissenschaftlich und didaktisch noch
weitgehend unerschlossenen Problemfeld Hintergrundinformationen, Argu-
mentationsmuster und -abfolgen sowie erste theoretische Skizzen zur
Verfügung zu stellen, um eine problemorientierte und aspekthafte unterrichtliche Erschließung des Themas zu initiieren. Einige thematische
Lücken waren bedingt durch den gegebenen Forschungsstand der infragestehenden Bezugswissenschaften offenkundig nicht zu vermeiden. So hätte
bspw. eine kritische Zusammenschau von Ausdruckskulturen in der bürgerlichen und Arbeiterjugendbewegung in den zwanziger Jahren einerseits und
alternativer Modeerscheinungen in den sechziger und siebziger Jahren
Anhaltspunkte zu möglichen emanzipatorischen Handlungskonzepten bei-
steuern können.

Den unterrichtspraktischen Materialien sind allgemeine didaktisch-methodische und technische Hinweise vorangestellt. Eine Konkretisierung für
einzelne Lernsequenzen wird nicht versucht. Es werden nur wenige im
Unterricht unmittelbar verwendbare Quellenmaterialien bereitgestellt.

REPRODUKTION und FREIZEIT - Freizeitindustrie

Nr. 196

SCHÖN, K., SCHERSCHEL, G.: Politische Aspekte der Wirtschaftswerbung. Ein Curriculum-Element für den politischen Unterricht in der Sekundarstufe I. Saarbrücken: Universitäts- und Schulbuchverlag; 1974 169 S.

Einsatzmöglichkeit: 8. und 9. Jg.; Politik; 22 - 25 Ustd.

Erprobungshinweise: Das Modell wurde im Rahmen der Aus- und Weiterbildung von Lehrern an der Pädagogischen Hochschule Saarbrücken entwickelt, mehrfach von Studenten und Lehrern eingesetzt und aufgrund der eingegangenen Rückmeldungen überarbeitet.

Inhaltliche Schwerpunkte und Aufbau

Das Curriculumelement gliedert sich in eine Problematisierungsphase und einen problemorientierten Hauptabschnitt. Der zweite Komplex enthält didaktisch-methodische Ausarbeitungen zu folgenden thematischen Aspekten: Markt und Wirtschaftskreislauf; werbepsychologische Mechanismen; Werbetexte; emotionale Appelle in der Werbung; Image - Bildung; männliche und weibliche Rollenprägungen; Urlaubswerbung; Medienwerbung.

Bestandteile der UE sind: Sachanalysen; Entwurf eines Vortests; Abschrift einer Toncollage; Arbeitsbögen; Tafelbilder; Lerntests; Medien- und Literaturhinweise.

Zielsetzungen

Die Schüler sollen in die Lage versetzt werden, Aufgaben, Elemente und Techniken der Werbung zu durchschauen und ihre verhaltenssteuernden Funktionen beurteilen können.

Methoden

Bei der methodischen Gestaltung der Lernsequenzen wird der Frontalunterricht bevorzugt. In Einzelfällen wird auf unterrichtliche Sozialformen wie Diskussionen, Einzel-, Partner- und Gruppenarbeit zurückgegriffen.

Kritische Anmerkungen

Der Projektentwurf protokolliert relevante Lernziele, skizziert die wichtigsten Strukturelemente der Unterrichtssequenzen und umreißt differenziert methodische Einzelschritte. Das Thema wird unter mehreren Aspekten aufgefächert und problematisiert. Neben persönlich zu erwerbenden Kenntnissen und Einsichten, die auf die gegenwärtige und zukünftige Konsumentenfunktion der Schüler abzielen, wird möglicherweise in der Summe der Lernschritte die Schlußfolgerung nahegelegt, daß kommerzielle Werbung schärfer zu kontrollieren sei und ggf. in Teilbereichen mit gesetzlichen Mitteln zurückgedrängt werden müsse.

Die einzelnen Bauelemente können relativ beliebig ausgewählt und kombiniert werden. Die Strukturierung der Lernsequenzen folgt unterschiedlichen didaktischen Konzepten. Eine übergreifende inhaltliche Systematik ist nicht erkennbar. Eine Zusammenschau der unterschiedlichen Teilbereiche wird nicht versucht. Die Systematisierung und Synthetisierung der additiv zusammengefügten Lernsequenzen bleibt den Schülern über-

REPRODUKTION und FREIZEIT - Freizeitindustrie

lassen. Das methodische Inventar traditioneller unterrichtlicher Sozialformen (Frontalunterricht und Unterrichtsgespräch) und Medien (Tafelbilder) wird im Projektrahmen nur stellenweise überschritten.

Nr. 197

BLÖDORN, F.: Unterrichtsmaterial 8. Jgst.
Berlin: Pädagogisches Zentrum, 1975^2, 53 S.

Zielsetzung des Projekts ist es, dem Schüler exemplarisch die Möglichkeiten der Verbraucherinformation aufzuzeigen und ihn zu befähigen,
seine Stellung als Konsument innerhalb der Marktwirtschaft kritisch zu
überdenken und diese langfristig zu seinen Gunsten zu verändern. Der
Unterricht wird als Planspiel organisiert, in dem auf einen praktischen
Fall (Kauf eines Tonbandgerätes oder eines Cassettenrecorders) zurückgegriffen wird. Für das Planspiel ist ein minimaler Zeitaufwand von
22 Unterrichtsstunden eingeplant worden.

Nr. 198

ENDLICH, H., WUNDER, D.: Verbraucher und Unternehmer. Unterschiedliche
interessenungleiche Chancen. In: Westermanns Pädagogische Beiträge 1971, 5, 239 - 254

Der Lehrgang untergliedert sich in drei gleich große Unterrichtsab-
schnitte: (1) Der Unternehmer- und Käufermarkt; (2) Die Werbung -
Information oder Beeinflussung?; (3) Der Verbraucherschutz. Die Unterrichtseinheit hatte als Adressaten Schüler der Stufe 5 - 10 einer Gesamtschule. Sie umfaßt 9 Unterrichtsstunden im Fach Politik und wurde erprobt.

Nr. 199

GRAEFE, G., VOGEL, K.: Massenmedien als Unterrichtsgegenstand. Presse,
Film, Fernsehen, Buch und Unterhaltungsliteratur.
41 Unterrichtseinheiten. Ravensburg: Otto Maier,
1980, 142 S.

Einsatzmöglichkeit: 3. - 9. Jg.; fächerübergreifend.

In den Unterrichtseinheiten werden die Schüler mit Aspekten und Formen
der Medienkommunikation vertraut gemacht. Unter vier Oberaspekten werden jeweils mehrere Unterrichtssequenzen subsumiert.

(1) Ökonomischer und organisatorischer Aspekt: a. Comics (6 UE), b. Vom
Ereignis zum Leser (5 UE), c. "Heute abend sehen Sie ..." Das
Fernsehprogramm zwischen Wünschen der Zuschauer und Zwängen der
Produzenten (4 UE).

(2) Inhaltlicher Aspekt : a. Massenpresse am Beispiel "Bild" (6 UE),
b. BRAVO - Eine Jugendzeitschrift (5 UE), c. Bildergeschichten
(6 UE).

REPRODUKTION und FREIZEIT - Freizeitindustrie

(3) Wirkungsaspekt: a. Vorsicht. Schlagzeile (4 UE), b. "Für den Krieg - gegen den Krieg" - Ein Thema, dargestellt an Heftromanen und Spielfilmen (4 UE).

(4) Aspekte der Rückkopplung: Schüler schreiben an einen Jugendbuchautor.

Nr. 200

JANSSEN, B. u.a.: Konsumwerbung. In: ders.: Erfahrung-Kritik-Ermutigung.
Methodisch kommentierte Materialien für die Haupt-,
Real- und Berufsschule sowie die außerschulische
Jugendarbeit. Modell für den politischen und sozial-
wissenschaftlichen Unterricht. Band 32. Frankfurt/
Köln: Europäische Verlagsanstalt, 1977, S. 27 - 41.

In der UE "Konsumwerbung" setzen sich die Schüler mit dem Mittel der Werbung, den hinter der Werbung stehenden Interessen und den Handlungsmöglichkeiten der Käufer und Verbraucher auseinander. Die methodischen Kommentare werden ergänzt um Unterrichtstips zur flexiblen Gestaltung der Einzelabschnitte.

Nr. 201

KRAUSS, L., RÜHL, H.: Werbung in Wirtschaft und Politik.
Modelle für den politischen und sozialwissenschaft-
lichen Unterricht. Band 3/4. Frankfurt: Europäische
Verlagsanstalt, 1971[2], 111 S.

Einsatzmöglichkeit: Sek. I, Sek. II außerschulischer Bereiche; Politik, Geschichte, Deutsch; 20 Ustd.

Unter Berücksichtigung der jeweiligen speziellen Lage und Betroffenheit der Schüler bei methodischen und inhaltlichen Überlegungen zur Unterrichtsdurchführung wird ein "lose" zusammenhängendes Modell erstellt, das in enger Nachbarschaft zu den Fächern Geschichte und Deutsch steht. Die Schüler bereiten sich in einer dreiwöchigen Motivationsphase auf den Unterricht vor durch

- Sammeln von Werbeanzeigen etc.
- Verfolgen von Werbesendungen im Radio und Fernsehen
- Abhören von Nachrichten ...
- Anfertigen von Bildaufnahmen von öffentlicher Werbung
- Erstellung eines Fragebogens zur Passantenbefragung.

Die Unterrichtseinheit besteht aus den Lernsequenzen Wirtschaftswerbung, Informationen zur Ideologie der wirtschaftlichen Werbung, Gefahr der Entpolitisierung, Werbung in der Politik.

REPRODUKTION und FREIZEIT - Freizeitindustrie

Nr. 202

KLÜNNE, A. u.a.: Massenmedien, Warenwerbung und Systemwerbung. Ein
                  Unterrichtsmodell zum Thema Fernsehen. Stuttgart:
                  Metzler, 1978, 128 S.

Einsatzmöglichkeit: 6. - 9. Jg.

Das Unterrichtsmaterial umfaßt Unterrichtskonzeptionen und -analysen
zum Serienfilm "Werbung" und den Themen "Nachrichtenmagazin".

Nr. 203

NORTHEMANN, W.: Überall begegnet uns Werbung. In: Kaiser, F.-J.,
                  Kielich, H. (Hrsg.): Theorie und Praxis der Arbeits-
                  lehre. Bad Heilbrunn: Klinkhardt, 1871, S. 183 -
                  191.

Einsatzmöglichkeit: Hauptschule 9. Jg.; 10 Ustd.

Es handelt sich um ein Planungsbeispiel für eine überfachliche Unterrichtseinheit in der Abschlußklasse der Hauptschule. Die Einheit intendiert die Anbahnung eines marktgerechten Konsumverhaltens. Sie ist als
in sich geschlossene "Erkenntnisganzheit" konzipiert. Sie gliedert sich
in sechs aufeinander aufbauenden Lernsequenzen: (1) Formen der Wirtschaftswerbung; (2) Werbung informiert und suggeriert; (3) Werbung
hilft kaufen und verkaufen; (4) Werbung kostet Geld; (5) Werbung in
Marktwirtschaft und Zentralverwaltungswirtschaft; (6) Werbung und Kauf-
entscheidung.

REPRODUKTION und FREIZEIT - Freie Zeit

Nr. 204

TEGTMEYER, G.: "Freizeit" - Eine wirkliche Alternative? Arbeitshilfen
zur politischen Bildung. Dortmund: Pädagogische
Arbeitsstelle, 1980, 141 S.

Einsatzmöglichkeit: Sek. I; Politische Bildung; Die Unterrichtsskizzen
können sowohl im Rahmen einer größeren UE als auch
zur Planung von Einzel- und Doppelstunden genutzt
werden.

Erprobungshinweise: 7. Jgst. einer Realschule und 8. Jg. einer Hauptschule.

Inhaltliche Schwerpunkte und Aufbau

Das Modell "Freizeit" liefert Angebote für ein kritisches, erfahrungs-
orientiertes, selbstbestimmtes und konzeptuelles Lernen in der Schule.
In diesem Sinne wird zunächst die didaktische Konzeption begründet und
erläutert. Die sachanalytischen Überlegungen skizzieren einen theoretischen Orientierungsrahmen, in dem die "Freizeit"-Problematik in gesell-
schaftskritischer Perspektive umrissen wird. Auf dieser Grundlage wird
drittens über unterschiedliche Erfahrungen von den Erprobungen zweier
UE, die an einer Haupt- und einer Realschule von Fachpraktikumsgruppen
einer Pädagogischen Hochschule durchgeführt wurden, berichtet.

Der Autor geht davon aus, daß der konkrete Unterrichtsverlauf im Rahmen
einer offenen, erfahrungsorientierten Bildungs- und Erziehungsarbeit
sich vor dem eigentlichen Beginn nicht genau planen läßt, in einer ge-
wissen Abfolge allerdings einzelne Lernschritte in modifizierter Form
durchlaufen werden, die sich zu einer zwar relativ formalen, aber dennoch den Unterricht strukturierenden didaktischen Konzeption verdichten
lassen:

- In einem offenen Gespräch zwischen Schülern und dem Lehrer wird geklärt,
  welche sie angehenden Probleme einer gemeinsamen Bearbeitung unterzo-
  gen werden sollen.

- Möglichst alle Beteiligten äußern sich zum gemeinsam formulierten
  Problem.

- In einem Gespräch wird geklärt, welche der aufgeworfenen Fragen für
  die wichtigsten gehalten werden.

- Es werden Vorschläge entwickelt, was man machen könnte, um die aufgeworfenen Fragen zu klären.

- Bezogen auf die formulierten Problemstellungen werden Informationen
  zusammengestellt.

- Die Ergebnisse werden untereinander vermittelt und bezüglich der Aus-
  gangsfragen diskutiert.

- Der Lernprozeß wird im Rückblick betrachtet. Dabei geht es sowohl um
  den Inhalt als auch um die kommunikativen Beziehungen untereinander.

- Die Lerngruppenmitglieder besprechen sinnvolle Anknüpfungspunkte.

REPRODUKTION und FREIZEIT - Freie Zeit

Ergänzend zu diesem Unterrichtsmodell werden die Erfahrungen einer
parallel anbietenden Fachpraktikumsgruppe nachgezeichnet, die zum sel-
ben Thema eine zu den Intentionen des Autors konkurrierende didaktische
Konzeption entwickelt und mit geringfügigen Abweichungen unterrichtlich
realisiert hatte.

Viertens werden Ideenskizzen unter dem Motto entworfen, was sich ansonsten zum Thema "Freizeit" noch machen ließe. Dabei werden sowohl Hinweise zur Konkretisierung als auch Impulse zur Strukturierung von Unter-
richtsvorhaben gegeben. In Verbindung mit ausgewählten Materialsammlungen folgen abschließend kurze Unterrichtsplanungen zu bestimmten
Aspekten des "Freizeit"-Problems: (1) Feierabend - oder: Freizeit -
eine wirkliche Alternative? (2) Industrielle Arbeit und soziale Folgen;
(3) Alltagsleben - ohne Perspektive; (4) Weitblick durch das Fernsehen? (5) 35-Stunden-Woche und Arbeitslosigkeit; (6) Freizeit - Modelle
für die Zukunft?

Zielsetzungen

Die Lernenden sollen in die Lage versetzt werden, sich selbst und ihre
gesellschaftliche Umwelt zu verstehen und sich aktiv an den sie betref-
fenden Entscheidungsprozessen zu beteiligen. Sie sollen die Fähigkeit
und die Bereitschaft zur Analyse des Phänomens Freizeit im gesamtgesellschaftlichen Zusammenhang erlangen, Freizeit-Utopien entwerfen
lernen und sich in der Planung, Durchführung und Reflexion eines be-
friedigenden Freizeiterlebnisses im Klassenverband engagieren. In allen
Unterrichtsphasen soll dabei auf konkrete Sozialerfahrungen in zentralen Lebenssituationen Bezug genommen werden und sichergestellt werden,
daß die Schüler an den Entscheidungen über Ziele, Inhalte und Methoden
durchgängig beteiligt werden.

Methoden

Die Konzeption einer offenen, erfahrungsorientierten Unterrichtsarbeit
erfordert von den Beteiligten ein Umdenken hinsichtlich der zeitlichen
Strukturierung einer UE. Entgegen der üblichen schulischen Praxis wird
der größte Teil der zur Verfügung stehenden Zeit dazu benötigt, in einer
offenen, möglichst unter Einbeziehung aller Schüler geführten Diskussion
zu klären, worin eigentlich die Problemstellung des gemeinsam zum Thema
erhobenen Unterrichts zu sehen sei und aus welchen Gründen und mit welchen Methoden eine umfassende Beschäftigung erfolgen kann. Auf diese Weise
ersparten sich - so Tegtmeyer - alle Beteiligten die ansonsten übliche
routinemäßige motivationale Zwangsernährung der Einstiegsphase. Habe sich
dieses Konzept erst einmal eingespielt, werde der als Berater fungierende
Lehrer sich in die Lage versetzt sehen, die Schüleraktivitäten eher bremsen denn motivieren zu müssen. Die Offenheit der didaktischen Konzeption
impliziert, daß über die methodische Gestaltung des Unterrichts wie über
den Einsatz von Materialien und Medien erst im Realisierungsprozeß der
UE gemeinsam entschieden wird.

Kritische Anmerkungen

Das Arbeitsheft besticht durch den Reichtum der verarbeiteten Ideen und
Anregungen. Hervorzuheben ist die enge Verzahnung des theoretischen Ansatzes und des unterrichtspraktischen Planungsmodells. Zwar werden die
didaktischen und methodischen Intentionen des erfahrungsorientierten

REPRODUKTION und FREIZEIT - Freie Zeit

Ansatzes im schulischen Alltag nur partiell eingelöst - auf die vielfältigen Schwierigkeiten und Hindernisse wird einleitend selbstkritisch
Bezug genommen. Werkstattberichte ebenso wie die Ideenskizzen und ausgearbeiteten Unterrichtsvorschläge enthalten aber eine Vielfalt von rich-
tungsweisenden Momenten, so daß deutlich wird, in welcher Weise eine
Weiterentwicklung und Konkretisierung möglich erscheint. Die aufbereiteten unterrichtspraktischen Materialien, denen ihrer Zielsetzung nach
ein eher exemplarischer Charakter zugemessen wird, erweisen sich zudem
als eine reichhaltige Fundgrube, aus der für die unterrichtliche Bearbeitung von themenbezogenen Problem- und Aufgabenstellungen vom Lehrer gezielt Informationen bereitgestellt werden können. Offen bleibt jedoch,
wie die intendierte Vermittlung von Alltagserfahrungen und politisch-
gesellschaftlicher Analyse theoretisch wie praktisch geleistet werden
kann, anhand welcher und wie begründeter Kriterien eine kritische, auf
das Durcharbeiten zum begreifenden Wissen zielende Auseinandersetzung
mit den unmittelbaren Erfahrungen der Schüler in der Praxis eines offenen Unterrichts im Sinne von Tegtmeyer realisiert werden kann.

Nr. 205

Richtlinien- und Handreichungskommission für den politischen Unterricht:
"Über meine Freizeit bestimme ich allein" - Von
den Möglichkeiten und Grenzen des Freizeitverhaltens.
Hrsg.: Der Kultusminister des Landes Nordrhein-
Westfalen. Planungsmaterial für den Politischen
Unterricht I. Düsseldorf: Hagemann, 1973, 25 S.

Einsatzmöglichkeit: 9. und 10. Jg.; Politik, Kunst, Deutsch, Geschichte, Biologie, Sport, Religion, Erd-
kunde, Werken; 9 UStd.

Erprobungshinweise: Das Planungsmaterial kam in der Endfassung an
30 Haupt-, Realschulen und Gymnasien zum Einsatz
und wurde anschließend unter Verwertung der gewonnenen Erfahrungen überarbeitet.

Inhaltliche Schwerpunkte und Aufbau

In der UE wird die derzeitige Arbeits- und Freizeitsituation unter verschiedenen Aspekten aufgegriffen. Untersucht werden sollen zum einen
Grenzen und Bedingungsmomente des individuellen Freizeitverhaltens. Zum
anderen soll der Frage nachgegangen werden, auf welche Weise Chancen
der Selbst- und Mitbestimmung in der Freizeit genutzt und erweitert
werden können.

Als Lerninhalte werden empfohlen: 1. Arbeit und Freizeit. 2. Das Frei-
zeitbudget und die Organisation der Freizeit. 3. Freizeitverhalten in
der Familie. 4. Die Infrastruktur der Freizeit. 5. Zwänge in der Freizeit. 6. Freizeitgesellschaft "Richtung 2000".

Für die Unterrichtsplanung und -realisierung werden mehrere Einstiegsmöglichkeiten und verschiedene thematische Abfolgen und inhaltliche
Akzentuierungen angeregt. Das nachfolgende Schema zeigt beispielhaft
eine Variante eines fachübergreifenden Strukturmodells.

REPRODUKTION und FREIZEIT - Freie Zeit

Strukturierung des Unterrichtsmodells

0 Einstieg/Provokation	0.1 Kunst: Collage "Freizeit"
1 Arbeit und Freizeit	1.1 Deutsch: Literatur der Arbeitswelt
	1.2 Geschichte: Arbeit und Freizeit in der Sozial- geschichte 1.3 Biologie/Sport: Leistung, Stress-Erholung, Kompensation
2 Freizeitbudget	2.1 Geschichte: Entwicklung der Freizeit
3 Zwänge in der Freizeit	3.1 Kunst/Deutsch: Wohnen, Konsum, Werbung
	3.2 Religion: ethische Aspekte der Gesellschafts- politik
4 Infrastruktur der Freizeit	4.1 Erdkunde:Infrastruktur 4.2 Religion: Freizeiteinrichtungen der Kirchen
5 Freizeit "Richtung 2000"	5.1 Kunst: "Gestaltete" Landschaft 5.2 Werken: Modell

Bestandteile der UE sind: Fragebogen für die Einstiegsphase; Testaufga-
ben; Literaturauszüge und Kommentare zum Thema; Schülerarbeitsmaterialien.

Zielsetzungen

Zentraler Gesichtspunkt für die pädagogische Problematisierung des
Situationsfeldes Freizeit ist die Bewahrung und Behauptung von Glücks-
und Genußansprüchen. Das Unterrichtsmodell nimmt damit Bezug auf die
Richtlinien für das Fach Politik in den Klassen 9 und 10 des Landes
Nordrhein-Westfalen. Danach sollen die Schüler die Fähigkeit erwerben,
eigene Glücksansprüche vor Verfälschungen zu bewahren und durchzusetzen,
sofern dies nicht zu Lasten anderer geht, sowie die Fähigkeit und Bereitschaft entwickeln, diese auch anderen zuzugestehen und zu ermöglichen.

Methoden

Die Unterrichtsmethoden werden weitgehend durch die Analyse von Realsitua-
tionen (Beobachtungen, Informationssammlung, Auswertung von Situationen)
und die Arbeit mit Textmaterialien bestimmt. Ob einige Unterrichtssequenzen in Gruppen- oder in Partnerarbeit realisiert werden können, soll von

REPRODUKTION und FREIZEIT - Freie Zeit

den Vorerfahrungen und den besonderen Bedingungen der Lerngruppen abhängig gemacht werden.

Kritische Anmerkungen

Die vorliegende Unterrichtseinheit enthält in Konkretisierung der Richtlinien für den Politikunterricht des Landes NW variabel einsetzbare
Planungsmaterialien, die je nach Bedürfnis- und Interessenlage von Lehrern und Schülern erweitert und akzentuiert werden können. Das Unterrichtsmodell ist der Perspektive der Mit- und Selbstbestimmung im Frei-
zeitbereich verpflichtet. Im Ausgang von Analysen derzeitiger Freizeitsituationen und -bedingungen werden Szenarien utopischer und zukunfts-
orientierter Gestaltungsformen arbeitsfreier Lebensbereiche projektiert
und hinsichtlich ihrer unmittelbaren Handlungskonsequenzen befragt.

Eine systematische Auseinandersetzung mit den gesellschaftstheoretischen
Prämissen der Planungsmaterialien kann an dieser Stelle nicht geführt
werden. Die folgenden Hinweise auf Markierungspunkte und Implikationen
des Modells können mögliche Ansatzpunkte zu einer inhaltlichen Kritik
lediglich andeuten.

Die Lerninhalte der UE nehmen Bezug auf Teilelemente postindustrieller
Gesellschaftskonzeptionen. Die verfügbare Zeit außerhalb des Arbeits-
prozesses wird als zentraler Indikator sozialer und individueller Lebensqualität gesetzt. Nicht die Mit- und Selbstbestimmung der Menschen in
der gesellschaftlichen Produktion, sondern die aktive Gestaltung eines
sich im Zuge der weiteren technischen und sozialen Entwicklung der hoch-
entwickelten Industrienationen gesetzmäßig erweiternden Freizeitsektors
wird zum ausschlaggebenden Medium individueller Emanzipations- und gesellschaftlicher Innovationsprozesse. Weiterhin: Nicht die jeweilige
Stellung von Menschen, Gruppen, Schichten und Klassen zu den Produktions-
mitteln, sondern die je verfügbare freie Zeit entscheidet in dieser Sichtweise über die Chancen gesellschaftlicher und individueller Mit- und
Selbstbestimmung. Damit werden, so die Richtlinien- und Handreichungskommission, neben den bereits heute in Beruf und Haushalt doppelbelaste-
ten Frauen perspektivisch auch Manager und Freiberuflicher zu benachtei-
ligten Bevölkerungsschichten degradiert, während bspw. Teilzeitbe-
schäftigte (und arbeitslosenversicherte Arbeitnehmer?) sowie die Mehrzahl der Fachangestellten und -arbeiter tendenziell zu privilegierten
gesellschaftlichen Gruppen avancieren.

Nr. 206

AUFDERHEIDE, H.: Thema: Freizeit. In: ders.: Stundenvorbereitung.
                 Sozialkunde für die Sekundarstufe I. Dornburg-Frick-
                 hofen: Frankonius, 1975, S. 294 - 307.

Einsatzmöglichkeit: 10. Jg.; 1 Ustd.

Anhand einiger Beispiele werden Kriterien erarbeitet, die zur Beurteilung
und Bewältigung von Freizeitsituationen herangezogen werden können.

REPRODUKTION und FREIZEIT - Freie Zeit

Nr. 207

FÜRMANN, K. u.a.: Arbeit und Freizeit. Wiesbaden: HIBS, 1979. 96 S.
(unv. Ms.)

Einsatzmöglichkeit: Hauptschule; 10. Jg.; 136 Ustd.

Erprobungshinweise: 10. Jg. an hessischen Hauptschulen

Im Fach Gesellschaftslehre sollen ausgehend von einer analytischen
Erfassung des Zusammenhanges von Selbst- und Fremdbestimmung in Arbeit
und Freizeit emanzipatorische Handlungsstrategien entworfen werden.
Im Deutschunterricht geht es darum, Möglichkeiten der Freizeitgestaltung mit dem Medium Sprache zu untersuchen. In der Lernsequenz "Strategie eines Spiels" wird das Thema "Freizeit" in mathematischer Perspektive beleuchtet. Körperliche und seelische Belastungen am Arbeitsplatz
sowie komplementäre Regenerationsanforderungen stehen im Mittelpunkt
des Bausteins zur Biologie. In den Fächern Polytechnik / Arbeitslehre,
Musik und Sport wird ein Spiel- und Musikfest vorbereitet und - vor
allem auch - "Freizeit praktiziert".

REPRODUKTION und FREIZEIT - Wohnen und Umwelt

Nr. 208

AUBEL, U. u.a.: Wohnen - Wunsch und Wirklichkeit. Materialien zum
Unterricht - Heft 10. Polytechnik/Arbeitslehre 2.
Wiesbaden: HIBS, 1978. 117 S.

Einsatzmöglichkeit: 9. - 10. Jg.; Polytechnik/Arbeitslehre; 36 Ustd.

Inhaltliche Schwerpunkte und Aufbau

Dem Unterrichtsentwurf sind eine Gegenstandsanalyse zum Thema und eine
Zuordnung der projektimmanenten Groblernziele und der allgemeinen Zielvorstellungen der hessischen "Handreichungen PT/AL" vorangestellt worden. Ferner werden ausgearbeitete Zusatzlehrgänge zu einigen Aspekten
der Themenstellung angeboten.

Die inhaltliche Auseinandersetzung mit den vorgegebenen Problemstellungen folgt einem vorgängigen formalen Strukturmuster: Motivation, Schüler-
hypothese, Problementfaltung, -bearbeitung und -lösung, Überprüfung
(vgl. a. die Projektübersicht).

Zielsetzungen

Mit den "Handreichungen PT/AL" korrespondieren im thematischen Zusammenhang des Projekts vier übergreifende Lernziele: (1) Ausreichenden
Wohnraum als Voraussetzung für die Entfaltung menschenwürdigen Lebens
reflektieren und Konsequenzen ableiten; (2) Räumliche Konzeption und Ausstattung einer Wohneinheit planen; (3) Entwürfe modellhaft darstellen
und beschreiben; (4) Verschiedenartige Ergebnisse beurteilen.

Methoden

Ein Überblick über die empfohlenen Methoden kann der Projektübersicht
entnommen werden.

Kritische Anmerkungen

Es werden didaktische und methodische Markierungspunkte zum Projektverlauf skizziert und begründet, die von den Benutzern der Einheit zu konkretisieren, zu ergänzen und situationsabhängig zu variieren wären. Die
Zielsetzungen und Inhalte sind eng umrissen und realitätsnah auf die
Möglichkeiten schulischen Unterrichts in Abgangsklassen der Sekundarstufe I zugeschnitten: Es werden die Faktoren, die die Wohnqualität im Erfahrungshorizont der Schüler belasten (Größe, Lage, Lärm, Miete) in
innerarchitektonisch inspirierten Ideenskizzen für sog. Musterwohnun-
gen produktiv gewendet (Schülerhypothesen) und in ihrem Realitätsgehalt
am Beispiel "normaler" Neubauwohnungen gewichtet und reflektiert. Aus
den im Projektverlauf erworbenen Kenntnissen und Fertigkeiten ergibt sich
für die Schüler die Möglichkeit, ihre eigenproduzierten hypothetischen
Planungen im Lichte der realen ökonomischen Bedingungen einer "deutschen
Normalfamilie" zu korrigieren.

Die in schulischen Projekten häufig gesetzten rigiden zeitlichen Vorgaben implizieren eine inhaltliche Begrenzung auf einige wenige Aspekte.
In diesem Falle bleiben bspw. ausgeklammert: gesellschaftliche Rahmenbedingungen des Wohnens, sozialgeschichtliche Entwicklungen, soziale Ar-
chitektur sowie alternative Lebens-, Wohn- und Sozialformen. Das mag hin-
zunehmen sein. Kritisch anzumerken bleibt allerdings, daß die vorgängige

REPRODUKTION und FREIZEIT - Wohnen und Umwelt

Fixierung auf bautechnische und innenarchitektonische Lösungsvarianten
eine systematische Problementfaltung im Projektrahmen tendenziell zu
blockieren scheinen. Eine analytische Betrachtung der Wohnsituation der
Schüler findet nicht statt. Ebensowenig dürfte eine additive Zusammenfassung oder eine bewertende Hierarchisierung der entworfenen Ideenskizzen eine projektimmanente Verständigung und Entwicklung von gemeinsamen Kriterien zur Beurteilung von Wohnqualität ersetzen können. Es ist
kaum anzunehmen, daß die tradierten Wohnvorstellungen, die sich nicht
zuletzt in den vorgestellten luxuriösen Wunschwohnungen der Schüler
widerspiegeln, sich im Medium der Konfrontation von Modellentwürfen
und gebauter Realität zu sozial, ökonomisch und architektonisch sinn-
vollen und zukunftsorientierten Konzepten verdichten, wenn nicht zuvor
eine perspektivische Vorstellung von dem entwickelt wird, was sein soll.

Nr. 209

ANDRITZKY, K., SELLE, G. (Hrsg.): Lernbereich Wohnen. Grundlagen -
Materialien. Lernbeispiele. Reinbek b.Hamburg:
Rowohlt, 1979, 2 Bände, 818 S.

Einsatzmöglichkeit: Sek. I und II, Hochschule, Erwachsenenbildung,
Bürgerinitiativen und Aktionsgruppen; Kunst, Geschichte, Deutsch, Religion und Werken

Erprobungshinweise: Hauptschule (Lernbeispiel 1), Gymnasium Oberstufe
(Lernbeispiel 2), 10. Realschulklasse (Lernbei-
spiel 3)

Inhaltliche Schwerpunkte und Aufbau

Die in den beiden Bänden zum Gesamtkomplex "Wohnen" enthaltenen Sachbeiträge sind nach Teil- und Einzelthemen aufgeschlüsselt. Der erste Band
umfaßt den "Innenbereich" (Wohnraum und Wohnung) und der zweite Band
den "Außenbereich" (Wohnhaus, Wohnumfeld, Quartier, Dorf). Jedem Sach-
beitrag ist eine knappe Inhaltsangabe vorangestellt. Es folgt eine Pro-
blem- und Sachdarstellung. Tips für die Lehr-/ Lernpraxis sind im Text
eingestreut oder auch am Ende des Beitrages zusammengefaßt.

Jeder Band enthält weiterhin mehrere Lernbeispiele aus dem Kunstunter-
richt verschiedener Schulformen und unterschiedlicher Jahrgangsstufen.
Die dokumentierten Unterrichtsbeispiele sind mehrperspektivisch und pro-
jektförmig angelegt. Für den im Fach Arbeitslehre/Polytechnik unterrichtenden Lehrer dürften insbesondere drei der insgesamt sieben Projektbei-
spiele von Interesse sein:

1. Lernbeispiel: Schüler entdecken ihr Dorf

Der Unterricht wurde mit einer 5. Klasse (Orientierungsstufe) durchgeführt. Pro Woche stand eine Doppelstunde zur Verfügung (Gesamtdauer:
32 Unterrichtsstunden).
Der dokumentierte Unterrichtsverlauf läßt sich in drei Phasen unter-
gliedern: (1) Zeichnen eines Bauernhofes mit Tieren; (2) Besuch auf
verschiedenen Bauernhöfen; (3) Konzeptionierung und Herstellung einer
Unterrichtsdokumentation.

REPRODUKTION und FREIZEIT - Wohnen und Umwelt

2. Lernbeispiel: "So wohne ich - so will ich wohnen".

Der Unterricht fand als dreistündiger Grundvorkurs und als fünfstündiger Leistungsvorkurs an der Oberstufe zweier Gymnasien während eines Schulhalbjahres statt. Die Kurse gliederten sich in fünf Phasen: (1) Darstellung und Analyse der eigenen Wohnsituation; (2) Wohnbedarf und Wohnbedürfnisse; (3) Analyse des Möbelmarktes; (4) Wohnen in der Vergangenheit; (5) Alternativen zum herkömmlichen Wohnen.

3. Lernbeispiel: "Die Weserrenaissance"

Dieses Beispiel, das den Unterricht in einer 10. Realschulklasse dokumentiert, zeigt, wie in Kooperation mehrerer Lehrer und mit Unterstützung einiger örtlicher Experten ein Projekt geplant und durchgeführt werden könnte, wenn eine aktuelle Situation (hier die Sanierung eines alten Stadtkerns) die beteiligten Schülerinnen und Schüler anregt, ihre Interessen und Vorstellungen aktiv einzubringen.

Zielsetzungen

Den Lernbeispielen ebenso wie den diversen didaktischen Hinweisen der Sachbeiträge liegt die Absicht zugrunde , Möglichkeiten eines wirklichkeitsbezogenen Lehrens und Lernens exemplarisch zu demonstrieren. Bewußt wird darauf verzichtet, fertige Stundenentwürfe vorzustellen. Denn erstens - so wird argumentiert - würden spezifische Handlungssituationen und -bedürfnisse in strukturierten und formalisierten Unterrichtsbeispielen prinzipiell negiert. Zweitens seien vorgeformte, unmittelbar auf die unterrichtliche Praxis bezogene Curriculumkonstrukte in der Regel durch einen Mangel an Wirklichkeitsbezug gekennzeichnet.

Die gegenüber gängigen curricularen Konzeptionen skeptische erziehungswissenschaftliche Orientierung des Autorenkollektivs impliziert zugleich eine gegenüber vorgängigen Lernzielformulierungen ablehnende Positionsbestimmung. Die Autoren plädieren stattdessen für eine unterrichtliche Praxis, in der Lernziele und -formen von Lehrenden und Lernenden gemeinsam festgelegt und geplant werden. Die Sicherung der Selbstorganisation der Schüler hat dabei zur Konsequenz, daß die projektierte Unterrichtsplanung in allen Phasen für Korrekturen, Konkretisierungen und Ergänzungen offenbleiben soll.

Methoden

Nach Auffassung der Autoren ergeben sich aus der skizzierten erziehungswissenschaftlichen Orientierung einige grundlegende didaktisch-methodische "Leitlinien":

(1) Die gegenständliche und soziale Lebenspraxis müsse zum Ausgangspunkt schulischer Arbeits- und Lernprozesse gemacht werden.

(2) Die tradierten, vom Lehrer vorgeplanten, inhaltlich und methodisch strukturierten Lernprozesse sollen zugunsten einer Gruppenarbeit überwunden werden, die eine solidarische Praxis initiiert und fördert.

(3) Lernprozesse sollen auf die Herstellung sinnlich-gegenständlicher Produkte gerichtet sein.

(4) Schulisches Lernen sollte die Teilnahme an unmittelbaren Veränderungsprozessen intendieren.

REPRODUKTION und FREIZEIT - Wohnen und Umwelt

(5) Ästhetisch-praktische Lernformen ermöglichen neben kognitiven insbesondere auch sinnlich-praktisch dimensionierte Auseinandersetzungen mit der Wirklichkeit.

(6) Im schulischen Unterricht sollte mehrperspektivisch, wenn möglich fächerübergreifend gearbeitet werden.

Kritische Anmerkungen

Die Autoren plädieren für einen handlungsorientierten und selbstbestimmten Unterricht. Eine Gegenüberstellung der vorgängigen didaktischmethodischen "Leitlinien" einerseits und der unterrichtlichen Praxis andererseits verweist jedoch auf gravierende konzeptionelle Diskrepanzen, die Rückfragen an die pädagogische Orientierung des Autorenkollektivs aufwerfen. Einige Beispiele:

- In den "Leitlinien" wird der pädagogische Sinn von Lernziel-Katalogen unter Hinweis auf die "autoritäre Rücksichtslosigkeit" von UE negiert. Auf der anderen Seite wird im dritten Lernbeispiel der Schilderung des Unterrichtsverlaufs eine Zusammenstellung intendierter Projektziele vorausgeschickt.

- Die Unterrichtsergebnisse, die laut "Leitlinien" von den Schülern eigenverantwortlich festzulegen seien, werden in den Beispielen 1 und 2 bereits vor Projektbeginn von den beteiligten Pädagogen entworfen.

- Die geforderte Teilnahme an gesellschaftlichen Veränderungsprozessen wird im dritten Beispiel von einer der acht Arbeitsgruppen ansatzweise und im zweiten Beispiel annäherungsweise erreicht.

Mir scheint, daß die angedeuteten Differenzen weniger dem praktischen Unvermögen der beteiligten Pädagogen geschuldet sind, sondern vielmehr auf einen konzeptionellen pädagogischen Rigorismus zurückgeführt werden können, der sich vornehmlich aus einer zur gängigen Schulpraxis antithetischen Haltung speist. Insofern sind die impliziten Orientierungen der Unterrichtsbeispiele eher als die ihnen vorgeblich zugrundeliegenden "Leitlinien" geeignet, Grundsätze und Möglichkeiten eines handlungsorientierten Unterrichts aufzuzeigen. Obwohl also die pädagogischen Grundsätze sich in den dokumentierten Projekten nur teilweise wiederfinden und obgleich die journalistischen Ambitionen der Herausgeber einer systematischen Begründung und Entfaltung der Perspektiven eines handlungsorientierten Unterrichts eher abträglich sind, zeigen die Lernbeispiele doch Möglichleiten, wie es gelingen kann, die Kooperationsfähigkeit, die Kritikfähigkeit, die Kreativität und die Einsatzbereitschaft der Schüler herauszufordern und die potentiellen Fähigkeiten und Fertigkeiten der an den Projekten Beteiligten auf die schulische und außerschulische Praxis zu projizieren. Und gerade weil die Schüler bei der Gestaltung der produktorientierten Handlungsprozesse nicht mit abstrakten Ansprüchen überfordert wurden und insofern die Ermittlung und Umsetzung der Schülerinteressen dem Unterrichtsprozeß nicht vorausgesetzt wurde, sondern selbst handlungsorientiert in den unterrichtlichen Ablauf integriert war, wurde es den Lernenden möglich, ihre Arbeits- und Lernprozesse über weite Phasen selbstorganisiert zu gestalten.

REPRODUKTION und FREIZEIT - Wohnen und Umwelt

Die dokumentierten Lernbeispiele skizzieren somit in exemplarischer
Absicht ein didaktisch-methodisches Kontrastprogramm zum "normalen" schulischen Unterricht. Die vielfältigen Lernmaterialien ebenso wie die Lehr-
und Lernprozesse, über die berichtet wird, signalisieren, wie schulischer
Unterricht aussehen könnte. Zwar wurden die referierten UE z.T. unter
optimalen personellen und institutionellen Bedingungen durchgeführt,
(fächerübergreifende Kooperation von Lehrern, Einbeziehung von außerschulischen Experten, Zusammenarbeit mit Stadtverwaltungen, Archiven,
Museen und öffentlichen Medien), es dürfte aber auch unter weniger gün-
stigen Voraussetzungen möglich sein, eine Reihe der didaktisch-methodischen Hinweise und Anregungen aufzunehmen und für thematisch ähnlich gelagerte Unterrichtsprojekte zu adaptieren.

Nr. 210

AUFDERHEIDE, H. u.a.: Arbeitslehre 1. Wohnung und privater Haushalt.
Technik - Wirtschaft - Beruf. Limburg: Frankonius,
1978, 183 S.

Einsatzmöglichkeit: Sek. I; Techniklehre/Wirtschaftslehre/Berufskunde;
65 UStd.

Erprobungshinweise: Die Unterrichtsreihe wurde mehrfach schulpraktisch
erprobt und überarbeitet.

Die thematischen Schwerpunktsetzungen nehmen Bezug auf den bisherigen
Erfahrungshorizont und die zukünftigen lebenspraktischen Aufgabenstellungen der Schüler. Im technologischen Bereich werden Probleme und
Lösungsmöglichkeiten beim Bau und der Einrichtung einer Wohnung sowie
bei der Gestaltung von Außenanlagen thematisiert und spezifische Reali-
sierungswege in der Arbeit an Modellen selbständig erprobt und ausge-
führt. In der Wirtschaftslehre erwerben die Schüler fundamentale Einsichten zu folgenden Bereichen: Einkünfte im privaten Haushalt, Spar- und
Anlagemöglichkeiten, Kreditaufnahme, bargeldloser Zahlungsverkehr. In
den berufskundlichen Sequenzen werden die Aufgabenfelder von Maurern,
Zimmerern, Betonsteinherstellern und Architekten aufgezeigt.

Nr. 211

BAUMANN, K., SALZMANN, I.: Stadtplanung im Unterricht. Planen und Wohnen
als Umwelterfahrung und soziales Verhalten. Köln:
M. Dumont Schauberg, 1974, 184 S.

Einsatzmöglichkeit: Sek. I; Kunsterziehung

Zum Problembereich Stadtplanung werden u.a. folgende Unterrichtsmodelle
vorgestellt: (1) Sanierung eines Teilbereichs des Duisburger City-Kern-
bereichs; (2) Planung eines Jugendzentrums unter Zugrundelegung eines
Wettbewerbs der Stadt Duisburg; (3) Planung einer Schule; (4) Aktion:
Toter Platz.

REPRODUKTION und FREIZEIT - Wohnen und Umwelt

Nr. 212

ECKARDT, P., STIEGELER, A.: Thema: Jugendzentrum. Modelle von Plan-
              spielen. In: Dies.: Das Planspiel in der politi-
              schen Bildung. Frankfurt: Diesterweg, 1973, S.30-35

Das Jugendzentrum einer Stadt mit 80.000 Einwohnern soll geschlossen
werden, weil dort Haschisch geraucht wurde, Gammler ein- und ausgehen,
sozialistische Aktionsgruppen die Räume des Zentrums benutzen und min-
derjährige Jugendliche flirten. An dem Strategieplanspiel beteiligen
sich die Fraktionen eines Stadtrates, die pädagogische Leitung des
Jugendzentrums, Jugendgruppen, unorganisierte Jugendliche, der Stadt-
jugendring und die örtliche Presse.

Nr. 213

GOETZ, V., KOSCHIG, M. (Redaktion): Gemeinde.
              Unterrichtsmodelle Sozialkunde. Bad Kreuznach: RPZ.
              1977, 92 S.

Einsatzmöglichkeit: Sek. I (alle Schularten); Sozialkunde; 10 Ustd.

Der Unterrichtsgegenstand "Gemeinde" wird aufgegliedert in drei Teil-
themen behandelt:

- Die den Gemeinden gestellten bzw. von diesen übernommenen Aufgaben.
- Zusammenschlüsse von Gemeinden zur Bewältigung größerer Aufgaben.
- Die Teilnahme am politischen Entscheidungsprozeß.

Nr. 214

GRONEMEYER, M.: Wohnen und Wohnumwelt in der Industriegesellschaft.
              In: Endlich, H. (Hrsg.): Politischer Unterricht
              in der Haupt- und Realschule. Beiträge aus Theorie
              und Praxis. Frankfurt a.M., Berlin, München, 1972,
              S. 159 - 196.

Einsatzmöglichkeit: Hauptschule, Sek. I; Politik; 13 Ustd.

Das Unterrichtsmodell schlüsselt sich in 5 Teilgebiete auf: (1) Boden-
recht und Wirtschaftsinteressen; (2) Eigenheim/der Mietwohnung; (3)
Öffentlichkeit; (4) Bevölkerungsstruktur und Bedürfnisdifferenzierung;
(5) Verdichtung - Auflockerung; Flexibilität - Mobilität.

Nr. 215

HABRICH, H.: Simulationsgebundene Unterrichtsverfahren. In: Schule -
              Wirtschaft. Sonderheft 1979, 7, 1 - 50.

Einsatzmöglichkeit: Hauptschule 10. Jg.; Wirtschaftslehre/ -geographie,
              Deutsch, Geschichte/Politik, Kunst.

REPRODUKTION und FREIZEIT - Wohnen und Umwelt

Anhand zweier Fallstudien (Umwandlung einer Bahnhofsstraße in eine Fuß-
gängerzone; Neugestaltung eines Marktplatzes) werden die Schüler in
Voraussetzungen, Verflechtungen und Folgen politischer und wirtschaftlicher Planungs- und Entscheidungsprozesse eingeführt.

Nr. 216

JANSSEN, B. u.a.: Wohnen.
                  In: ders.: Erfahrung - Kritik - Ermutigung. Metho-
                  disch kommentierte Materialien für die Haupt-,
                  Real- und Berufsschule sowie die außerschulische
                  Jugendarbeit. Modell für den politischen und sozial-
                  wissenschaftlichen Unterricht. Band 32. Frankfurt/
                  Köln: Europäische Verlagsanstalt, 1977, S. 43 - 64.

Ausgehend von den Vorstellungen der Schüler zum Bereich Wohnen werden
Möglichkeiten des Wohnens und die damit verbundenen Vor- und Nachteile
erarbeitet. Abschließend setzen sich die Schüler mit schichtenspezifischen Wohnformen und -kulturen auseinander. Die Vorschläge zum Unterricht werden ergänzt um Unterrichtstips zur flexiblen Gestaltung der
Einzelschritte.

Nr. 217

KAISER, F.-J.: Unterrichsprojekte "Urbanes Wohnen" als Gegenstand schul-
               praktischer Studien im Kooperationsbereich Arbeits-
               lehre. In: Zeitschrift für Pädagogik, 1972, 11, 180
               - 193.

Im Rahmen des Modells sollten neue, auf Erziehung zur Emanzipation und
zur Mündigkeit gerichtete unterrichtliche Verfahren entwickelt und evaluiert werden. Ausgangspunkt des Projekts bildete ein Ideenwettbewerb
zur Stadtsanierung, an dem sich die 7. Klasse einer Hauptschule betei-
ligte. Die dokumentierte Unterrichtsreihe integrierte die Fächer Arbeitslehre, Hauswirtschaft, Politik, Technik und Werken.

Nr. 218

KNÖTZSCH, D.: Verkehr in Ballungsräumen. Ein Unterrichtsmodell für die
              Sekundarstufe I. Hamburg: Verlag Erziehung und
              Wissenschaft, 1976, 39 S.

Das Unterrichtsmodell greift Erscheinungsformen der Verkehrsproblematik
in Ballungsräumen auf und analysiert wirtschaftliche, politische, räumliche, soziale und sozialpsychologische Zusammenhänge des Phänomens
Auto. Unterschiedliche Lösungsansätze werden hinsichtlich ihrer Inter-
essen-, Ziel- und Konzeptstruktur befragt.

REPRODUKTION und FREIZEIT - Wohnen und Umwelt

Nr. 219

KRAMER, J., LUEG, W.: Unterrichtseinheit Wohnen. In: Landesinstitut für
schulpädagogische Bildung des Landes Nordrhein-
Westfalen: Technik in der Sekundarstufe I - Vorschläge
für die Unterrichtspraxis. Schriftenreihe Lehrerfortbildung. Didaktische Handreichungen - Heft 6. Düsseldorf, 1976, S. 33 - 53.

Einsatzmöglichkeit: Hauptschule, 8. und 9. Jg.; Technik.

Ausgehend von der Wohnsituation der Schüler wird eine Wohneinheit für
einen 4-Personenhaushalt geplant, im Grundriß gezeichnet und im arbeitsteiligen Verfahren maßstab- und werkstoffgerecht angefertigt. Die Erkundung einer Neubauwohnung soll den Rückbezug des Unterrichts zur Realität
sichern.

Nr. 220

KUHL-GREIF, M.:   Probleme der Bevölkerung in kleinen Gemeinden.
                      Modelle für den politischen und sozialwissenschaft-
                      lichen Unterricht - Band 19. Frankfurt: Europäische
                      Verlagsanstalt, 1973, 94 S.

Einsatzmöglichkeit: 8. Jg.; Gesellschaftslehre.

Es werden Unterrichtsbausteine zu den Teilbereichen Erwerbstätigkeit,
Landwirtschaft, Schul- und Berufsausbildung bereitgestellt, die in
Kombination oder wahlweise eingesetzt werden können. Den Sequenzen sind
themenbezogen Schülermaterialien zugeordnet, die jeweils um ortsspezifi-
sche Arbeitsunterlagen zu ergänzen wären.

Nr. 221

MARCKS, L. u.a. (Bearb.): Wohnraum. Materialien für den Unterricht der
                      9. Jahrgangsstufe an Berliner Gesamtschulen. Berlin:
                      Pädagogisches Zentrum, 1977[2], 78 S.

Einsatzmöglichkeit: Gesamtschule 9. Jg.; 36 Ustd.

In dieser UE sollen behandelt werden: Kriterien für die Wahl einer Wohnung; Raumgrößen, Raumzuordnung und Grundrißbeurteilung; Wohnungsplanung
für Familie Puschke; Kosten und Finanzierung der Möblierung; Wohnungs-
arten, Bauqualität, Wohngeld; Wohnraumangebot; Störung der Wohnruhe,
Energieversorgung des Haushalts.

REPRODUKTION und FREIZEIT - Wohnen und Umwelt

Nr. 222

PRÖCKL, W.: Stadtplanung. Möglichkeiten und Grenzen einer bürgernahen
Stadtgestaltung. Modelle für den politischen und
sozialwissenschaftlichen Unterricht, Band 30. Frank-
furt: Europäische Verlagsanstalt, 1976, 116 S.
Einsatzmöglichkeit: 11. Jg.; fächerübergreifend (Gemeinschaftskunde,
Deutsch, Mathematik, Kunst); 70 Ustd.

Das Projektmodell zeigt mehrere problemorientierte Einstiegsmöglichkeiten
in das Thema auf. Aufbauend auf eine Ursachenanalyse der heutigen Stadt-
misere vermittelt der 2. Projektabschnitt die Entstehungsgeschichte der
Verstädterung im Zuge der Industrialisierung. Im dritten Teil stehen
stadtplanerische und städtebauliche Theorie und Praxis im Mittelpunkt,
die an einem Beispiel (Stadtsanierung) konkretisiert werden. Im letzten
Projektabschnitt werden spezifische Merkmale von Neubausiedlungen und
Trabantenstädten behandelt.

Nr. 223

Projekt Wohnen: Lernziel Emanzipation.
In: betrifft : erziehung, 1972, 7, 33 - 52.
Einsatzmöglichkeit: Sek.I und II.

Das Projekt versucht eine Analyse des sozialen Gehalts der gegenständ-
lichen Umwelt am Beispiel Wohnen. Die Schüler werten Informationsmaterialien aus, analysieren Wohnprospekte, montieren Modellwohnungen und lernen, eigene Vorstellungen vom "schöner Wohnen" zu hinterfragen.

Nr. 224

ROTH, E., STEIDLE, A.: Die Teppichsiedlung.
In: Werkpädagogische Hefte 1972, 3, 113 - 116.
Einsatzmöglichkeit: 9. - 12. Jg.; 6 Ustd.

Im Mittelpunkt des Werkunterrichts steht die Fertigung und Anordnung
von Winkeltyphäusern. Zugleich wird auf die Verflochtenheit der tech-
nisch-technologischen Momente und der ökonomischen, soziologischen und
politischen Faktoren abgehoben.

Nr. 225

ROTH, E., STEIDLE, A.: Das Parkhaus.
In: Werkpädagogische Hefte 1972, 3, 93 - 96.
Einsatzmöglichkeit: Hauptschule 8. - 10. Jg.; Sozialkunde; 6 Ustd.

Das Unterrichtsmodell ist in Variationen sowohl in der Grundschule als
auch in der 8. bis 10. Jgst. der Hauptschule realisiert worden. In
Kopplung mit dem werklichen Erstellen eines Parkhauses werden instrumen-
telle, ästhetische, sozialpolitische und technologische Aspekte des
Sachbereichs "Bauwelt - Verkehrsbau, Städtebau" erörtert.

REPRODUKTION und FREIZEIT - Ökologie und Umweltschutz

Nr. 226

HECTOR, H. u.a.: Schutz vor Lärm. Ein Unterrichtsprojekt für Hauptschüler. In: Schule kann auch anders sein. Drei
Versuche zum handlungsorientierten Lernen und zur
Arbeit im Lehrerteam. Reinbek b. Hamburg: Rowohlt,
1979

Einsatzmöglichkeit: Hauptschule 8. Jg.; Arbeitslehre, Technik, Physik,
Gemeinschaftskunde, Biologie; 20 - 30 Ustd.

Erprobungshinweise: Das Projekt wurde in drei Phasen an der Bielefelder
Laborschule und nacheinander in den 8. Klassen
dreier Hauptschulen evaluiert.

Literaturhinweis: Originalfassung der UE zu beziehen über: Kurt
Liebenberg: Universität Bielefeld, Fakultät für
Pädagogik, Postfach 8460, 4800 Bielefeld 1.

Inhaltliche Schwerpunkte und Aufbau

Unterrichtsverlauf und Lernschritte der Schüler lassen sich grob in
drei Phasen unterteilen: (1) Einübung / Vorübungen; (2) Erkundungen /
Handeln; (3) Reflexion / Selbstevaluation.

Das Projekt beinhaltet folgende Themenbereiche:

(1) *Einführung:* Es gibt neben objektiven Merkmalen (Lautstärke, Ton-
höhe) viele subjektive Beurteilungskriterien, die ein Geräusch als
angenehm oder unangenehm erscheinen lassen.

(2) *Lärmbelästigung als physikalisch-technisches Problem:* Lärmbelastung
und Lautstärke schätzen und klassifizieren (z.B. "laut", "mittel",
"leise"); Schätzungen überprüfbar und operationalisierbar machen.
Meßmethoden kennenlernen oder selbst erfinden. Selbst messen,
Schätzungen überprüfen; in der Umwelt oft erlebte Lärmbelastungen
(Schule, Straße, Disko ...) messen. Lautstärke und "Belästigungsgrad" vergleichen.

(3) *Lärmbelästigung als personenbezogenes Problem:* Eigene Empfindungen
sind Beurteilungsmaßstab. Beurteilen andere anders?; können Beur-
teilungsunterschiede ausgeglichen werden? Wann, wo und wie?;
Einschätzungen, Empfindungen und Beurteilungen anderer kennenlernen und in eigene Überlegungen einbeziehen. (Dabei Erhebungs-
techniken wie Befragungen, Interviews und Auswertetechnik kennenlernen, selbst entwickeln und selbst anwenden; Lärmproblem als
Problem der jeweils Betroffenen bearbeiten. Konflikte auf unterschiedliche Art der Betroffenheit zurückführen; "Belästigungsgrad"
mit der jeweiligen Situation vergleichen.

(4) *Lärmbelästigung als Gesundheitsproblem:* Wie funktioniert das Ohr?;
Lärmschwerhörigkeit - Was geht kaputt? Die Lärmschäden im Innenohr
sind unheilbar; andere Lärmschäden: Lärm belastet den Kreislauf,
das Nervensystem, das Wohlbefinden allgemein. (Wann? In welchen
Situationen?); physische und psychische Lärmschäden erschweren das
Zusammenleben (z.B. in der Familie, am Arbeitsplatz, in Versamm-
lungen usw.); statistische Betrachtung gesundheitlicher Lärmschäden.

REPRODUKTION und FREIZEIT - Ökologie und Umweltschutz

(5) *Gesellschaftliche Maßnahmen gegen Lärm:* Wo tritt Lärmbelastung auf, wie wird sie bekämpft?; Welche Lärmschutzvorschriften gibt es im Betrieb, in der Stadt, in der Wohnung?; Wer macht die Vorschriften, wer überwacht die Einhaltung, wie wird überwacht? Wie sind die Betroffenen beteiligt?; Wie verhalten sich die Vorschriften zu dem Wissen über Lärmfolgen?; Wie empfinden die Betroffenen "zulässigen" und "unzulässigen" Lärm?; Was wissen die Betroffenen über Lärmschutzvorschriften, beachten sie solche Vorschriften, halten sie sie für wichtig, für angemessen?

(6) *Physikalische, technische, biologische Maßnahmen gegen Lärmfolgen:* Physik der Lärmerzeugung und Lärmausbreitung; Technische Lärmschutzmaßnahmen (verwirklichte und mögliche); Gesundheitsschutz; (Vorsorge, verwirklichte Maßnahmen, Möglichkeiten), Behandlung von Lärmfolgen, auch sozialmedizinisch; Renten; Verordnungen, Gesetze, Richtlinien; Was wissen die Betroffenen über Lärmbekämpfung, wie schätzen sie die Wirksamkeit ein?

(7) *Interessenvertretung, Interessenkonflikte in der Arbeitswelt:* Ökonomische Hintergründe; Gewerkschaften und ihre Aufgaben; Arbeitsrecht, besonders Betriebs-Verfassungsrecht; Betriebsaufbau, Arbeitsplätze, Betriebshierarchie.

Weiterhin werden Aussagen zu den angestrebten Lernvorgängen im affektiven Bereich, auf der sozialen Ebene und bei den Verhaltensformen der Schüler gemacht.
Die UE enthält ausführliche Berichte über die Erprobungsphasen in der Bielefelder Laborschule, über den Unterrichtsverlauf in den am Modellversuch beteiligten Hauptschulen - und über die Möglichkeiten eines flexiblen Einsatzes in der Schulpraxis. Abschließend beschreiben die Mitarbeiter der Evaluationsgruppe, was sie in der Rolle und Funktion als Unterrichtsbeobachter bzw. Evaluatoren unternommen und gelernt haben.

Zielsetzungen

Die Schüler sollen Erscheinungszusammenhänge, Ursachen und Wirkungen von Lärm kennenlernen. Sie sollen Maßnahmen erfinden, erproben und anzuwenden wissen, die sie und ihre Umwelt vor Lärm schützen. Dazu sind Kenntnisse aus den naturwissenschaftlich-technischen Fächern und aus dem Bereich der Gesetzgebung und der gesellschaftlichen Ursachen der Lärmbelästigung erforderlich.

Methoden

Als Arbeitsformen dominieren Gruppenarbeit, -berichte und Plenumsdiskussionen. Im Zentrum der Einheit steht eine aspekthafte Betriebserkundung. Sie soll als Gegenstand und Bezugspunkt der Projektarbeit ein realitätsbezogenes, offenes, parteiliches und produktives Lernarrangement ermöglichen. Für die Reflexions- und Selbstevaluationsphase wurde ein kombiniertes Plan- und Rollenspiel entwickelt und im Unterricht eingesetzt. Zur Vor- und Nachbereitung der Betriebserkundung werden als externe Experten Gewerbeaufsichtsbeamte und in einigen Fällen Arbeitsmediziner, Verbandsvertreter und Betriebsangehörige herangezogen. Für die Dokumentation der Erhebungen und die unterrichtliche Arbeit stehen Tonbänder, Video-Anlagen, Sofortbildkameras, Kassettenrekorder und Lärmmeßgeräte zur Verfügung.

REPRODUKTION und FREIZEIT - Ökologie und Umweltschutz

Kritische Anmerkungen

Das Taschenbuch ist als Werkstattbericht aufgemacht. Es werden methodische, didaktische und organisatorische Erfahrungen aus drei Unterrichtsprojekten zu Kernthemen aus der Umweltorientierung und Selbsterfahrung der Schüler dokumentiert, die im Rahmen eines dreijährigen Modellversuchs zur Erforschung und Entwicklung naturwissenschaftlicher Curricula an der Universität Bielefeld entworfen und evaluiert worden sind. Neben der vorgestellten UE "Schutz vor Lärm" handelt es sich dabei um Unterrichtsprojekte zu den Themen "Unser Körper - unser Verhalten" und "Kollektives Lernen - Demontage, Analyse". Zielsetzung des Forschungsund Entwicklungsprojekts war es, Möglichkeiten der Dissemination von Curriculummaterialien aus der Bielefelder Laborschule auf weitere Schulen zu erkunden.

Die materiellen und personellen Ressourcen stellten sich aus der Sicht der beteiligten Schüler und Lehrer als Chance dar, übergangsweise die häufig unerfreuliche schulische Alltagspraxis zu durchbrechen. Sie wurde, das dokumentieren die informativ und lebendig geschriebenen Projektberichte der Hauptschullehrer, intensiv genutzt. Und darüber hinaus: Die Schüler zeigten sich informiert und engagiert, wenn es bspw. darum ging, ihre Fragen, Interessen und Positionen gegenüber externen Experten und Unternehmervertretern zu artikulieren. Die für die Hauptschulen zur Erprobung vorgesehenen Curriculum-Bausteine haben Aufforderungscharakter. Sie sind so konzipiert, daß sie eine flexible und situationsadäquate Einsatzweise nahelegen. Insofern sind die Projektberichte der beteiligten Lehrer auch ein Hinweis darauf, wie auf der Grundlage offener, handlungsorientierter Curriculummaterialien außerordentlich unterschiedlich akzentuierte Verlaufsformen schulischen Unterrichts entstehen können, wenn die von den Schülern ausgehenden Impulse, Ideen und Initiativen gezielt aufgegriffen und unterrichtlich integriert werden.

Die Evaluationsberichte und die Skizzen zur thematisch-inhaltlichen Struktur der UE gestatten es dem Leser, einen Einblick in den Entstehungs- und Realisierungsprozeß des Projektes zu gewinnen. Eine gewichtige, wenngleich häufig vernachlässigte Funktion dürfte dabei auch die graphische Gestaltung der curricularen Materialien gespielt haben, die in einer Art "Mischung aus Buch und Schmierzettel" aufgemacht sind. Auf der anderen Seite ist festzustellen, daß die literarischen Ambitionen der Verfasser an manchen Stellen doch allzu sehr zu Lasten einer sorgfältigen Deskription und Analyse der - leider - hin und wieder trockenen "handwerklichen" Details ausschlagen. Dem kritischen Rezipienten ist es deshalb zu empfehlen, ergänzend auf die Originalfassung des Unterrichtsprojektes zurückzugreifen.

Nr. 227

NOACK, K.-A., ROLAND, B.: Umweltschmutz - Umweltschutz.
                           Landeszentrale für politische Bildungsarbeit.
                           Berlin: Didaktische Modelle, 3. Berlin: Colloquium
                           Verlag, 1974, 169 S.

Einsatzmöglichkeit: Hauptschule 9. und 10. Jg.; Biologie, Geographie,
                           Chemie, Physik, Sozialkunde/Gesellschaftskunde;
                           22 Ustd.

REPRODUKTION und FREIZEIT - Ökologie und Umweltschutz

Erprobungshinweise: Die Reihe "Didaktische Modelle" der Berliner Landeszentrale für politische Bildungsarbeit stellt Ent-
würfe von Lernprozessen zur Diskussion, die von
Praktikern geplant, in der Schule erprobt und unter
Berücksichtigung der gewonnenen Erfahrungen weiterentwickelt worden sind. Die vorliegende Unterrichtseinheit wurde in der 10. Jgst. einer Berliner
Hauptschule und an einer Abendrealschule geplant
und durchgeführt.

Inhaltliche Schwerpunkte und Aufbau

Aus dem Gesamtkomplex der Umweltverseuchung und Umweltverschmutzung
werden beispielhaft die Sachgebiete (1) Luftverschmutzung, (2) Wasserverschmutzung, (3) Müllbeseitigung, (4) Lärmbelästigung ausgewählt und
jeweils hinsichtlich der Aspekte

- Art der Umweltbelastung,
- Ursachen, Herkunft und regionale Verteilung,
- Auswirkungen auf Lebensbedingungen und -formen,
- Maßnahmen und technische Verfahren zum Nachweis, zur Milderung, zur
  Verhinderung und zur Beseitigung von Umweltbelastungen

strukturiert und didaktisch-methodisch aufbereitet.

Bestandteile des Unterrichtsmodells sind: Sachanalyse; didaktische
Analyse; Tests zur Erhebung der Eingangssituation und zur Effektivitäts-
überprüfung; Tafelbilder; Medien- und Literaturhinweise.

Zielsetzungen

Die Autoren unterscheiden nach Richt-, Grob- und Feinzielen. Die folgenden Grobziele sollen übergreifende, langfristige pädagogische Intentionen konkretisieren und differenzieren sowie Bezugspunkte für die Operationalisierung von phasenbezogenen Unterrichtszielen formulieren. Die
Schüler sollen

- die wesentlichen Komponenten des ökologischen Gleichgewichts kennen,
- beschreiben können, warum und wie Menschen in das sie umgebende Öko-
  system eingreifen,
- die wesentlichsten durch den Menschen mittelbar oder unmittelbar
  verursachten Schäden, die wichtigsten Schadstoffe und deren gegenwärtige und zukünftige Auswirkungen kennen,
- lernen, wie sie sich über wichtige Verfahren zur Messung, Beseitigung
  und Verhütung von Umweltschäden sowie über die dafür erforderlichen
  Kosten informieren können,
- Machtverhältnisse und Entscheidungsprozesse in Politik, Wirtschaft
  und Gesellschaft in ihrer Bedeutung für den Umweltschutz durchschau-
  en können und Möglichkeiten kennen, gesellschaftschädigende Macht
  und unzulängliche Entscheidungen zu beeinflussen bzw. zu verändern.

Methoden

Im Unterrichtsgespräch werden Probleme herausgearbeitet, Gegenstands-
bereiche abgegrenzt, Fragestellungen formuliert sowie die Planung und
Durchführung der Unterrichtsstunden besprochen. In Gruppenarbeit werden
bereitgestellte Grundlagenmaterialien analysiert und Experten- und Pas-
santenbefragungen vorbereitet und ausgewertet. Bei Unterrichtsinhalten,
die ein hohes Abstraktionsvermögen der Schüler voraussetzen, finden
darüber hinaus Partner- und Einzelarbeit Anwendung.

REPRODUKTION und FREIZEIT - Ökologie und Umweltschutz

Kritische Anmerkungen

Das Unterrichtsmodell betont die politischen Gehalte des Themas. Die
Autoren sehen in den Umweltveränderungen eine gefährliche Bedrohung
der menschlichen Lebensbedingungen, plädieren für eine Neuorientierung
unserer Werteskala im Konsum- und Wirtschaftsbereich, betonen die Ver-
antwortung der Industrie und des Gesetzgebers und fordern statt bloßem
Aktionismus und idealistischer Appelle zur Beseitigung entstandener und
zur Vermeidung künftiger Umweltschäden behutsame Korrekturen des markt-
wirtschaftlichen Mechanismus und wirksame Kontrollmaßnahmen auf Bundes-,
Landes- und kommunaler Ebene.

Das Unterrichtsmodell ist dreistufig aufgebaut. Der Sachanalyse folgt im
Rahmen der didaktischen Analyse eine im wesentlichen am lerntheoretischen
Konzept der Berliner Schule orientierte Untersuchung der unterrichtlichen
Bedingungs- und Entscheidungsfelder. (Die Diskussion um die Trennung von
anthropogenen und soziokulturellen Voraussetzungen in der lerntheoretischen Didaktik kann an dieser Stelle nicht aufgenommen werden). Drittens
wird in Anwendung und Konkretisierung der Vorschläge und Anregungen des
Strukturmodells die Planung und Durchführung einer Unterrichtseinheit für
die 10. Jahrgangsstufe einer Hauptschule beispielhaft durchgespielt. Auf
diese Weise wird es dem Rezipienten möglich, einzelne Konstruktions-
schritte nachzuvollziehen und zu überprüfen. Theoretische und praktische
Inkonsistenzen können entdeckt und korrigiert werden. So ergeben sich im
vorliegenden Fall, wenngleich zu vermuten ist, daß der reale Unterrichtsverlauf sich in der Beschreibung der situativen Bedingungsfelder nur un-
vollkommen und in "bereinigter" Form widerspiegelt, bspw. eklatante Abweichungen zwischen Struktur- und Planungsmodell in der Analyse der sog.
anthropogenen Voraussetzungen des Unterrichts. Während die Hauptschüler
in der didaktischen Analyse als ausgesprochen konservativ, autoritäts-
fixiert, kulturdarwinistisch und fatalistisch abgestempelt werden, ergeben sich in der Erprobungsschule nahezu gegensätzliche situative Bedingungen.
Auf die Zusammenstellung und Konstruktion besonderer Schülerarbeitsmaterialien wurde verzichtet. Es bleibt Lehrern und Schülern überlassen,
aus der "äußerst umfangreichen und schon kaum mehr überschaubaren" Literatur die geeigneten Informationsquellen und Arbeitsunterlagen heraus-
zufinden.

Nr. 228

ANDRETZKE, U. u.a.: Herr Berger kriegt Ärger. Ein Fall zur Grund- und
                    Trinkwasserverschmutzung durch Mineralöl. Osterholz -
                    Scharmbeck: Verlag für Unterrichtsmaterialien, 1980,
                    68 S.

Einsatzmöglichkeit: Sek. I; Gesellschaftsw. Fächer; 13 Ustd.

Der Lernprozeß strukturiert sich nach vier Hauptphasen: Im Mittelpunkt
steht der Fall, dessen Problematik zunächst gesichtet und diskutiert
werden soll. Um sachlich Stellung zum Fall nehmen zu können, werden in
einer Informationsphase Fakten zur Verschmutzung des Grund- und Trink-
wassers vermittelt. Eine Betriebserkundung in einem Wasserwerk stellt

REPRODUKTION und FREIZEIT - Ökologie und Umweltschutz

den Bezug zur eigenen Umwelt der Schülerinnen und Schüler her. In einer weiteren Informationsphase wird die rechtliche Seite des Falls erarbeitet. Ferner ist geplant, in einem Rollenspiel eine fallbezogene Gerichtsverhandlung zu simulieren.

Nr. 229

AUFDERHEIDE, H.: Thema: Umweltschutz.
In: Ders.: Stundenvorbereitung. Sozialkunde für die Sekundarstufe I. Dornburg Frickhofen: Frankonius, 1975, S. 308 - 328.

Einsatzmöglichkeit: 10. Jg.; Sozialkunde; 2 Ustd.

Ausgehend von einer Sachorientierung zum Problemkomplex intendiert die Unterrichtseinheit, Impulse zu Bewußtseinsveränderungen auszulösen und die Bereitschaft zu umweltfreundlichem und umweltschützendem Verhalten zu fördern.

Nr. 230

BORRELLI, M.: Projekt: Umweltschmutz und Umweltschutz. Stuttgart: Metzler, 1974, 216 S.

Es werden ausgearbeitete Lernsequenzen zu den Themen Müll, Boden, Interessenkonflikte, Wasserverschmutzung, Lärm, Luftverschmutzung angeboten. Die Unterrichtsmodelle sind fächerübergreifend (Physik, Chemie, Biologie, Erdkunde, Geschichte, Politologie, Soziologie, Ökonomie, Kunst) konzipiert.

Nr. 231

ECKARDT, P., STIEGELER, A.: Thema: Umweltschutz. Modelle von Planspielen. In: Dies.: Das Planspiel in der politischen Bildung. Frankfurt: Diesterweg 1973, S. 19 - 29.

Erprobungshinweise: Das Planspiel wurde erstmalig mit Schülern einer 10. und 11. Klasse durchgeführt. Für die Vorbereitung, Durchführung und Auswertung wurden zwei Seminartage eingeplant.

In dem Planspiel agieren als Spielgruppen der Stadtrat einer Kleinstadt, Vorstand und Eigentümer eines großen Chemiewerkes, der Betriebsrat des Chemieunternehmens, eine Jugendgruppe, die Redaktion einer Lokalzeitung sowie die Spielleitung. Als sachliche Voraussetzungen werden von der Seminarleitung vorgegeben: eine enorme Verschmutzung der Gewässer durch den chemischen Betrieb; die finanzielle Abhängigkeit der Stadt von den Chemie-Werken; die unbedingte Angewiesenheit der Bewohner auf die Arbeitsplätze dieses Unternehmens. Strittig zwischen den Spielgruppen ist, ob die - finanzschwache - Stadt, oder aber das verursachende Unternehmen die Finanzierung einer dringend erforderlichen Kläranlage übernimmt.

REPRODUKTION und FREIZEIT - Ökologie und Umweltschutz

Nr. 232

HASSE, J.: Ein Unterrichtsbeispiel.
In: Ders.: Umweltschäden als Thema des Geographie-
unterrichts. Didaktische und methodische Überlegungen zur Behandlung geoökologischer Probleme.
Weinheim und Basel: Beltz, 1979, S. 80 - 97.

Einsatzmöglichkeit: Hauptschule 8. Jg.; Geographie; 8 Ustd. + Exkursion

Zur Einführung in den Beobachtungsgegenstand des Unterrichts setzen sich
die Schüler mit der Entstehung von Baggerseen und Umweltschäden und den
daraus resultierenden Problemen der Erholung der Menschen auseinander.
In einer Schülerexkursion zu Baggerseen werden die bisherigen Erfahrungen und Ergebnisse des Unterrichts mit der außerschulischen Realität
konfrontiert und vertieft. Das Unterrichtsbeispiel schließt mit der
Vermittlung der Möglichkeiten und Grenzen der Raumplanung.

Nr. 233

JAGENLAUF, M.: Beispiel für ein Modell - Projekt für eine integrierte
Arbeitslehre: "Auto und Verkehr". In: Ders.:
Theoretische und didaktische Aspekte einer integrier-
ten Arbeitslehre. Frankfurt: Lang, 1973, S. 154 - 176.

Einsatzmöglichkeit: 8. Jg.; Arbeitslehre.

Unter technischen, wirtschaftlichen, politischen, gesellschaftlichen und
psychologischen Aspekten werden als Problemfelder thematisiert: (1) Das
Auto als technische Erfindung; (2) Kauf und Gebrauch eines Autos; (3) Der
Einfluß des Staates auf Auto und Verkehr; (4) Mobilität - Chance und
Risiko; (5) Unfallstatistik - Unfallursachen.

Nr. 234

Stoppen wir die Müllawine! Müll ist Rohstoff und Energie.
In: Betrifft uns, 1978, 8.

Einsatzmöglichkeit: Sek. I und II; Politik, Gemeinschaftskunde, Sozialkunde, Wirtschaftslehre.

Das Planungsmaterial versucht einerseits den Zusammenhang zwischen der
Wegwerf-Produktion und den langfristigen Folgen für die Rohstoff- und
Energiesituation herzustellen und andererseits Handlungsalternativen
vorzuschlagen. Das Thema wird in fünf Sequenzen angegangen: (1) Wegwer-
fen - in den Müll; (2) Aufwendige Energieverpackungen; (3) Müll ist Rohstoff; (4) Einweg- oder Pfandflasche?; (5) Mehr kaufen - mehr Müll!

Nr. 235

STROHM, H.: Politische Ökologie. Arbeitsmaterialien und
Lernmodelle für Unterricht und Aktion.
Reinbek b. Hamburg: Rowohlt, 1979, 387 S.

REPRODUKTION und FREIZEIT - Ökologie und Umweltschutz

Die Schüler erarbeiten Problemkreise der Ökologie und Umweltzerstörung in den Lernmodellen: Grundlagen der Ökologie; Bevölkerungs- und Nahrungsprobleme; Energieprobleme; Wirtschaftswachstum; Güterproduktion, Rohstoffknappheit; Abfallprobleme und Recycling; Luft-, Wasser- und Bodenverschmutzung; Stadt- und Verkehrsprobleme; Arbeitsplatz und medizinische Versorgung; politische Alternativen und "sanfte Technologien".

Nr. 236

Verschmutzte Luft - schädlich für alle! In: Betrifft uns, 1980, 1, 1 - 20

Einsatzmöglichkeit: Sek. I und II; Politik, Gemeinschaftskunde, Sozialkunde, Wirtschaftslehre.

In fünf Unterrichtsphasen werden die Schülerinnen und Schüler mit den Verursachern von Luftverschmutzung sowie der zunehmenden umweltbedingten Gefährdung des Menschen konfrontiert. Sie erkennen zudem, daß die bisherigen gesetzlichen Maßnahmen zur Umweltpolitik die Luftverschmutzung nur begrenzen, nicht aber verhindern sollte. In den abschließenden beiden Lernsequenzen wird zum einen angestrebt, aus dem Widerstreit zwischen ökonomischen und ökologischen Zielsetzungen retardierende Momente einer zukunftsorientierten Umweltpolitik herauszudestillieren. Darüber hinausgehend entwickeln die Lernenden eigenverantwortlich realisierbare Handlungsstrategien zur Verhinderung von Luftverschmutzung.

Nr. 237

Was machen mit dem Müll - Lagern, Verbrennen oder Wiederaufbereiten? In: Betrifft uns, 1978, 7, 1 - 15

Einsatzmöglichkeit: Sek. I und II.

Ausgehend von der anfallenden Müllmenge wird exemplarisch für eine Stadt die Frage der Müllbeseitigung problematisiert. Im Entscheidungsprozeß zwischen Verbrennung und Kompostierung gewinnt die Frage nach der Wiederverwendung des Mülls zentrale Bedeutung.

Nr. 238

WOLFF, J.: Umweltverschmutzung - Umweltschutz. Ein Unterrichtsmodell für die Sekundarstufe I. Hamburg: Verlag Erziehung und Wissenschaft, 1975, 64 S.

Einsatzmöglichkeit: Sek. I; Politik (Geographie, Kunst).

In Gruppenarbeit sammeln und systematisieren die Schüler Materialien zu den Problemfeldern Luftverschmutzung, Bodenverschmutzung, Wasserverschmutzung, Essen und Trinken sowie Lärm. Anhand von Fallstudien werden die Arbeitsergebnisse überprüft und erweitert. Bevor die Erkenntnisse in politische Aktionsplanungen umgesetzt werden, erfolgt eine Aufarbeitung nationaler und internationaler Lösungsansätze.

REPRODUKTION und FREIZEIT - Familie

Nr. 239

BLEEKE, K., JÜRGENSEN, E.: Familie heute. Entstehung, Aufgaben und
Probleme. Modelle für den politischen und sozial-
wissenschaftlichen Unterricht, Band 31. Frankfurt,
Köln: Europäische Verlagsanstalt, 1977, 134 S.

Einsatzmöglichkeit: Orientierungsstufe und Sek. I; Politik, Geschichte.

Inhaltliche Schwerpunkte und Aufbau

Das Unterrichtsprojekt gliedert sich in zwei Hauptkomplexe. Während im
ersten Teil historische Entwicklungsmomente im Vordergrund stehen, wird
die Themenstellung im zweiten Abschnitt unter sozialisationstheoreti-
chen Aspekten aufgearbeitet. In beiden Dimensionen werden klassen- und
schichtenspezifische Differenzierungen und Gegensätze konstitutiv aufgenommen.

Im ersten Komplex wird die Form der heutigen Familie aus ihrem historischen Entstehungszusammenhang erklärt. Die Familie wird in Abhängigkeit
von den jeweiligen Produktionsverhältnissen gesehen, deren Entwicklung
über den Feudalismus, die einfache Warenproduktion, das Manufaktur-
system sowie den Kapitalismus bis zur Gegenwart hin verfolgt wird. Im
zweiten Abschnitt wird anhand aktueller Fallbeispiele gezeigt, wie sich
die sozioökonomischen Grundbedingungen der gegenwärtigen Gesellschaft
in den Lebens- und Erziehungsverhältnissen der Familie widerspiegeln.
Es werden Ausschnitte aus den Arbeits- und Lebensbedingungen von Unter-
schicht- und Mittelschichtfamilien gegenübergestellt und hinterfragt.
Behandelt werden bspw.: Arbeitsplatzbedingungen, Wohnumwelt, Erziehungs-
situation, Schullaufbahnen.

Bestandteile des Projektentwurfs sind: Fallschilderungen, Fragebogen,
Arbeitsblätter, Tafelbilder, Textkärtchen, Folien, Comics, Grundlagentexte, Medien- und Literaturhinweise.

Zielsetzungen

Es soll das ideologische Deutungsmuster infrage gestellt werden, die
Familie könne als ein privater und natürlicher Lebensbereich frei von
historischen, gesellschaftlichen und ökonomischen Verhältnissen gedacht
werden. Vermittelt werden soll ferner die Einsicht, daß eine Verbesserung der Lebens- und Erziehungsverhältnisse der Familie nicht nur eine
Kritik der patriarchalisch-autoritären Erziehungsnormen voraussetzt,
sondern auch eine Demokratisierung der Arbeitsverhältnisse zur Voraussetzung hat.

Methoden

Das Modell basiert auf einem didaktischen Stufenkonzept: Einstellungs-
befragung der Schüler - Offenlegung des Lernrahmens - geschichtlicher
Exkurs - Überprüfung der vorgängigen Einstellungen - Übertragung der
gesellschaftlich-historischen Erkenntnisse auf gegenwärtige Familien-
situationen. Innerhalb dieser Stufenfolge können einzelne Lernsequenzen variabel im Sinne des Baukastenprinzips zusammengestellt und methodische Alternativen entwickelt werden.

Als unterrichtliche Sozialformen sind im Projektentwurf eingearbeitet
worden: Frontalunterricht, Unterrichtsgespräch, Stilarbeit, Partner- und
Gruppenarbeit.

REPRODUKTION und FREIZEIT - Familie

Kritische Anmerkungen

Der Projektentwurf thematisiert den Zusammenhang von Familie und Gesellschaft. Die unmittelbaren Lernerfahrungen der Schüler werden zum durchgängigen Ausgangs- und Bezugspunkt der Unterrichtssequenzen. Die Deutungen und Kenntnisse der Lernenden werden gemeinsam aufgearbeitet, hinterfragt und im Kontext historisch und sozialisationstheoretisch ausgerichteter Arbeits- und Lernprozesse rekonstruiert und weiterentwickelt. Die Offenlegung des Lernrahmens zu Projektbeginn signalisiert den Versuch, eine inhaltliche Mitbestimmung der Schüler - auch in der Orientierungsstufe - zu initiieren.

Die relative Offenheit des Planungsmodells, die in der curricularen Verankerung einer Kombination von didaktischen Strukturelementen und variablen Lernsequenzen ihren Niederschlag findet, begünstigt interessen- und situationsadäquate Schwerpunktsetzungen. Die UE skizziert einen idealtypischen Projektentwurf, in dem Lernziele, unterrichtliche Verlaufsplanung und Arbeitsmaterialien elementar aufeinander bezogen sind. Auf die Erstellung ergänzender Unterlagen und die Konstruktion alternativ-äquivalenter Lernsequenzen wurde indessen verzichtet. Die schichtenspezifischen Unterschiede und Gegensätze in den Arbeits-, Lebens- und Erziehungsverhältnissen moderner Familien werden in ideologiekritischer Perspektive unter mehreren Fragestellungen untersucht. Eine systematisierende, die Teilmomente integrierende Zusammenfassung und eine analytische Vertiefung des Zusammenhanges von Familie und gesellschaftlicher Umwelt ist hingegen nicht vorgesehen. Dies hat zur Konsequenz, daß zwar auf der einen Seite im historischen Hauptkomplex des Projekts familiare Entwicklungsformen in Abhängigkeit von den jeweiligen Produktionsverhältnissen betrachtet werden, auf der anderen Seite aber, obgleich konzeptionell intendiert, Wege zur Demokratisierung der Arbeits- und Lebensverhältnisse im zweiten Themenkomplex nicht sichtbar werden. Ferner bleiben einige grundlegende inhaltliche Aspekte des Problemfeldes ohne Begründung ausgeklammert. So wird bspw. die besondere Benachteiligung der Frauen und Mädchen im Produktions- und Reproduktionsprozeß nicht gesondert thematisiert.

Nr. 240

KAPPATSCH, M. u.a.: Kinder übernehmen soziale Funktionen in der Familie. Materialien zum Unterricht , Heft 18. Polytechnik/Arbeitslehre 4. Wiesbaden: HIBS, 1980.

Einsatzmöglichkeit: 5. - 6. Jg.; Polytechnik/Arbeitslehre; 32 Ustd.

Erprobungshinweise: Die UE wurde in einem Prozeß basisnaher Curriculumarbeit, an dem insgesamt sieben hessische Gesamtschulen beteiligt waren, im Rahmen der Modellversuche "Konkretisierung der Rahmenrichtlinien an Gesamtschulen"(KORAG) und "Systematische Umsetzung gesamtschulspezifischer Zielsetzungen" (SUGZ) erstellt, weiterentwickelt und evaluiert.

REPRODUKTION und FREIZEIT - Familie

Inhaltliche Schwerpunkte und Aufbau

Die UE strukturiert sich nach einer Motivations- und Problematisierungsphase und thematisch und inhaltlich darauf aufbauenden, jedoch in sich
geschlossenen Lehrgängen.
In der Einführungssequenz wird von der Problemstellung "Mutter ist
krank" ausgegangen. Als Alternative wird vorgeschlagen, in einem Kreis-
gespräch die sozialen Rollen in der Familie zu hinterfragen. Es folgen
vier variabel kombinierbare Teileinheiten zu den Situationsfeldern.
(1) Krankenpflege (Pflege der kranken Mutter); (2) Zubereitung von Mahlzeiten (Ernährung der Familie); (3) Wohnungs- und Wäschepflege;und (4)
Betreuung (Beschäftigen der kleineren Geschwister).

Zielsetzungen

Mit der Themenstellung "Kinder übernehmen soziale Funktionen in der
Familie" werden Qualifikationen angestrebt, die die soziale Einstellung
positiv beeinflussen und Verfahrensweisen zur Lösung der Probleme ermöglichen. Die Schüler sollen
- die Bedeutung eines geregelten Tagesablaufs in der Familie für den
  einzelnen erkennen und beschreiben können;
- erkennen, daß durch eine Problemsituation, wie die unvorhergesehene
  Erkrankung der Mutter, der geregelte Tagesablauf in der Familie erheblich gestört werden kann;
- Aufgabengebiete des privaten Haushalts abgrenzen und beschreiben
  können;
- lernen, daß jedes Mitglied der Familie, auch unter Hintansetzung persönlicher Interessen, Pflichten in dieser sozialen Primärgruppe zu
  übernehmen hat;
- die für die gegebene Situation notwendigen Fertigkeiten für die anfallenden Arbeiten eines 4-Personen-Haushaltes in den Bereichen
  Ernährung, Reinigung, Bekleidung, Betreuung und Pflege erlernen;
- sensibilisiert werden für die Bedürfnisse einzelner Familienmitglie-
  der, um darauf in geeigneter Form reagieren zu können, und selbst
  eigene Bedürfnisse in geeigneter Form einbringen lernen;
- Unfallgefahren im privaten Haushalt kennenlernen und Regeln anwenden können, mit deren Hilfe man diesen Gefahren begegnet.

Methoden

Im Unterrichtsgespräch werden die Arbeiten zusammengestellt, die in
einem normalen 4-Personen-Haushalt anfallen. Um im weiteren Verlauf der
Einführungsphase die Aktivität der Schüler zu erhalten, wurde ein Rollenspiel gewählt, in dem beraten werden soll, wie und von wem welche haus-
haltlichen Tätigkeitsbereiche einer erkrankten Mutter bewältigt werden
können. In Abweichung hierzu wurde in der zweiten Erprobungsphase der
Modellversuche mit einem gebundenen Unterrichtsgespräch über soziale
Rollen in der Familie begonnen.
In der ersten Teileinheit des Projekts wechseln Plenumsdiskussionen mit
Phasen praktischer Schülertätigkeit (Fieber messen, den Arzt, den Vater
anrufen oder leichte Krankenkost zubereiten). Für die "Zubereitung von
Mahlzeiten" in der Schulküche ist durch die Raumaufteilung eine Arbeit
in Gruppen zwingend vorgegeben. Im dritten Lehrgang werden die Schüler-

REPRODUKTION und FREIZEIT - Familie

innen und Schüler in die Anfänge der Wohnungs-, Kleidungs- und Wäschepflege praktisch eingewiesen. Um ein Beispiel kennenzulernen, wie man
sich und andere (Geschwister, Freunde, Kleinere) in der Freizeit beschäftigen kann, werden in der vierten Teileinheit Spiele geplant, hergestellt und spielerisch ausprobiert.

Kritische Anmerkungen

Die UE ist ein Teil eines curricularen Stufenplanes für die 5. und 6.
Jgst. der hessischen Gesamtschulen. Sie beansprucht den Status eines
"Vorentwurfs" für die Unterrichtspraxis, in dem die Lehrplanvorgaben
mit den didaktisch-methodischen Anforderungen der Förderstufe vermittelt
werden sollen. Es wird modellhaft gezeigt, wie die in den hessischen
Richtlinien festgeschriebenen Ziele und Inhalte im Rahmen eines praxis-
und handlungsorientierten Unterrichts erreicht werden können.

Der Projektentwurf beinhaltet eine curriculare Integration verschiedener
Fachbezüge. Zugleich wird eine Abkehr vom Fachlehrerprinzip nahegelegt.
Ein mehrmaliger Lehrerwechsel selbst innerhalb eines Faches - so wird
argumentiert - könnten den Übergang der Schüler von der Grundschule zur
Förderstufe erheblich belasten. Hier sichert die Gesamtschule institutionelle Bedingungen, die in den anderen Schulformen i.d.R. nicht gegeben sind. Durch projektgleichen Unterricht in mehreren Parallelklassen
besteht die Chance, eine fachliche Kooperation zwischen Lehrern mit verschiedenen Fachschwerpunkten zu institutionalisieren, so daß es bspw.
einem Techniklehrer möglich wird, ohne eine übermäßige zusätzliche Bean-
spruchung in Kauf nehmen zu müssen, auch die hauswirtschaftliche Ausbildung der Schüler zu übernehmen (und vice versa).

Die vorliegende Einheit ist als Einstiegskurs in den Polytechnikunterricht konzipiert worden. Sie berücksichtigt die Motivationslage von
Schülern im Übergang von der Grundschule zur Sekundarstufe I und vermittelt einen ersten Einblick in (hessisch gefärbte) Unterrichtsgegenstände und -schwerpunkte der Polytechnik/Arbeitslehre.

Die Unterrichtsentwürfe zu den Lehrgangseinheiten enthalten neben den
Feinlernzielen detaillierte Vorschläge zur inhaltlich-methodischen Verlaufsplanung und zum Einsatz von Arbeitsmaterialien und Medien. Zu jeder
Sequenz der Teileinheiten werden darüber hinaus Erfahrungen aus der
Curriculumarbeit der Modellversuche KORAG und SUGZ skizziert und äquiva-
lente Arbeitsformen angedeutet. Die Bezugnahme auf die schulischen Erprobungen und die Einarbeitung von methodischen Alternativen könnte eine
lerngruppenspezifische Adaption des Grundmodells unterstützen. Allerdings:
Die Erkenntnisse und Erfahrungen aus einer mehrjährigen Erprobungsarbeit
dürften sich in den relativ spärlichen Anmerkungen, in denen von den jeweiligen schulischen und adressatenspezifischen Bedingungen abgehoben
und abstrahiert wird, kaum wiederfinden. Die Ergebnisse der Unterrichtspraxis scheinen sich im Prozeß der didaktisch-methodischen Transforma-
tion der Evaluationsergebnisse weniger verdichtet zu haben,denn im Zuge
einer alles Besondere negierenden Verallgemeinerung nahezu ausgetrocknet
worden zu sein.

REPRODUKTION und FREIZEIT - Familie

Nr. 241

BELTZ, G. u.a.: Erziehung durch Familie und Umwelt. Wiesbaden: HIBS,
1979, 59 S. (unv. Ms.)

Einsatzmöglichkeit: Hauptschule 10. Jg.; Polytechnik, Arbeitslehre,
Gesellschaftslehre, Deutsch, Kath. Religion, Kunst,
Sport, Biologie; 98 Ustd.

Erprobungshinweise: 10. Jg. an hessischen Hauptschulen.

Die Adressaten sollen im Rahmen eines fächerübergreifenden Unterrichts
für das Situationsfeld Erziehung sensibilisiert werden. Im Vordergrund
steht zum einen das Erziehungsverhalten von Bezugspersonen und zum anderen der sozialisierende Einfluß von Ideologien und Institutionen.
Adressaten.

Nr. 242

FEHL, P., KOSCHIG, M. (Redaktion):   Familie.
Unterrichtsmodelle Sozialkunde. Bad Kreuznach:
RPZ, 1975.

Einsatzmöglichkeit: 7. - 11. Jg. der Haupt-, Realschulen und des Gymnasiums; 7 Ustd.

Unter soziologischem Aspekt wird der soziale Wandel der Familie untersucht und ihre Bedeutung hinsichtlich der frühkindlichen Sozialisation
problematisiert. Der rechtlich-gesellschaftliche Unterricht soll Aus-
kunft geben über die Bedeutung der Familie als Wirtschaftsgemeinschaft
zur Sicherung der Lebensbedürfnisse und Aufschluß geben über ihre Stellung innerhalb der Rechtsordnung der Bundesrepublik. In affektiv-aktu-
eller Dimension schlägt die Projektgruppe vor, die besondere berufliche
und häusliche Benachteiligung der Frau im Unterricht anzusprechen, um
Formen partnerschaftlicher Arbeitsteilung vorzubereiten.

Nr. 243

HAHN, A.: Generationskonflikt in der Arbeitnehmerfamilie.
In: Borries, C. u.a.: Polytechnik/Arbeitslehre. Ein
Projekt zur Kritik und Reform von Schule und Berufsausbildung. Hannover, Frankfurt, Paderborn: Verlags-
union für neue Lehrmedien, 1973, S. 110 - 124.

Erprobungshinweise: Die Einheit wurde in der 10. Klasse einer Gesamtschule mit großstädtischem Einzugsbereich entwickelt.

Die UE beginnt mit der Vorführung zweier Filme, aus denen die Arbeitsplatzsituation eines Stanzers und eines Angestellten im Großraumbüro
deutlich wird. Durch eine Gegenüberstellung von typischen Konflikten in
einer Angestellten- und einer Arbeiterfamilie wird der Zusammenhang von
familiären Verhältnissen und spezifischen Arbeitssituationen herausgearbeitet.

REPRODUKTION und FREIZEIT - Familie

Nr. 244

JANSSEN, B. u.a.: Familie
            In: Ders.: Erfahrung - Kritik - Ermutigung. Metho-
            disch kommentierte Materialien für die Haupt-, Real-
            und Berufsschule sowie die außerschulische Jugend-
            arbeit. Modelle für den politischen und sozial-
            wissenschaftlichen Unterricht, Band 32. Frankfurt,
            Köln: Europäische Verlagsanstalt, 1977, S. 65 - 86.

Die Sequenz behandelt drei Problembereiche: (1) Das Verhältnis der Fami-
lienmitglieder zueinander; (2) die Stellung der Frau in der Familie; (3)
die materielle Situation der Familien und die Chancengleichheit der Kinder. Die Vorschläge werden ergänzt um Unterrichtstips zur flexiblen Gestaltung der Einzelschritte.

Nr. 245

JANSSEN, B. u.a.: Partnerbeziehungen.
            In: Ders.: Erfahrung - Kritik - Ermutigung. Metho-
            disch kommentierte Materialien für die Haupt-, Real-
            und Berufsschule sowie die außerschulische Jugend-
            arbeit. Modelle für den politischen und sozial-
            wissenschaftlichen Unterricht, Band 32. Frankfurt,
            Köln: Europäische Verlagsanstalt, 1977, S. 87 - 106.

Die Schülermaterialien werden durch vier Problemkomplexe strukturiert:
(1) Sexualerziehung in Schule und Familie; (2) gesellschaftliche Vorstellungen über Sexualität und Partnerbeziehungen; (3) Probleme der Frau-
en in der Männergesellschaft; (4) Neue Ansätze zu glücklichen Partnerbeziehungen.

Nr. 246

SCHOR, H.: Die Entwicklung von der Groß- zur Kleinfamilie. Unterrichts-
            einheit für den 7. Jahrgang der Hauptschule. In:
            Pädagogische Welt, 1979, 11, 657 - 666.

Einsatzmöglichkeit: Hauptschule 7. Jg.

Das Unterrichtsmodell konfrontiert iedealtypische Familienstrukturen
und -funktionen und benennt einige wenige,die Veränderungsprozesse in
den vergangenen Jahrhunderten verursachende Elemente.

REPRODUKTION und FREIZEIT - Emanzipation der Frau

Nr. 247

KATH, J.: Frau und Gesellschaft. Plankstedt: Uli- Geiß-Verlag, o.J.
          56 S.

Einsatzmöglichkeit: 8. - 10. Jg.; 8 Ustd.

Erprobungshinweise: 9. Klasse einer allgemeinbildenden Schule

Inhaltliche Schwerpunkte und Aufbau

Die UE thematisiert wesentliche Problemfelder der verfassungswidrigen
Benachteiligung von Frauen in unserer Gesellschaft. Für die Einstiegsphase wurden Texte von Helmut SCHMIDT einerseits und Alice SCHWARZER
andererseits ausgewählt, die aus unterschiedlichen Perspektiven auf
die Rolle der Frau im Berufsleben, die schlechtere Ausbildung der Mädchen und die diskriminierende Doppelrolle der Frau Bezug nehmen. Für die
folgenden Unterrichtssequenzen werden Arbeitsgruppen gebildet, die sich
arbeitsteilig mit ausgewählten,die Stellung der Frau bedingenden Faktoren auseinandersetzen und Perspektiven der Problemlösung erarbeiten.
Die Ergebnisse der Arbeitsgruppen werden im Klassenplenum vorgetragen
und im Rahmen eines Lehrgesprächs miteinander konfrontiert und gemeinsam
ausgewertet. In der zweiten Hauptphase der Unterrichtsreihe wird ein
Rollenspiel vorbereitet, durchgeführt und problematisiert, in dem eine
Schülerin, die vor dem Schulabschluß steht, Probleme der Ausbildungsweg-
und Berufswahl mit dem Vater, der Mutter, dem Bruder und ihrem Freund
bespricht.

Die UE enthält eine nach Themen gegliederte Sachanalyse zu den Themen-
bereichen "Berufs- und Arbeitswelt", "Schule und Hochschule", "Die
Rolle der Frau in der Familie", "Die rechtliche Situation", "Die soziale
Sicherung" und "Die Frau in der Öffentlichkeit". Die Unterpunkte zu den
Themenbereichen sind als Informationsblätter aufbereitet worden, die zu-
sätzlich zu den für die einzelnen Unterrichtssequenzen angebotenen Schü-
lerarbeitsmaterialien bei Bedarf im Unterricht eingesetzt werden können.
Die Unterrichtsmaterialien werden ergänzt durch eine themenspezifische
Schulbuchanalyse.

Zielsetzungen

Die Strukturierung der Lernzielbereiche folgt der Konzeption von R.
SCHMIEDERER (Politische Bildung im Interesse der Schüler. Hannover:
Niedersächsische Landeszentrale für politische Bildung, 1977). Sie werden nicht einzelnen Lernschritten zugeordnet, sondern übergreifend auf
die UE bezogen.

Die Schülerinnen und Schüler sollen befähigt werden, ihre persönliche
zukünftige Situation besser einzuschätzen, damit sie durch ihre Einstellung und ihr Verhalten mithelfen können, die Rolle der Frau in der
Gesellschaft positiv zu verändern. Der Schüler soll

- über die Rolle der Frau in der Gesellschaft Informationen aufnehmen,
  sammeln und kritisch beurteilen,
- die Rolle der Frau in der Berufs- und Arbeitswelt, in der Familie,
  in der Öffentlichkeit, in der Politik und im bundesrepublikanischen
  Rechtssystem analysieren können,
- die wichtigen gesellschaftlichen Grundsachverhalte und Zusammenhänge
  in bezug auf die Rolle der Frau in der Gesellschaft erkennen und

beurteilen können,
- Lösungsmöglichkeiten zur Aufhebung der Schlechterstellung der Frau
kennenlernen, die Problematik der Realisierung erkennen und eigene
Lösungsvorschläge entwickeln,
- kommunikative Fähigkeiten ausbilden, verbessern und anwenden.

Methoden

Es wird vorrangig in Partner- und Gruppenarbeit unterrichtet. Hier geschieht die Informationsbeschaffung, die Auswertung von Quellenmaterialien, das Lesen und Verarbeiten von Statistiken und Graphiken und die
Erstellung von Positionspapieren. Im Klassenplenum werden die Ergebnisse
der Partnerarbeit, der Gruppenarbeit und des Rollenspiels zusammengetragen und besprochen. Im Rollenspiel sollen durch eine spielerische Simulation der Wirklichkeit die Erfahrungsmomente der Schülerinnen und
Schüler aktualisiert und ansatzweise Verhaltensänderungen initiiert werden. Als Medien werden in der UE hauptsächlich Quellentexte und Statistiken verwendet. Sie sollen Informationen bereitstellen, um die Aufgabenstellungen in gemeinsamer Arbeit sachgerecht bearbeiten zu können.

Kritische Anmerkungen

Die Sachanalyse zu Problemfeldern der Benachteiligung der Frau bietet dem
fachkundigen Lehrer eine konzentrierte Einführung in unterrichtlich realisierbare Themen und Inhalte. Die sprachliche und drucktechnische Gestaltung der Hintergrundinformationen eröffnet zudem die Möglichkeit, diese
als ergänzende Materialien im Unterricht einzusetzen. Die Schulbuchanalyse gibt einen instruktiven Überblick über die Art und Weise, in der die
Themenstellungen und Zielsetzungen der UE in den untersuchten Büchern
quantitativ, inhaltlich und methodisch bearbeitet wurden. Der minutiös
vorstrukturierte Verlauf der Unterrichtsreihe und die Beschreibung des
Unterrichtsverlaufs in einer Erprobungsklasse enthalten Erfahrungsmomente,
die bei der Konstruktion von Unterrichtsreihen, die sich mit der Stellung
der Frau in unserer Gesellschaft auseinandersetzen, beabsichtigen, als
Anhaltspunkte von Nutzen sein zu können.

Für die UE werden auf fünf Ebenen insgesamt 87 Feinlernziele aufgelistet.
Es versteht sich von selbst, daß es ausgeschlossen ist, die weitgespannten Zielsetzungen innerhalb von acht Unterrichtsstunden auch nur annäherungsweise einzulösen. Es ist vor diesem Hintergrund nicht mehr als ein
wenig überzeugender methodischer Schachzug, wenn vorgeschlagen wird, die
Stoffülle ziel- und themenspezifisch auf sechen Schülergruppen aufzutei-
len. In diesem Sinne äußert sich auch, allerdings ohne didaktisch-methodische Schlußfolgerungen anzudeuten, der Autor selbst, der zum Unterrichtsverlauf in der Erprobungsschule kritisch einräumt:
"Insgesamt gesehen zeigte sich, daß der Problemkreis durch die erste
Gruppenarbeit weiter erschlossen worden war. Vor allem die Lernziele,
die sich auf reines Faktenwissen bezogen, wurden zum größten Teil er-
reicht. Dagegen konnten die Lernziele, die auf die Erkennung größerer
Zusammenhänge abzielten, nicht befriedigend herausgearbeitet werden."
Dies verwundert nicht, wenn man feststellt, daß in der Unterrichtspla-
nung für die Besprechung der Berichte aus den Arbeitsgruppen (von der
Benachteiligung der Frau im Erwerbsleben über familiäre Probleme bis zur
Stellung der Frau in Politik und Werbung) insgesamt 20 Minuten veran-
schlagt werden. Wenn auch nur einige wenige der aufgelisteten Grob- und
Feinlernziele erreicht werden sollen, wird es unumgänglich sein, ent-
weder ein erheblich erweitertes Zeitbudget einzuplanen oder aber die
Themenstellung der UE von vornherein auf eines der thematisierten Problemfelder einzugrenzen.

REPRODUKTION und FREIZEIT - Emanzipation der Frau

Nr. 248

KNOPFF, H.J. u.a.: Kollektives Lernen - Demontage, Analyse. Curriculumeinheit: "Wer sagt, daß Mädchen dümmer sind?"
In: Schule kann anders sein. Drei Versuche zu
handlungsorientiertem Lernen in Hauptschulen und zur
Arbeit im Lehrerteam. Reinbek b. Hamburg: Rowohlt,
1979, S. 187 - 242.
Die vollständige Curriculumeinheit kann bezogen werden über Hans-J. Knopff, Universität Bielefeld, Laborschule, Universitätsstraße, 4800 Bielefeld 1.

Einsatzmöglichkeit: Sek. I; Arbeitslehre, Technik, Physik, Deutsch,
Gemeinschaftskunde; 1 Ustd.

Erprobungshinweise: Das Projekt wurde zunächst an der Bielefelder Laborschule evaluiert. Die Revisionsfassung kam in mehre-
ren Hauptschulklassen zum Einsatz.

Inhaltliche Schwerpunkte und Aufbau

Die Curriculumeinheit beschäftigt sich mit den unterschiedlichen Rollen
von Jungen und Mädchen. Nach der Sammlung von geschlechtsspezifischen
Begriffen werden Partnerinterviews, die unterschiedliche Rollenzuweisungen erheben, durchgeführt, in Kleingruppen ausgewertet und im Rahmen
einer Diskussionsrunde verallgemeinert.
Bestandteile des Curriculumelements sind: Interviewbogen; Auswertungsraster; Evaluationsnotizen.

Zielsetzungen

Um der Herabsetzung von Mädchen im naturwissenschaftlich-technischen
Unterricht entgegenzuwirken, werden geschlechtsspezifische Verhaltensweisen und Erwartungshaltungen problematisiert. Folgende Ziele sollen
erreicht werden: (1) Erwartungen der Umwelt in bezug auf Spielzeug,
Berufsausbildung und persönliche Interessen feststellen; (2) Erkennen
von unterschiedlichem Rollenverhalten; (3) sich in die Rolle eines anderen hineinversetzen; (4) Interviews führen können; (5) Fragebögen aus-
werten.

Methoden

Die UE wird in sechs Arbeitsphasen eingeteilt: (1) Lehrerzentrierter
Unterricht; (2) von Schülern geleiteter Unterricht; (3) Ankündigung von
Interviews durch den Lehrer; (4) Durchführung von Interviews in Zweier-
gruppen; (5) Auswertung in Kleingruppen; (6) vom Lehrer moderierte Diskussion.

Kritische Anmerkungen

Die Curriculumeinheit ist Bestandteil eines naturwissenschaftlich-technischen Projektes, das im Rahmen eines Modellversuchs entwickelt, erprobt
und revidiert wurde. Die UE übernimmt darin die Funktion, latente unterrichtliche Konfliktsituationen zwischen Jungen und Mädchen bewußt zu
machen. Rollenklischees und aufgestaute Aggressionen können verbalisiert,
erfaßt und möglicherweise ein wenig reduziert werden.

Fragebogen und Auswertungsraster des Curriculumbausteins sichern eine
Form der Aufbereitung des Themas, die es den Schülerinnen und Schülern

REPRODUKTION und FREIZEIT - Emanzipation der Frau

erlaubt, ihre unterrichtlichen Verhaltensweisen im Kontext übergreifen-
der Zusammenhänge zu begreifen. Die Einheit kann, vorausgesetzt den
beteiligten Schülern und Lehrern sind die angegebenen Unterrichtsformen und die entsprechenden Arbeitstechniken und -mittel geläufig,
innerhalb einer Unterrichtsstunde durchgeführt werden. Neben einem
detaillierten Planentwurf stehen dafür ergänzende Protokollnotizen und
Interviewaufzeichnungen zur Verfügung, in denen ein typischer Stunden-
verlauf aus der Erprobungsphase des Modellversuchs aus der Sicht der
beteiligten Evaluatoren und des unterrichtenden Lehrers beleuchtet wird.

Nr. 249

HARMS, H.: Vorurteile gegen Gleichberechtigung.
             In: Gegenwartskunde, 1979, 4, 491 - 502.

Einsatzmöglichkeit: 10. Jg.; Sozialkunde; 6 Ustd.

Erprobungshinweise: 10. Jg. einer Realschule

Die Situation der Frau in der Gesellschaft wird unter historischen und
gegenwartsbezogenen Aspekten problematisiert. In der handlungsorientierten Phase wird der Fragestellung nachgegangen, auf welchem Wege die
reale Gleichberechtigung zwischen Mann und Frau erreicht werden kann
(Beseitigung der Doppelbelastung, Frauenbewegung).

Nr. 250

Der Kultusminister des Landes Nordrhein-Westfalen (Hrsg.):
             "Nur ein Mädchen" - Verhaltenserwartungen gegen-
             über der Frau in der heutigen Gesellschaft.
             Politik Planungsmaterial für den politischen Unter-
             richt II. Düsseldorf: Hagemann, 1973, 26 S.

Einsatzmöglichkeit: 9. und 10. Jg. aller Schularten; Politik; 14 Ustd.

Am Beispiel der Rolle der Frau wird den Schülern das Problem "soziale
Ungleichheit in der Gesellschaft" erschlossen. Auf eine Einstiegsbefra-
gung, die die Voraussetzungen der Schüler für den Inhaltsbereich feststellt, folgt eine mediengestützte Auseinandersetzung mit Urteilen und
Vorurteilen zur Stellung der Frau in der Gesellschaft. Die Schüler erstellen selbst Materialien in Gruppenarbeit zur Ursache der Frauen-
diskriminierung, teilweise werden eigene Befragungen in den Familien
durchgeführt. Im Klassenverband wird dann die historische Dimension erarbeitet. Ein Rollenspiel, das Verhaltensänderungen erwirken soll, bildet den Abschluß.

BETRIEBSPRAKTIKUM

Nr. 251

BEHRENS, G. u.a.(Hrsg.): Wissenschaftliche Begleitung des Forschungsprojekts "Berufsorientierender Unterricht". Hannover: Level, 1979. 111 S.

Einsatzmöglichkeit: Sek. I; Arbeits-, Wirtschafts- und Gesellschaftslehre

Erprobungshinweise: Entwicklung und Evaluation in den Klassen 9 und 10 einer Realschule mit großstädtischem Einzugsbereich.

Inhaltliche Schwerpunkte und Aufbau

Es werden die gemeinsamen Erfahrungen einer Betriebserkundung, die im Rahmein der Praktikumsvorbereitungen eingeschoben werden kann, kritisch reflektiert und mit den weiterreichenden Möglichkeiten und Perspektiven eines Betriebspraktikums konfrontiert. Zugleich werden jedoch, um prinzipiell nicht einlösbare Erwartungshaltungen zu korrigieren, die strukturellen Begrenzungen möglicher berufs- und betriebsbezogener Erfahrungen während einer zwei- bis dreiwöchigen Orientierungsphase thematisiert. Im Mittelpunkt der Vorbereitungen steht die Erstellung und Erprobung eines Beobachtungsleitfadens, der während des Praktikums eine strukturierte Beobachtung, Befragung und Dokumentation in den Situationsfeldern Praktikumsplatz, Arbeitsplatz, Beruf und Berufsausbildung ermöglichen soll und zugleich eine an übergreifenden Aspekten orientierte Auswertung der zunächst individuellen Erfahrungszusammenhänge im nachbereitenden Unterricht als "Kundschafter" ihrer Klasse sog. Wahlpflichtthemen, in denen Konstellationen, Phänomene und Eindrücke des betrieblichen und beruflichen Alltags aufgearbeitet und in Form von Referaten, Aufsätzen, Fotoreportagen und Wandzeitungen gestaltet werden sollen.

In den abschließenden Sequenzen der Vorbereitungsphase zum Betriebspraktikum werden rechtliche und institutionelle Handlungsspielräume von Praktikanten sowie typische innerbetriebliche Problem- und Konfliktsituationen im Unterricht besprochen und anhand von Fallschilderungen Lösungsstrategien durchgespielt.

In den nachbereitenden Unterrichtssequenzen werden die von den Schülern im Beobachtungsleitfaden zusammengestellten Erfahrungen, Informationen und Eindrücke sowie die bearbeiteten Wahlpflichtthemen aufgegriffen und unter übergreifenden Themenstellungen ausgewertet und dokumentiert. In einer abschließenden "Pro- und Contra-Debatte" wird die Vorbereitung, Durchführung und Nachbereitung des Betriebspraktikums anhand eines vereinbarten Problemrasters kritisch und kontrovers diskutiert.

Bestandteile des Modells sind: Hintergrundinformationen für Lehrer: Sachdarstellung, Auszüge aus Presse- und Zeitschriftenartikeln, Literatur- und Medienhinweise; Arbeitsmaterialien für Lehrer und Schüler; Mustervordrucke für die Anmeldung des Betriebspraktikums, die Anforderung von Praktikumsplätzen usw.

BETRIEBSPRAKTIKUM

Zielsetzungen

Den Entwürfen für die Lernsequenzen der UE werden folgende Intentionen vorangestellt:

- einen Beruf in seinen berufsrelevanten Merkmalen exemplarisch erkunden;
- den Arbeitsplatz eines Berufstätigen systematisch beobachten und beschreiben lernen;
- Informationen über die betriebliche Ausbildung einholen;
- sich mit einem ausgewählten Thema zu einem sozialen oder funktionalen Aspekt eingehender auseinandersetzen;
- den Unterschied zwischen Praktikumserfahrungen, Arbeitsplatz und Berufsbild und die Ausschnitthaftigkeit der eigenen Erfahrungen erkennen;
- berufliche Anforderungen differenziert beschreiben können und diese Anforderungen mit den eigenen geschätzten Fähigkeiten vergleichen;
- die Kompetenzen erwerben, im Betrieb differenzierte Informationen interessengebunden einholen zu können;
- lernen, die Erfahrungen und Informationen für die Mitschüler aufzubereiten und ihnen mitzuteilen.

Methoden

Der Unterrichtsplan gliedert sich nach vier Aspekten: Zunächst werden die Intentionen für die jeweilige Lernsequenz skizziert. Es folgen die Unterrichtsvorschläge sowie ein didaktischer Kommentar. Der Plan enthält weiterhin Hinweise auf den in der Erprobungsschule durchgeführten Unterricht.

Der Unterricht findet im Plenum sowie in Einzel-, Partner- und Gruppenarbeit statt. Darüber hinaus ist eine ergänzende Betriebserkundung vorgesehen. Geplant ist weiterhin der Einsatz verschiedener Medien: Filme, Fotoreportagen, Tonbandaufnahmen und Wanderausstellungen.

Kritische Anmerkungen

Es werden für die Vorbereitung, Durchführung und Nachbereitung eines Betriebspraktikums detaillierte didaktische Vorschläge und umfangreiche Arbeitsmaterialien zusammengestellt. Darüber hinaus wird auch der in der Erprobungsschule durchgeführte Unterricht in Form von Protokollnotizen der beteiligten Lehrer dargestellt und kommentiert. Auf diese Weise wird implizit eine Vielzahl anregender Hinweise transportiert, die bei der Konzipierung ähnlicher Unterrichtsmodelle von einigem Nutzen sein dürften. Hervorzuheben ist weiterhin der durchgängige Versuch, eine fachliche Mitbestimmung der Schüler im Unterricht curricular zu verankern. Sowohl im Prozeß der Erstellung eines Beobachtungsleitfadens für das Betriebspraktikum wie in dem Modus der Festlegung von sog. Wahlpflichtthemen eröffnet die vorgeschlagene Unterrichtsorganisation den Schülern vielfältige Mög - lichkeiten, ihre Interessen, Neigungen und Vorstellungen bei der Planung der nachfolgenden Sequenzen zum Tragen zu bringen. Insgesamt kann somit festgehalten werden, daß die vorliegenden Curriculummaterialien durch eine gelungene Verzahnung des Betriebspraktikums mit den vor- und nachbereitenden Unterrichtssequenzen die intendierten Zielsetzungen didaktisch eingelöst werden.

Kritisch ist anzumerken, daß die Fülle der im Beobachtungsleitfaden thematisierten Aspekte sowie die inhaltliche Bandbreite der bearbeiteten Wahlpflichtthemen die Kapazitätsgrenzen des nachbereitenden Unterrichts beträchtlich überdehnen. Es sollte deshalb eine Konzentration auf einige wenige thematische Schwerpunkte angestrebt werden. Weiterhin wäre mög-

BETRIEBSPRAKTIKUM

lich, in der Vor- und / oder Nachbereitungsphase zum Betriebspraktikum Experten der Betriebsleitungen und der Betriebs- und Personalräte sowie Jugendvertreter in die Unterrichtsplanung ergänzend einzubeziehen. Wünschenswert wäre ebenfalls eine über die didaktische Aufbereitung individueller Problemsituationen hinausreichende Berücksichtigung institutioneller Konfliktebenen. Es wäre im Zusammenhang der Zielsetzungen der UE nur folgerichtig, wenn bspw. Konflikte, die sich während der vorgeschriebenen Abstimmungsverfahren zwischen den beteiligten Betrieben und Lehrern bezüglich der Themen- und Fragestellungen des Beobachtungsleitfadens ergeben können, im Unterricht thematisiert werden. Die Abstimmung von Fragekatalogen zwischen Schulen und Betrieben ist in Niedersachsen durch Erlaß vorgeschrieben. In einer Informationsschrift des Niedersächsischen Kultusministers heißt es dazu: "Ein Aufgaben- und Fragenkatalog der Schule, der mit den Betrieben abgesprochen sein muß, hilft dem Schüler, Kenntnisse zu gewinnen (...)". (Der Niedersächsische Kultusminister: Betriebspraktika für Schüler an allgemeinbildenden Schulen der Sekundarbereiche I und II, Hannover 1979).

Nr. 252

GROTH, G. u. a. Betriebspraktikum für Schüler. Entwurf eines Arbeitslehre-Vorhabens, Weilheim: Beltz, 1971, 123 S.

Einsatzmöglichkeit: Hauptschule 8. u. 9. Jg.; Arbeitslehre

Erprobungshinweise: Teile des Modells wurden mehrfach eingesetzt und revidiert.

Inhaltliche Schwerpunkte und Aufbau

Das Projekt thematisiert den Zusammenhang von beruflichen Qualifikationen, unternehmerischer Organisation und wirtschaftspolitischer Ordnung. Unter diesen Gesichtspunkten ist das gesamte Vorhaben in fünf Abschnitte gegliedert worden.

(1) Ausgehend von den Berufswünschen der Schüler werden Informationen zu den Anforderungen und den Zukunftsperspektiven der infragestehenden Berufsbilder und Arbeitstätigkeiten gesammelt und systematisiert. Am Beispiel "Lohn" werden divergierende und gemeinsame Interessen von Arbeitnehmern und Arbeitgebern herausgearbeitet. (2) Im Rahmen eines konkreten Arbeitsvorhabens gründen die Schüler in Simulation des unternehmerischen Formalziels (marktorientierte Gewinnmaximierung) für einen vorübergehenden Zeitraum einen eigenen "Betrieb". Betriebsaufbau, Arbeitsablauf und Verkauf werden von den Schülern geplant, organisiert, durchgeführt und kontrolliert. (3) Eine Gegenüberstellung von "Schülerbetrieb" und den Organisationsprinzipien privater Unternehmungen verweist auf originäre Unterschiede wie auf übereinstimmende Momente, aus denen Kategorien für eine Analyse eines Erwachsenenberufes bzw. -arbeitsplatzes unter den Gesichtspunkten der Berufsausbildung und Qualifikation einerseits und des sozialen Bedingungsverhältnisses in Beziehung zur Unternehmensorganisation andererseits. (5) In der Auswertungsphase werden resümierend Kriterien für die Berufswahl entwickelt. Die UE mündet in eine Überprüfung der vorläufigen Berufswünsche der Schüler.

Bestandteile des Arbeitslehre-Vorhabens sind: Aufsätze von Herwig BLANKERTZ zur "Stellung des Unterrichtsmodells ´Betriebspraktikum für Schüler´ innerhalb der Entwicklung einer Didaktik der Arbeitslehre" und von

BETRIEBSPRAKTIKUM

Georg GROTH zum Thema "Das Praktikum im Rahmen der Arbeitslehre"; ein
Rechtsgutachten zum vorliegenden Praktikumsmodell; Schülerarbeitsmaterialien; Medien- und Literaturverweise.

Zielsetzungen

Zur Begründung dieses Betriebspraktikums werden als übergreifende Zielvorstellungen angeführt:

1. Vorbereitung auf eine sinnvolle Wahl des (Lehr-) Berufes.

2. Erleichterung der Eingliederung in den Funktionszusammenhang von In-
   dustriebetrieben.

3. Analyse des Betriebs als Feld sozialer Beziehungen.

Methoden

Es wird versucht, zu allen Lernsequenzen entsprechende Medienangebote bereitzustellen. I. d. R. werden die Unterrichtsmittel nur mit ihrem Titel
benannt. Im Rahmen des Projekts konstruierte Medien werden dagegen ausführlich dargestellt.

Zur Überprüfung der Erfahrungen, die im "Schülerbetrieb" gesammelt werden, und zur Vorbereitung des Betriebspraktikums wird eine Betriebserkundung eingeplant.

Kritische Anmerkungen

Dem Arbeitslehre-Vorhaben "Schülerpraktikum" liegt das didaktische Struk-
turgitter von Georg GROTH zugrunde. Das Modell ist - wie BLANKERTZ in einem einleitenden Beitrag hervorhebt -, akzeptiert man seine Prämissen, in
sich schlüssig.

Die Zielsetzung dieses Versuches ist, so die Autoren, weitgehend an den
bestehenden wirtschaftlichen und gesellschaftlichen Ordnungsprinzipien
orientiert. Ankerpunkt des Curriculumentwurfs ist die betriebswirtschaft-
liche Dimension der Arbeitslehre. Sie fungiert als Bindeglied zwischen
der handwerklichen Fertigung im Schülerbetrieb und den während des Praktikums kennenzulernenden industriellen Produktionsverfahren. Dabei wird
die Unternehmensorganisation von ihren ökonomischen, sozialen, politischen und ideologischen Bestimmungsmomenten isoliert. Der Schülerbetrieb
unterscheidet sich unter den gesetzten Prämissen im Grundsatz nicht von
unternehmerischen Organisationsstrukturen und -abläufen. In beiden Fällen geht es um die organisatorische Rationalität von zielorientierten
Systemen. Die betriebliche Gewinnmaximierung wird als vorgegebenes Formalziel nicht weiter hinterfragt. Sie enthält in der betriebswirtschaftlichen Dimension einen quasi naturwüchsigen Status. In dieser Sichtweise
werden individuelle Bedürfnisse - Maximierung der persönlichen Befriedigung und betrieblichen Formalziele - Maximierung des unternehmerischen
Gewinns - gleichgesetzt.

Es werden didaktische und mediale Markierungspunkte des Arbeitslehrekon-
zepts umrissen. Konkretisierende methodische Anregungen werden mehr sporadisch angeführt. Inhaltlich stehen berufskundliche und soziale Qualifikationen im Vordergrund. Das Betriebspraktikum dient der praktischen
Erprobung und Anwendung der im Schülerbetrieb erworbenen Kenntnisse und
Fertigkeiten; eine Verzahnung mit weiterführenden unterrichtlichen Themenbereichen und Aufgabenstellungen ist nicht vorgesehen.

BETRIEBSPRAKTIKUM

Nr. 253

GATTERMANN, H. (Hrsg.): Betriebspraktikum. Arbeitslehre im Sekundarbereich. Hannover: Schroedel, 1974. 223 S.

Unter dem Motto "Aus der Praxis - für die Praxis" werden in fünf Erfah-
rungsberichten Betriebspraktika vorgestellt, die in den Jahrgangsstufen
6 bis 12 in verschiedenen Schulformen (Hauptschule, Gymnasium) in unterschiedlichen Arbeits- und Wirtschaftsbereichen unter berufsorientierenden,
funktionalen und sozialen Aspekten durchgeführt wurden. Die dargestellten
Beispiele verstehen sich als grundlegende Arbeitshilfen zur Vorbereitung,
Durchführung und Auswertung von betrieblichen Praktika.

Nr. 254

GINGOLD, S. u. a.: Berufswahl - Berufsausbildung - Betriebspraktikum.
(Hrsg.): Projektgruppe "Konkretisierung der Rahmenrichtlinien an Gesamtschulen". Materialien zum Unterricht. Frankfurt a. M.. 1977. 147 S.

Einsatzmöglichkeit: Hauptschule, Gesamtschulen; 8. Jg.; 25 Ustd.

Erprobungshinweise: Die UE wurde an hessischen Gesamtschulen im 8. Jg.
erprobt.

Hauptschwerpunkte des Gesellschaftslehreunterrichts in der Vorphase eines dreiwöchigen Betriebspraktikums sind die Themen: (1) Faktoren der
Berufswahl, (2) Berufsfelder, (3) Wirtschaftssektoren und (4) Lehrlingsausbildung.

Nr. 255

HAAR, J., SCHOOF, D.: Betriebspraktikum. Ein Verfahren der Berufsorientierung. Unterrichtsmodell für den Sekundarbereich I.
In: arbeiten + lernen 1979, 1, 26 - 33.

Bei der Darstellung des Unterrichtsverlaufs zur Vorbereitung des Betriebspraktikums wird vorrangig auf das Üben von Arbeitsplatzbeschreibungen, auf die Ausschnitthaftigkeit der Praktikumserfahrungen sowie die
Erstellung eines schulklassenspezifischen Beobachtungsleitfadens, der die
betrieblichen Erfahrungen und Informationen der Praktikanten strukturieren soll, eingegangen. Die didaktischen Vorschläge zur unterrichtlichen
Nachbereitung beziehen sich auf die Auswertung des Beobachtungsleitfadens. Ein Vergleich von beruflichen Anforderungen und individuellen Fähigkeiten und Fertigkeiten soll der Selbsterkundung der Schüler dienen.
Es wird vorgeschlagen, für die Vorbereitung des Praktikums 12 bis 14
und für die Nachbereitung 8 bis 12 Unterrichtsstunden einzuplanen.

BETRIEBSPRAKTIKUM

Nr. 256

HABRICH, H.: Kontrastpraktikum - Modell eines Schülerpraktikums für
Hauptschulen.
In: Schule - Wirtschaft, Sonderheft 1973, 3, 1 - 51.

An der Vorbereitung des dokumentierten Praktikums, in dem die Schüler rol-
lierend in mehreren Betrieben hospitieren, sind alle Unterrichtsfächer der
Hauptschule kooperativ beteiligt. Die Auswertung wird anhand mündlicher
oder themenzentrierter schriftlicher Berichte vorgenommen. An dem Abschlußgespräch nehmen Experten der Kooperationsbetriebe teil.

Nr. 257

HEIDENREICH, K.: Projekt: Arbeit in Produktionsbetrieben. Materialien
zum Betriebspraktikum im Jahrgang 8. Bielefeld: Laborschule des Landes Nordrhein-Westfalen, 1978,
233 S.

Um erste Erfahrungen mit der Arbeitswelt im vorpraktischen Raum zu ermöglichen, werden die Lernenden angeregt, sich in einem sog. Produktions-
spiel simulativ mit der Arbeitswelt auseinanderzusetzen. Die vorläufigen
Arbeitsergebnisse sollen während eines Betriebspraktikums genutzt, überprüft und vertieft werden. Die Nachbereitungsphase integriert Problemkomplexe aus dem Jugendarbeitsschutz und der beruflichen Bildung.

Nr. 258

KNOPFF, H. J. u. a.: Informationen zum offenen Curriculum-Projekt mit
einem Beispiel ´Voraussetzungen zum Praktikum´.
Bielefeld o. J., 183 S.

Das Curriculumpaket enthält nach Fachstichpunkten (Arbeit, Arbeitsplatz,
Aufstieg/Abstieg, Beruf, Ausbildung, Praktikum) angeordneten Grundstock
an Orginalmaterialien (Arbeitsbögen, Bilder, Texte, Tabellen), die im
Sinne eines offenen Curriculum-Projektes von Lehrern und Schülern ergänzt und revidiert werden können. In einem einführenden Informationsteil
werden Hinweise zum methodischen Vorgehen zu möglichen Richtlernzielen,
zur Paketstruktur und zum Medieneinsatz gegeben. Bezugspunkt des Projekts
ist die Vor- und Nachbereitung eines Schülerpraktikums bei der Deutschen
Bundesbahn.

Nr. 259

NORDEN, J.: Landwirtschaftspraktika mit 9. / 10. Klassen einer Hamburger
Volks- und Realschule.
In: schule - arbeitswelt 1972, 1, 25 - 32.

Der Beitrag skizziert didaktische Elemente der unterrichtlichen Vorbereitung eines Landwirtschaftspraktikums.

BETRIEBSPRAKTIKUM

Nr. 260

POLING, K.: Modell eines Schülerpraktikums in Kreditinstituten.
In: schule -arbeitswelt 1973, 3, 1 - 17.

Der Beitrag enthält didaktische Skizzen für ein Praktikumsprogramm in
Kreditinstituten unter arbeitskundlichen, organisatorischen, sozialen,
berufs- und wirtschaftskundlichen Aspekten.

Nr. 261

ZARTNER, J., PECKEDRATH, F.: Entwicklung gewerkschaftlichen Bewußtseins
bei Schülern. Konstruktion, Implementation und
Evaluation eines Curriculums zur Vorbereitung auf
das Arbeitsleben am Beispiel eines Projekts der politischen Bildung mit Schülern der 9. Klasse der
Gesamtschule Schildesche in Bielefeld. Diplomarbeit,
Bielefeld, Juli 1977, 613 S.

Einsatzmöglichkeit: Gesamtschule, 9. Jg.

Das Curriculum gliedert sich in 5 Unterabschnitte. Im Vorbereitungsseminar
(5 Tage) werden die Schüler mit allgemeinen Problemen und Problemlösungsstrategien in der Arbeitswelt vertraut gemacht. Im anschließenden Betriebspraktikum (4 Wochen) erkunden die Schüler die betriebliche Realität. Im Nachbereitungsseminar (1 Woche) werden die Praktikumserfahrungen
mit den strukturierten Vorinformationen verknüpft. Für die Nachfolgearbeit
wird ein freiwilliger wöchentlicher Freizeittreff institutionalisiert.

BETRIEBSERKUNDUNG

Nr. 262

POESCHKE, G., VOELMY, W.(Hrsg.): Die Betriebserkundung, Modelle für eine Erkundung der Arbeitswelt durch die Schule.
Bad Harzburg: wwt. 1976. 237 S.

Einsatzmöglichkeit: Haupt- und Realschüler, Gymnasiasten (im Fach Wirtschaftslehre),Arbeitslehre, Technik und Wirtschaft,
Technisches Werken, Sozialkunde, Wirtschaftskunde.

Erprobungshinweise: Mehrstufige Revision

Inhaltliche Schwerpunkte und Aufbau

Es werden neun Modelle zur Betriebserkundung skizziert, die jeweils relativ eng umgrenzt, vornehmlich unter pädagogischen Gesichtspunkten ausgewählte Bereiche der Arbeitswelt zum Gegenstand haben. Dabei werden die
Themenstellungen der Erkundungen jeweils bestimmten Aspekten zugeordnet.
Unterschieden wird nach funktionalen (z. B. Fertigungsverfahren, Funktionszusammenhänge an Maschinen und technischen Anlagen), sozialen
(z. B. Kooperation, Mitarbeiterverhältnis) und berufskundlichen (z. B.
Ausbildungsfragen, Aus- und Weiterbildungsmöglichkeiten im Handwerk und
Industrie) Schwerpunktsetzungen:

Modell 1 - Der Mechaniker (berufsorientierender Aspekt)
Modell 2 - Eine elementare Arbeitsplatzanalyse (funktionaler Aspekt)
Modell 3 - Funktionen und Positionen im Warenhaus (sozialer Aspekt)
Modell 4 - Die Ausbildung des Friseurs (berufsorientierender Aspekt)
Modell 5 - Vom Auftrag zur Auslieferung (funktionaler Aspekt)
Modell 6 - Die Ausbildung der Bürogehilfin (berufsorientierender Aspekt)
Modell 7 - Der Betriebsrat (sozialer Aspekt)
Modell 8 - Mineralölraffinerie (funktionaler Aspekt)
Modell 9 - Rationalisierung (sozialer Aspekt)

Die Darstellung der Erkundungsmodelle folgt jeweils einem vorgegebenen
Raster:

- Die "Vorbemerkungen" geben einen thematischen Überblick und verweisen
  auf übergreifende didaktische Aspekte.
- Der Abschnitt "Vorbereitung" enthält eine Auflistung von Punkten, die
  von den beteiligten Gruppen (Lehrer, Schüler, Betriebe) in der vorbereitenden Phase geklärt, erledigt und bearbeitet werden müssen.
- Für die "Durchführung" der Erkundung sind i. d. R. vorgesehen: Kurz-
  informationen durch die Betriebsleitung, Befragungen und Beobachtungen der Schüler im Betrieb, Abschlußgespräch.
- Der Abschnitt "Auswertung" enthält didaktische und methodische Hinweise zur Aufbereitung des Erkundungsmaterials. Weiterhin wird vorgeschlagen, die Betriebe über die Arbeitsergebnisse der Schulklasse ausführlich in Kenntnis zu setzen. Abschließend wird auf mögliche An-
  schlußthemen hingewiesen.
- Die Erkundungsmodelle werden jeweils durch "Anlagen" (Beispiele für
  Erkundungsfragen, Musterbriefe, Übersichten, Literaturhinweise, Rollenspiele, Tätigkeitsbeschreibungen o. ä.) ergänzt.

Der inhaltliche Aufbau der Erkundungsmodelle soll anhand des Themenbe-
reichs "Eine elementare Arbeitsplatzanalyse" beispielhaft umrissen werden: (1) Es werden grundlegende Begriffe aus der Wirtschafts- und Ar-

BETRIEBSERKUNDUNG

beitswelt eingeführt (Arbeitsplatzgestaltung; Einzel-, Gruppen- und Teamarbeit; psychische Anforderungen; Pausen- und Urlaubsregelungen; Entlohnung). (2) Die Schüler üben Arbeitsplatzbeschreibungen am Beispiel von
Berufen und Tätigkeiten, mit denen sie in der Schule konfrontiert sind.
(3) Es werden unter Anleitung des Lehrers Arbeitsformen, Arbeitsbedingungen und Tätigkeiten aus dem kaufmännischen, dem sozialpädagogischen
und dem Produktionsbereich exemplarisch erläutert. (4) Die Schüler erhalten Erkundungsfragen und erarbeiten ergänzende Fragestellungen.
(5) die Klasse wird in drei Gruppen aufgeteilt. In einem arbeitsteiligen
Verfahren werden Arbeitsplätze eines Betriebes, einer Verwaltung und eines Kindergartens beobachtet. (6) Die Ergebnisse der jeweiligen Arbeitsplatzanalysen werden in Gruppenarbeit zusammengetragen und in der Klasse durch Vortrag oder Umdruck zur Diskussion gestellt. (7) Die Arbeits-
produkte werden, nachdem sie vom Lehrer überprüft und berichtigt worden
sind, in einem gemeinsamen Abschlußbericht zusammengetragen.

Zielsetzungen

Für alle Erkundungsmodelle gilt: Es sollen jeweils spezifische Problemstellungen der Berufs- und Arbeitswelt erhoben und untersucht werden.
In diesem Sinne wird im Unterrichtsmodell "Eine elementare Arbeitsplatzanalyse" vorgeschlagen, die Erkundungsaufträge für die einzelnen Schülergruppen auf jeweils einen überschaubaren, leicht zugänglichen Arbeitsplatz zu begrenzen. Die Schüler sollen - in Vorbereitung eines
nachfolgenden Betriebspraktikums - Kriterien zur Bestimmung eines Arbeitsplatzes entwickeln und anwenden lernen. Diese Zielsetzung beinhaltet, daß die Begriffe Arbeitsplatzbeschreibung, Arbeitsformen und Arbeitsbedingungen sowie Tätigkeiten als wichtige Merkmale für die Analyse eines Arbeitsplatzes im vorbereitenden Unterricht systematisch eingeführt werden müssen. Unter Benutzung dieser Begriffe lernen die Schüler die praktische Durchführung einer einfachen Arbeitsplatzanalyse.
Sie sollen auf diese Weise erkennen, daß Arbeitsplatzanalysen eine wichtige Entscheidungshilfe für die Wahl des Startberufs und für die Planung
weiterer Erwerbstätigkeiten sein können.

Methoden

Zur methodischen Gestaltung der die Betriebserkundungen vorbereitenden
Unterrichtssequenzen werden für das Modell "Elementare Arbeitsplatzanalyse ..." keine expliziten Aussagen getroffen. Die Strukturierung der
Themenfolge läßt jedoch den Schluß zu, daß in den Erprobungsschulen als
Arbeitsform ausschließlich der Frontalunterricht gewählt wurde. - Bei
der Durchführung der Erkundung werden verschiedene Instrumentarien eingesetzt: Kurzvortrag eines Vertreters der Betriebsleitung bzw. der Kin-
dergartenleiterin, Beobachtung von Arbeitsplätzen; Befragungen von Arbeitnehmern bzw. der Kindergärtnerin und der Helferin; Abschlußgespräch
mit einem Vertreter der Geschäftsleitung und einem REFA - Sachverstän-
digen bzw. der Leiterin und den Mitarbeitern des Kindergartens. -

Kritische Anmerkungen

Die Modellentwicklung und Organisation von Betriebserkundungen im lokalen und regionalen Bereich zählt zu den angestammten, die Kooperation
von Betriebs- und Unternehmensleitungen und interessierten Lehrern kata-
lysierenden Aufgabenbereiche der Studienkreise Schule/Wirtschaft. Die

BETRIEBSERKUNDUNG

in dem vorliegenden Band gesammelten und nach übergreifenden formalen
Aspekten systematisierten Unterrichtsmodelle sind in der Absicht entwickelt und erprobt worden, einer ständig wachsenden Zahl von - häufig
fachfremden - Lehrern, die in den noch mit einer Vielzahl von ungelös-
ten didaktisch-methodischen Problemfeldern befrachteten Schulfächern
Arbeitslehre und Wirtschaftskunde bzw. -lehre unterrichten, ausgearbeitete und flexibel einsetzbare Handreichungen zur betrieblichen Erkundung funktionaler, sozialer und berufskundlicher Zusammenhänge der Be-
rufs- und Arbeitswelt zur Verfügung zu stellen. Die Unterrichtseinheiten enthalten eine Anzahl nützlicher organisatorischer und didaktischer
Anregungen, die zwar für sich genommen kaum ausreichen dürften, um die
angegebenen Themen- und Zielvorgaben inhaltlich und methodisch einzulösen, die auf der anderen Seite jedoch in verschiedenen thematischen
Bezügen von Interesse sein dürften und im Rahmen von eigenständigen
Unterrichtsreihen und -projekten aufgegriffen und verarbeitet werden
können.

Kritisch ist anzumerken, daß weder auf die Erfahrungen Bezug genommen
wird, die während der Erprobungsphasen gewonnen wurden noch auf mögliche
didaktisch-methodische Alternativen eingegangen wird. Die Unterrichts-
inhalte werden zudem nur stichpunktartig skizziert, so daß insbesondere auch fachfremde Lehrer, die - so die Herausgeber im Vorwort - vornehmlich auf ausgearbeitete Handreichungen angewiesen sind, gezwungen
sein dürften, ergänzende und weiterführende Fachliteratur zugrundezu-
legen.

Das Unterrichtsmodell "Elementare Arbeitsplatzanalyse ..." zielt darauf
ab, den Schülern im Vorbereitungsstadium von Betriebspraktika ein Raster an die Hand zu geben, das es ihnen ermöglicht, spezifische Momente innerbetrieblicher Prozesse systematisch zu erfassen. Es ist jedoch
fraglich, ob die im Frontalunterricht dozierten betriebs- und industrie-
soziologischen Begriffe für die sich die Schüler motivieren und befähigen,
die vorgegebenen bzw. ergänzten Fragestellungen und Erhebungsinstru-
mentarien während der Erhebungs- und Auswertungsphase im Zusammenhang
ihrer gegenwärtigen oder zukünftigen Interessen zu deuten und - wie
vorgesehen - in Eigenregie praktisch zu handhaben.

Nr. 263

Menschen im Betrieb im Rahmen einer Betriebserkundung. Unterrichts-
          modelle Arbeitslehre. Kreuznach: RPZ, 1979. 222 S.

Einsatzmöglichkeit: Sek. I; Arbeitslehre (Hauptschule), Wirtschafts-
          und Sozialkunde (Realschule), Sozialkunde (Gymna-
          sium).

Inhaltliche Schwerpunkte und Aufbau

Die Unterrichtseinheit stellt die sozialen Konfliktfelder in einem Industrieunternehmen in den Mittelpunkt. Im vorbereitenden Unterricht zur
Betriebserkundung wird die Themenstellung unter fünf Aspekten aufgearbeitet: (1) Betriebs- und Wirtschaftsdemokratie (Betriebsrat, Gewerk-

BETRIEBSERKUNDUNG

schaften, Unternehmerverbände, Partnerschaft im Betrieb); (2) Aufgaben
einer sozialen Betriebspolitik; (3) Lohnpolitik und Lohnschutz;
(4) Arbeitsgerichtsbarkeit; (5) Arbeitsschutz. In einer die Vorbereitungsphase abschließenden Lernsequenz werden Themen- und Fragestellungen, die sich im Unterricht ergeben haben, unter Mitwirkung der Schüler zu einem Interview- und Beobachtungsleitfaden zusammengezogen.

Bestandteile des Unterrichtsmodells sind: Sachanalyse aus der Sicht der
Bundesvereinigung der Arbeitgeberverbände und des Wirtschafts- und sozialwissenschaftlichen Instituts des Deutschen Gewerkschaftsbundes; Fragen zur Lernzielkontrolle; Literatur- und Medienhinweise; Materialienband.

Zielsetzungen

Leitendes Interesse ist es, die Fähigkeit der Schüler zu entwickeln, die
in der künftigen beruflichen Praxis gestellten sozialen Anforderungen
kritisch beurteilen und bewältigen zu können. Zielbestimmung und Umset-
zungsprozeß der UE werden mit folgender Formel umrissen: Nicht die Gegensätze der verschiedenen Interessen, die staatstheoretisch und verfassungs-
rechtlich abgesichert Freiheit und Pluralismus erst gewährleisten, sondern der zum Lebensinhalt aller am Arbeits- und Wirtschaftsleben gewordene "Gemeinsinn des Daseins" sollte zukünftig das soziale Handeln der
Menschen am Arbeitsplatz bestimmen.

Methoden

Die UE definiert sich als integraler Bestandteil eines Fünf-Phasen-Mo-
dells zur Vorbereitung, Durchführung und Analyse von Betriebserkundungen
(Vorplanung, organisatorische Abstimmung, unterrichtliche Vorbereitung,
Durchführung, Auswertung).

Die Vorbereitung der Erkundung erfolgt nahezu ausschließlich im Frontalunterricht. Das komplexe Konfliktfeld zwischen Unternehmensleitung und
Betriebsrat, zwischen Arbeitgebern und Arbeitnehmern, das im Rahmen einer Erkundung kaum sichtbar werden kann, wird in Fallbeispielen schülernah abgebildet. In einem Rollenspiel soll die Wahl einer Jugendvertretung simuliert werden. Komplementär zu den einzelnen Lernschritten werden Arbeitsmaterialien bereitgestellt. Sie werden um Hinweise auf audi-
visuelle Medien ergänzt.

Kritische Anmerkungen

Das Unterrichtsmodell strukturiert die Vorbereitung einer Betriebserkundung unter sozialem Aspekt. Ökonomische, technische und berufskundliche
Momente der Arbeitswelt werden insoweit einbezogen, als unmittelbare inhaltliche Bezüge unabweislich sind.

Die Projektgruppe erprobt neue Wege einer praxisnahen Konstruktion von
Unterrichtsmodellen. Dies geschieht zum einen durch die Verknüpfung von
regionaler Lehrerfortbildung und Curriculumentwicklung. Zweitens wurden
fallbezogene Studien in einem Unternehmen durchgeführt. Die experimentel-
le Bezugnahme auf einen Modellbetrieb schafft neuartige Kooperationsformen
zwischen Lehrern, Curriculumplanern und Experten des Betriebsrates und
der Unternehmensleitung. Drittens werden zwei konträre, die Polarität
innerbetrieblicher Interessenlagen repräsentierende Sachanalysen zur Verfügung gestellt. Es entsteht allerdings der Eindruck, daß es in dem vorliegenden Unterrichtsmodell noch kaum gelungen ist, die im Rahmen einer
Projektgruppe zusammengefaßten pädagogischen, fachwissenschaftlichen

BETRIEBSERKUNDUNG

und fachpraktischen Potenzen curriculumstrategisch auszuschöpfen und
umzusetzen. Es hätte projektimmanent bspw. nahegelegen, die kontroversen sachanalytischen Beiträge aus dem wissenschaftlichen Umfeld der Bundesvereinigung der Arbeitgeberverbände und des Deutschen Gewerkschaftsbundes in alternative didaktische Konzeptionen und / oder unterrichtliche
Sequenzen zu transformieren, so daß es dem "selbstverantwortlichen, pla-
nenden Lehrer" überlassen bleibt, in Abstimmung mit den Schülern inhaltliche Akzente zu setzen und methodische Variationen zu erproben. Stattdessen werden gegensätzliche Ausgangspositionen und unterschiedliche
Lösungsstrategien stellenweise allzusehr teils zu einem formelhaften
Minimalkonsens verdünnt, teils einseitig zugunsten unternehmerischer Interpretationsmuster von sozialer Partnerschaft im Betrieb aufgelöst.

Es bleibt allerdings offen, wie die Fülle der angesprochenen institutionellen und situativen Problemfelder im Rahmen einer einmaligen Betriebserkundung so aufgenommen und erfahrbar gemacht werden können, daß eine
nachbereitende Auswertung des Erkundungsmaterials möglich wird.

Nr. 264

BICKEL, W. u. a.: Der Betrieb als Lernort der Schule, Sozialkundeunter-
richt in einem Industrieunternehmen. Modell einer
Unterrichtsreihe für die Sekundarstufe II. Bad
Harzburg: Verlag für Wissenschaft, Wirtschaft und
Technik, 1974. 84 S.

Einsatzmöglichkeit: 11. Jg.; 38 Ustd.

Erprobungshinweise: Die Unterrichtsreihe wurde in der 11. Klasse eines
Gymnasiums erprobt.

Die Unterrichtsreihe dokumentiert ein Gemeinschaftsprojekt eines Gymnasiums und eines Wirtschaftsunternehmens der Getränkeindustrie. Zielsetzung war es, einen sozialkundlichen Themenbereich in ständiger Wechselbeziehung von praktischer Anschauung und begrifflicher Abstraktion
zu gestalten. Die UE berührte im wesentlichen alle Problemfelder eines
Konsumgüter - Markenartikel - Industrieunternehmens: (1) Markt- und Mei-
nungsforschung. (2) Das Produkt. (3) Beschaffung und Herstellung.
(4) Marketing und Absatz. (5) Mensch und Arbeit. (6) Der Verbraucher
als Ziel der Werbung.

Nr. 265

BUTHIG, W.: Betriebserkundung. Ratingen: Henn, 1970. 120 S.

Einsatzmöglichkeit: Hauptschule

Im Unterricht gründlich vor- und nachzubereitende Betriebsbesichtigungen
und -erkundungen sollen die Schüler an grundlegenden Sachverhalten der
Arbeitswelt heranführen. In Kooperation der Arbeitslehre mit anderen
Schulfächern werden didaktisch-methodische Hinweise zu folgenden Bereichen skizziert: (1) Werken (Gießerei, Maschinenfabrik). (2) Hauswirt-
schaft/Naturlehre (Bäckerei, Molkerei). (3) Chemie (Ziegelei, Kalkbren-
nerei, Zementfabrik). (4) Deutsch (Tageszeitung). (5) Rechnen (Kohlen-
handlung). (6) Elementare Wirtschaftslehre (Holzwerkstatt). Weiterhin
wird eine berufskundliche Sequenz (Maschinenschlosser) skizziert.

BETRIEBSERKUNDUNG

Nr. 266

BUTHIG, W.: Arbeitswelterkundung in der Hauptschule. In: Pädagogische
Welt 1971, 5, 268 - 290

Der Aufsatz umreißt die unterrichtliche Vorbereitung und Auswertung
zweier Betriebserkundungen. In der ersten Phase lernen die Schüler in
Eigenversuchen Grundsachverhalte des Brotbackens kennen. Die erworbenen
Kenntnisse und Fertigkeiten sollen während der Erkundung einer Bäckerei
erweitert und vertieft werden. In der zweiten Unterrichtssequenz steht
der Besuch eines Zeitungshauses im Mittelpunkt.

Nr. 267

BUTHIG, W.: Arbeit und Wirtschaft. Zur Unterrichtspraxis der allgemeinen Arbeitslehre. Modell zur Erkundung der Ar-
beits- und Wirtschaftswelt. Ansbach: Prögel, 1974,
168 S.

Einsatzmöglichkeit: Sek. I der Hauptschule; Arbeitslehre

Es werden unterschiedliche Wege der Erkundung der Arbeits- und Wirtschaftswelt in Form von Unterrichtsmodellen vorgestellt: a) die Wirtschaftswelt, b) der Verbraucher in der Marktwirtschaft, c) Güterproduktion und Arbeitsteilung, d) Problemfeld Marktmacht und Preis, e) Umgang
mit Geld, f) Betriebserkundung: Urproduktion, Handwerk, Industrie, Gü-
terverteilung, Dienstleistungen, g) Wirtschaftskreislauf.

Nr. 268

BUTHIG, H.: Erkundung der Brotherstellung. In: Die Arbeitslehre 1977, 3,
142.

Zur Nachbereitung einer Betriebserkundung werden innerhalb einer Unterrichtsstunde Verfahren der Brotherstellung in der Bäckerei, der Groß-
bäckerei und in der Brotfabrik besprochen.

Nr. 269

Eintägige Betriebserkundung verbunden mit praktischer Tätigkeit.
In: Schule, Wirtschaft, 1973, 11, 41 - 48.

Einsatzmöglichkeit: 9. Jg. Hauptschule

Erprobungshinweise: Die UE ist in der 9. Klasse der Hauptschule erprobt.

Als Ersatz für ein dreiwöchiges Betriebspraktikum nehmen 13 - 14 jährige
Schüler an einer eintägigen Betriebserkundung teil, in der sie den Prozeß der Reparatur eines schadhaften Maschinenteils in allen Einzelhei-
ten verfolgen. Die Erkundung wird im schulischen Unterricht nachbereitet.

BETRIEBSERKUNDUNG

Nr. 270

FÄHNRICH, H. (Hrsg.): Betriebserkundung. Arbeitslehre in der Sekundarstufe I. Hannover: Schroedel 1972, 214 S.

Der Sammelband dokumentiert zehn Berichte über Betriebserkundungen, die
in funktionaler, berufsorientierender und sozialer Perspektive in unterschiedlichen Branchen durchgeführt worden sind. Die skizzierten Beispiele beziehen sich auf das Handwerk (Tischlerei), die Industrie (Möbelfa-
brik, Zeitungsverlag, Herrenkleiderwerk, Automobilwerk), den Handel
(Holzgroßhandlung, Warenhaus, Kaufhaus) sowie auf öffentliche und private Dienstleistungen (Müllverbrennungsanlage, Kläranlage, Krankenhaus,
Geldinstitut.

Nr. 271

FLOETEMEYER, M.: Überlegungen und Vorschläge zur praktischen Gestaltung
der Betriebserkundung und der Auswertung: Didaktisch-methodische Hilfen für den Unterrichtsbe-
reich Arbeit - Wirtschaft - Technik. Freiburg:
Studienkreis Schule - Wirtschaft Südbaden, 1978[2].
26 S.

Es wird ein Beobachtungsleitfaden zur Durchführung einer Betriebserkundung erstellt, in der erhoben werden sollen: Kommukikation und Kooperation; Bewegungsablauf und Haltung; Bewegungsabläufe der Maschine, Mate-
rial- und Werkzeugeinsatz; geistige Belastung; Umwelteinflüsse.

Nr. 272

FÜRMANN, K. u. a.: Betriebspraktikum - Arbeitsplatzerkundung und Arbeitserfahrung. HIBS (Hrsg.): unv. Ms. Wiesbaden:
1980. 158 S.

Einsatzmöglichkeit: 10. Jg. Hauptschule in Hessen; 98 Ustd.

Erprobungshinweise: 10. Jg. Hauptschule in Hessen

Das Vorhaben kombiniert in der Vor- und Nachbereitung eines zweiwöchigen
Betriebspraktikums zum Thema "Arbeitsplatzerkundung und Arbeitserfahrung"
zwölf Bausteine aus den Fächern bzw. Lernbereichen Polytechnik/Arbeitsleh-
re (Inhalt: Unterrichtliche Vorbereitung, Durchführung und Nachbereitung
des Praktikums; Sicherheit am Arbeitsplatz), Deutsch (Interviews; berufliche Lebensläufe, Gesellschaftslehre (Arbeitsplatzbewertung, Entlohnung
und Qualifikation), Naturwissenschaften (Arbeitsbedingungen und Gesundheit), Religion ("Ich werde arbeiten"), Musik (Musik am Arbeitsplatz) und
Kunst (Dokumentation des Betriebspraktikums).

BETRIEBSERKUNDUNG

Nr. 273

JAKUBASCH, F. H.: Die Betriebserkundung im Rahmen der Arbeitslehre.
　　　　　　　　Ravensburg: Otto Maier, 1974. 64 S.
Einsatzmöglichkeit:　8. Jg. Hauptschule

JAKUBASCH berichtet über vier unterschiedlich akzentuierte Betriebserkundungen: In berufskundlicher Dimension lernen die Schüler Tätigkeitsbereiche des Waldfacharbeiters kennen. Eine unter technologischen Gesichtspunkten durchgeführten Erkundung führt in ein Sägewerk und in eine
Schreinerei. Der Besuch einer Sparkasse soll dazu beitragen. ökonomische
Themenstellungen zu erschließen. Unter sozialen Aspekten geht es darum,
Mitbestimmungs- und Mitwirkungsrechte nach dem Betriebsverfassungsgesetz
von 1972 in der Praxis auszuloten. - Das Arbeitsheft enthält zu allen Er-
kundungsbereichen Vorlagen für Erhebungsbögen.

Nr. 274

KOLL, J.: Die aspekthafte Erschließung der Arbeitswelt. Unterichtsbei-
　　　　　spiel: Erzbergbau. In: Lebendige Schule 1972, 5,
　　　　　17 - 20.

Durch Formen der indirekten Anschauung wird den Schülern der Sachbereich
Erzbergbau aspekthaft historisch, geologisch, technologisch, volkswirt-
schaftlich und berufskundlich-soziologisch vermittelt; wobei die direkte
Erkundung durch eine skizzenhafte didaktische und methodische Freilegung
elementarer Strukturen und Zusammenhänge weitgehend ersetzt wird.

Nr. 275

MARKS, R.: Die Betriebserkundung - Wir erkunden eine Bank. (Hrsg.): von
　　　　　Lange, E. - M., Kitschke, A., Düsseldorf: Niederrhein-
　　　　　Verlag. 1973. 36 S.

Das Modell befaßt sich mit der Erkundung eines Kreditinstituts. Der
Schwerpunkt liegt im funktionalen und ökonomischen Bereich. Erkundet werden die Organisation im Bankbetrieb, Aufgaben und Geschäftsbereiche des
Instituts, Formen der Geldanlage, Abschluß von Kreditverträgen und bargeldloser Zahlungsverkehr.

Nr. 276

NITSCH, R., SCHNEIDEWIND, K.: Voraussetzungen zur Produktion - "Die Pro-
　　　　　duktionsfaktoren". Eine Betriebserkundung unter öko-
　　　　　nomischem Aspekt. In: KAISER, F. J., KIELICH, H.
　　　　　(Hrsg.): Theorie und Praxis der Arbeitslehre. Bad
　　　　　Heilbrunn: Klinkhardt, 1971, S. 210 - 221.
Einsatzmöglichkeit:　8. Jg. Hauptschule.

Es werden didaktisch-methodische Vorschläge zur Vorbereitung, Durchführung und Auswertung einer Betriebserkundung in der Textilbranche skizziert.
Themen sind: Natur, Arbeit und Kapital als Bedingungen der Produktion;
das Verhältnis der Produktionsfaktoren; wirtschafts- und gesellschaftspolitische Folgen von Rationalisierungsinvestitionen.

BETRIEBSERKUNDUNG

Nr. 277

NITSCH, R.. SCHNEIDEWIND, K.: Möglichkeiten und Grenzen der Mechanisie-
rung. Eine Betriebserkundung unter ökonomischem
Aspekt. In: Dortmunder Hefte für Arbeitslehre und
Sachunterricht 1972, 2, 32 - 43.

Die Betriebserkundung legt den Schwerpunkt auf ökonomische Aspekte der
Arbeitswelt und vermittelt den Schülern Probleme und Entwicklungsperspek-
tiven der Mechanisierung und Automatisierung von Arbeitsprozessen in einer Gießerei. Zur Vorbereitung führen die Schüler im Unterricht chemische
Versuche und Analysen sowie einen Eigenversuch im Metallgießen durch.
Während einer 90-minütigen Betriebserkundung werden aspektgebundene Befragungen durchgeführt, die abschließend durch Texte, graphische Darstellungen und Schaubilder ausgewertet werden.

Nr. 278

OBERLINDOBER, H.: Von der Betriebserkundung zur vergleichenden Analyse
sozialer Leistungen Dortmunder Großkaufhäuser.
In: Dortmunder Hefte für Arbeitslehre und Sachunterricht 1970, 4, 40 - 48.

Einsatzmöglichkeit: 9. Jg. Hauptschule; 24 Ustd.

Erprobungshinweise: 9. Jg. der Hauptschule

Der Aufsatz beschreibt und bewertet berufskundlich akzentuierte Betriebserkundungen in mehreren Großkaufhäusern. Hauptgegenstand der Vorberei-
tungs-, Realisierungs- und Analysephase war die qualitative Ausstattung
der betrieblichen Ausbildungsstätten.

Nr. 279

PELZ, B.: Menschen an ihrem Arbeitsplatz. Eine Betriebserkundung unter
sozialem Aspekt. In: Die Arbeitslehre 1976, 3,
125 - 134.

Die UE enthält einen detaillierten Bericht über eine Erkundung eines In-
dustriebetriebes nach dem zuvor beschriebenen Modell.

Nr. 280

PELZ, B.: Der Sägewerker - ein Beruf aus dem Bereich Holzverarbeitung.
Eine Betriebserkundung unter beruflichem Aspekt.
In: Die Arbeitslehre 1979, 2, 105 - 111.

Die Schüler lernen im Rahmen einer Betriebserkundung die Zugangsvoraus-
setzungen, die Belastungsanforderungen, sowie die Einsatz-, Weiterbil-
dungs- und Übergangsmöglichkeiten in diesem Industrieberuf kennen.

BETRIEBSERKUNDUNG

Nr. 281

SCHERNIKAU, H.: Produktion und Verkauf. In: Klafki, W. (Hrsg.): Unterrichtsbeispiele der Einführung zur Wirtschafts- und Arbeitswelt, Düsseldorf: Bagel, 1970. S. 105 - 122.
Einsatzmöglichkeit: 7. - 10. Jg. Hauptschule; Sach- und Weltkunde, Deutsch, Mathematik; 30 Ustd.

Die Schüler fertigen in Serienproduktion Kekspackungen. Die Arbeitsergebnisse werden verkauft und der Gewinn untereinander verteilt.

Nr. 282

STEFFENS, H.: Beispiel einer Betriebserkundung unter berufskundlichem Aspekt. In: Berufswahl und Berufsvorbereitung. Ravensburg: Otto Maier, 1975. S. 146 - 162.

Die Betriebserkundung in einem Warenhaus macht die Schüler mit dem Beruf des Substituten bekannt. Die nachfolgende Auswertung konfrontiert die Lernenden mit relevanten Berufsfeldern und typischen Tätigkeitsfeldern des Dienstleistungssektors. In einem Planspiel wird eine idealtypische berufs- und ausbildungsbezogene Entscheidungsfindung strukturiert.

Nr. 283

WINICKER, H.: Aspekthafte Betriebserkundung - Beispiel "Nähmaschinenfabrik". In: ROTH, F. (Hrsg.): Wege in die Arbeitswelt, Kaiserslautern: Georg Michael Pfaff Gedächtnisstiftung, 1970. S. 165 - 226.
Einsatzmöglichkeit: 9. Jg. Hauptschule; 15 Ustd. Wirtschafts- und Sozialkunde, 8 Ustd. Werken..

Die Betriebserkundungen werden fächerübergreifend vorbereitet. Es werden drei Erkundungen und darüber hinaus der Besuch eines Werkmuseums anberaumt (jeweils 2 - 4 Vollzeitstunden). Folgende Aspekte stehen im Vordergrund: (1) Die Stellung des Individuums im Arbeitsprozeß. (2) Gefahren am Arbeitsplatz: Unfallverhütung. (3) Automation - Fließband - Kontrolle.

Nr. 284

WILKENING, F.: Die Betriebserkundung. In: Ders.: Unterrichtsverfahren im Lernbereich Arbeit und Technik. Ravensburg: Otto Maier, 1977. S. 178 - 204.
Einsatzmöglichkeit: 8. - 10. Jg. Hauptschule; 9 Doppelstunden.

Die Betriebserkundung umschließt 2 Teilbereiche, den Bereich der Produktionstechnik, hier die Herstellung eines Motors und den Bereich der sozialen Aspekte, die Arbeitsplatzsituation. Im vorbereitenden Unterricht werden den Schülern Informationen über Motoren und ihre Produktion vermittelt. In der Betriebserkundung stehen Fertigungstechniken und die Arbeitsplatzsituation im Mittelpunkt. Bei der Betriebserkundung wird ein Beobachtungsbogen eingesetzt.

AUSWERTUNG: SCHWERPUNKTSETZUNGEN UND DEFIZITE

Die vorstehende, auf Vollständigkeit angelegte Dokumentation zu Themenbereichen der Arbeitslehre in der Sekundarstufe I und II erfaßt insgesamt 284 Unterrichtsmodelle, von denen angenommen wird, daß sie die
Grundgesamtheit aller veröffentlichten Curriculumelemente in hohem
Maße repräsentieren. Zwar ist es aufgrund der komplexen Produktions-
formen und der unübersichtlichen Vertriebsstrukturen prinzipiell nicht
möglich, die erhobenen Curriculumelemente auf die Gesamtzahl von potentiell verfügbaren Einheiten hochzurechnen, es kann jedoch davon ausgegangen werden, daß mindestens mehr als die Hälfte der im fraglichen
Zeitraum erschienenen Unterrichtsvorschläge in die Untersuchung einbezogen werden konnte. Hauptsächlich kamen hier aktuelle Materialien zur
Vorstellung, die verschiedene Schwerpunkte in der Didaktik und Methodik der Arbeitslehre spiegeln.[1]

Schwerer wiegt demgegenüber ein anderer Umstand: Da um die Hälfte der
ausgewerteten Dokumente keine expliziten Angaben zu den vorgängigen
Fragestellungen der Erhebung beinhalten (von ggf. nicht absichernden
Schätzungen wurde grundsätzlich Abstand genommen), konnte nur ein -
bedingt durch die unterschiedlichen Häufigkeiten der modellimmanen-
ten Daten variierender - Anteil der erfaßten Bausteine in die Untersuchung einbezogen werden. Die auf der Basis des vorliegenden Materials
gewonnenen Aussagen markieren insofern Tendenzen und Zusammenhänge, die
Grundlageninformationen und Entscheidungshilfen für die unterrichtspraktische Ausformung der Arbeitslehre bereitzustellen vermögen, sie sind
jedoch nur unter Einschränkungen repräsentativ für die Grundgesamtheit
aller potentiell auf den Arbeitslehreunterricht in den Sekundarberei-
chen I und II bezogenen Curriculumelemente.

Im Dokumentationsteil des Arbeitsberichts konnten Unterrichts- und
Projektvorschläge aus nahezu allen Schulfächern und Lernbereichen berücksichtigt werden. Die Mehrzahl der untersuchten Einheiten wurde unmittelbar für den Arbeitslehre-, den Berufswahl-, Technik-, Wirtschafts-

---

[1] Vgl. a. KARASEK, P., PYSCHIK, J.: Arbeitslehre - Lehre vom Sach-
zwang. In: CHRISTIAN, W. u.a.: Polytechnik in der Bundesrepublik
Deutschland? Frankfurt: Suhrkamp, 1972. S. 41

Tab. 1:   Fächer und Fächerkombinationen der Unterrichtsmodelle
(mit Mehrfachnennungen)

| Fächer und | Anzahl der Unterrichtseinheiten | |
Fächerkombinationen	absolut	in Prozent
Gesellschaftslehre	97	29,5
Arbeitslehre/Polytechnik	78	23,7
Politik	37	11,3
Naturwissenschaften	27	8,2
Deutsch	24	7,3
Wirtschaftslehre	22	6,7
musische Fächer	13	4,0
Werken	7	2,1
Religion	7	2,1
Berufswahl	6	1,8
Sport	3	0,9
Mathematik	3	0,9
Technik	3	0,9
Haushaltslehre	1	0,3
Englisch	1	0,3
Gesamt	329	100,0

und Haushaltslehreunterricht entworfen. In einer Reihe von Fällen erscheinen zudem "Anleihen" bei anderen Fächern möglich zu sein. Insbesondere in den Grenzbereichen der Gesellschafts- und Naturwissenschaften ergeben sich komplexe Überschneidungen, die sich - klammert man
die relativ wenigen fachübergreifend projektierten Curricula aus - vornehmlich aus der thematischen und inhaltlichen Nähe der Lernbereiche
erklären. Zugleich verweisen sie darauf, daß eine gegenstandsbezogene
Profilierung und Konsolidierung der Arbeitslehre im wesentlichen noch
aussteht. [1]

---

[1] MENDE, M.: Arbeitslehre. Fachdidaktischer Trendbericht. In:
betrifft:erziehung 1978, 9, 78.

Tab. 2: Problem- und themenbezogene Schwerpunktsetzung

Rang	Themenbereiche/Problemfelder	Anzahl der UE absolut	in Prozent
1	Berufswahl	30	10,5
2	Produktionstechnik und Arbeits-organisation	26	9,1
3	Betriebserkundung	23	8,1
4	Mensch und Mechanisierung	22	7,7
5	Wohnen und Umwelt	18	6,3
6	Tarifautonomie und Tarifpolitik	15	5,3
7	Ökologie und Umweltschutz	13	4,6
8	Arbeit und Herrschaft im Betrieb	12	4,2
9	Frau in der Arbeitswelt	11	3,9
10	Rohstoff und Energieversorgung	11	3,9
11	Betriebspraktikum	11	3,9
12	Berufswechsel und Arbeitsmarkt	10	3,5
13	Berufliche Bildung	10	3,5
14	Mitbestimmung	9	3,2
15	Jugendarbeitslosigkeit	9	3,2
16	Freizeitindustrie	9	3,2
17	Familie	8	2,8
18	Interessenvertretung der Arbeit-nehmer	7	2,5
19	Wirtschaftl.-techn. Wandel und Qualifikationsentwicklung	7	2,8
20	Arbeitsrecht	5	1,8
21	Sozialisation und Qualifikation	5	1,8
22	Emanzipation der Frau	4	1,4
23	Freizeit	4	1,4
24	Wirtschaftliche Macht	3	1,0
25	Arbeit und Freizeit	2	0,7
	Gesamt	284	100,0

Tabelle 2 gibt einen Überblick über die Verteilung von Unterrichtsmodellen nach Themenbereichen bzw. Problemfeldern. Aus der quantitati-
ven, nach thematischen Komplexen gebündelten Aufschlüsselung geht hervor, daß für nahezu alle Bereiche gravierende curriculare Fehlstellen
zu konstatieren sind. Dabei lassen sich in dem Mosaik grauer bis weis-
ser Flecken mehrere besonders vordringliche Aufgabenstellungen einer
an konkret verwertbaren Hilfestellungen ausgerichteten Curriculumentwicklung herauskristallisieren: Zu den Komplexen *Berufswahl und Ar-*

*beitsmarkt, Berufliche Bildung, Mitbestimmung, Jugendarbeitslosigkeit,
Freizeitindustrie, Familie, Interessenvertretung der Arbeitnehmer, Wirt -
schaftlich-technischer Wandel und Qualifikationsentwicklung* liegen nicht
mehr als zehn und zu den Problemfeldern *Arbeitsrecht, Sozialisation
und Qualifikation, Emanzipation der Frau, Freie Zeit, Wirtschaftliche
Macht* sowie *Arbeit und Freizeit* nicht mehr als fünf Unterrichtsmodelle
vor. Hinzu kommt, daß das qualitative Niveau mancher didaktisch-methodischer Ausarbeitungen kaum zufriedenstellen kann. Zwar ist aufgrund ver-
einzelter individueller Pionierleistungen, aber auch durch die Kooperation von Lehrerteams sowie im Rahmen einiger Modellversuche in den vergangenen Jahren eine nachhaltige qualitative Verbesserung des didaktisch-methodischen Inventars zu verzeichnen gewesen, insgesamt bleibt
jedoch festzuhalten, daß die curriculare Ausgestaltung des Lernbe-
reichs eher einem "buntscheckigen, im ganzen wenig ertragreichen Gar-
ten" ähnelt als einem im Kanon der allgemeinbildenden Schulen verankerten und· profilierten Fach. So hat die Entwicklung und Erprobung der
meisten UE nur auf schmaler empirischer Basis stattgefunden. Von den
insgesamt 284 Einheiten weisen lediglich 156, das entspricht einem Anteil von 54, 5 Prozent eine vorgängige Erprobung aus. Es muß deshalb
davon ausgegangen werden, daß eine Reihe der erfaßten Dokumente vor
Drucklegung nicht wenigstens einmal im Unterricht eingesetzt worden ist.
Dementsprechend ist die unterrichtspraktische Tragweite der in relativer
Abgeschiedenheit von den institutionellen Bedingungen schulischer Praxis
konstruierten didaktisch-methodischen Vorschläge, Anregungen und Empfehlungen nicht zu hoch zu veranschlagen.

Tab. 3: Zeitlicher Umfang der Unterrichtseinheiten

Dauer der Unterrichtseinheiten (in Unterrichtsstunden)	Anzahl der Unterrichtseinheiten absolut	in Prozent
1 bis 5	13	12,1
6 bis 10	28	26,2
11 bis 15	16	14,9
16 bis 20	4	3,7
21 bis 30	19	17,8
31 bis 40	11	10,3
41 bis 50	2	1,9
50 bis 100	11	10,3
100 bis 150	3	2,8
Gesamt	107	100,0

Gegenüber Tabelle 2, die die Gesamtzahl der erhobenen Curriculumbausteine nach Themenbereichen und Problemfeldern aufschlüsselt, gibt
Tabelle 3 den zeitlichen Umfang der Unterrichtseinheiten an. Sie deu-
tet an, daß der quantitative Nachweis von themenbezogenen Schwerpunktsetzungen, insofern die soziokulturellen, qualifikatorischen und zeitlichen Bedingungen ausgeklammert bleiben, noch nichts über reale schul-
praktische Nutzungsmöglichkeiten auszusagen vermag. Um die Diskrepanz
zwischen allgemeiner Zielsetzung und unterrichtlicher Realität der Arbeitslehre zu vermindern, wird es zukünftig vermehrt darauf ankommen,
unterschiedliche zeitliche Voraussetzungen in Unterrichtsentwürfen und
Projektvorschlägen zu antizipieren.

Ein weiterer Aspekt kommt hinzu: Soweit die niedergelegten UE überhaupt Informationen zu avisierten Adressatengruppen bereitstellen, verzichten sie in nahezu einem Drittel der Fälle auf weitergehende Konkretisierungen hinsichtlich der Jahrgangsstufen. Dies erklärt sich aus
zwei sich überschneidenden Momenten: Zum einen beinhalten verschiedene
Curriculumelemente in methodischer Dimension nur skizzenhafte Ausarbeitungen. Zum anderen ist kennzeichnend, daß veröffentlichte bzw. verviel-
fältigte Einheiten häufig als Einführungsstunden oder -kurse konzipiert
sind und, insofern sie kaum besondere Vorkenntnisse voraussetzen, in
der Tat unter unterschiedlichen Voraussetzungen adaptiert, integriert
und rekonstruiert werden können, und damit relativ beliebig einsetz-
bar sind.

Tab. 4: Verteilung der Unterrichtseinheiten nach Schulformen und
Jahrgangsstufen der Sekundarstufe I (mit Mehrfachnennungen)

Schul- form \ Jahrgangs- stufe	5/6	7	8	9	10	ohne Angabe	Gesamt absolut	%
Hauptschule	–	5	15	14	13	17	64	27,5
Realschule	–	–	–	2	2	6	10	4,3
Gymnasium	–	–	–	–	1	3	4	1,7
Gesamtschule	2	4	4	2	2	–	14	6,0
Sek. I (allgemein)	2	2	14	31	23	69	141	60,5
Gesamt	4	11	33	49	41	95	233	100,0

Die Verteilungen der Curriculumelemente nach Schulformen und Jahrgangsstufen (Tab. 4) spiegeln die Situation der Arbeitslehre in der Bundesrepublik Deutschland. Dieser Lernbereich übernimmt in Abgrenzung zum
Fächerkanon der Realschulen und der Gymnasien die Funktion, Haupt- und
ggf. Gesamtschüler an die berufliche Ausbildung in Facharbeiter- und
Fachangestelltenberufen heranzuführen, währenddessen die grundlegende
Bedeutung der Arbeitswelt für alle Schüler der allgemein- und berufs-
bildenden Schulen unterrichtspraktisch noch immer negiert wird.

Lediglich in 31 von 284 Einheiten wird ausschließlich auf allgemein-
und/oder berufsbildende Schulen im Sekundarbereich II Bezug genommen.
Zwar lassen sich einige auf die Einführung der Arbeitslehre in der
Sek. II gerichtete Initiativen aufweisen.[1] Insgesamt steht die curriculare Verankerung einer sowohl berufliche als auch allgemeine Bildungsinhalte integrierenden Arbeitslehre als zentralem Lernbereich für alle
Schüler im Sekundarbereich II[2] allerdings noch aus.

Innerhalb der für den Sekundarbereich I entwickelten Unterrichtselemen-
te ist die Mehrzahl der schulform- und jahrgangsbezogenen Einheiten
an Schülerinnen und Schüler der 8. bis 10. Jahrgangsstufe der Hauptschule adressiert. Bereits auf dem zweiten Rang folgt mit 14 Nennungen,
noch vor der Realschule und dem Gymnasium, die Gesamtschule, in deren
Fächerkanon das Fach Arbeitslehre - mit Ausnahme von Hessen - jedoch
lediglich als Wahlbereich verankert ist. Aufgeschlüsselt nach Schulformen enthalten 60,5 Prozent der in die Untersuchung einbezogenen
Einheiten keine Angaben. 27,5 Prozent nennen die Haupt- und 6,0 Prozent die Gesamtschule als institutionelle Bezugspunkte. Lediglich 4,3
Prozent bzw. 1,7 Prozent wenden sich explizit an Schülerinnen und Schüler der Realschulen und der Gymnasien.

(1) Die "Orientierungseinheiten" sind im Regelfall als Handreichungen
für den Lehrer konzipiert, die insbesondere auch dann, wenn eine fachbezogene wissenschaftliche Ausbildung oder eine adäquate fachdidaktische Praxis nicht eingebracht werden kann, eine die Erfahrungen,

---

[1] DEDERING, H.: Arbeitslehre in der Sekundarstufe II. In: betrifft:
erziehung, 1979, 2, 55.

[2] GÜRS, S.: Arbeitslehre/Polytechnik. Köln: Europäische Verlagsanstalt, 1977, S. 57.

Einstellungen und Interessenschwerpunkte von Lerngruppen reflektieren-
de und flexibel integrierende Unterrichtsplanung ermöglichen sollen.
Es handelt sich ganz überwiegend dabei um Unterrichtseinheiten, die -
ohne besondere fachspezifische Qualifikationen vorauszusetzen - in neue
Themenbereiche und Problemstellungen einführen. Für derartige Zwecke
kann teilweise auf vielfältige, anregende und gut sortierte Materialien
zurückgegriffen werden.

Defizitäre Positionen waren demgegenüber vornehmlich in drei Punkten
festzumachen: Zum einen werden qualifikatorische Zielebenen, insoweit
sie fachliche Anforderungen auf dem Niveau einführender, problemati-
sierender und informationssichernder Einführungs- und Grundkurse überschreiten, durch die infragestehenden Curriculumbausteine nur sehr un-
zureichend abgedeckt. Zweitens werden Möglichkeiten der Verzahnung der
Unterrichtsmodelle mit weiterführenden Themenbereichen und Aufgabenstellungen im allgemeinen nicht ausgewiesen. Ebensowenig werden drittens in einer Reihe der untersuchten Unterrichtseinheiten, wenngleich
mit abnehmender Tendenz, alternativ-äquivalente Bauelemente bereitgestellt, die den Lehrer flexibler machen könnten in der Handhabung
methodischer Varianten.

(2) Weiterhin scheint auf der Basis der erhobenen "Orientierungseinheiten" die Schlußfolgerung möglich, daß sich in der fachdidaktischen
Kontroverse um das Verhältnis von Bezugswissenschaft(en) einerseits
sowie der Auswahl und Strukturierung von Bildungseinheiten andererseits
auf der unterrichtspraktischen Ebene eine Entscheidung zugunsten einer
handlungsorientierten und problembezogenen Unterrichtsplanung anbahnt,
in der die gegenwärtigen und zukünftigen Arbeits- und Lebenszusammen-
hänge der Adressaten zum Ausgangs- und Orientierungspunkt der Curriculumentwicklung für das Fach Arbeitslehre werden. Aus diesem Grunde
werden in den Unterrichtsmodellen i.d.R. mehrere Bezugswissenschaften
berücksichtigt und teilweise curricular integriert.

Noch völlig offen ist hingegen, wie eine angestrebte Problem- und Wis-
senschaftsorientierung im Unterricht praktiziert werden kann. Ungeklärt
bleibt insbesondere
- anhand welcher und wie begründbarer Kriterien eine Konstruktion der
  UE in der Arbeitslehre sich anbietet
- auf welche Weise kontroverse wissenschaftliche Lehrmeinungen und
  Positionen im Unterricht eingeführt und verarbeitet werden können
  und

- wie in exemplarischer Perspektive eine Vermittlung von "gebrochenen"
  individuellen und kollektiven Deutungen der Adressaten mit sozial-
  und naturwissenschaftlich gesicherten Analysen und Handlungsperspektiven theoretisch und praktisch inganggesetzt werden kann.

(3) Hinsichtlich der Offenheit der Curricula kann nach drei Varianten
unterschieden werden: (a) In der Mehrzahl der untersuchten Einheiten
können die einzelnen Sequenzen relativ beliebig ausgewählt und zu inter-
essen-und situationsgebundenen Schwerpunkten verdichtet werden. Da in
diesen Konzeptionen im allgemeinen von systematisierenden, die Teilelemente der Unterrichtsmodelle integrierenden Zusammenfassungen Abstand genommen wird, bleibt die Synthetisierung der additiv kombinier-
baren Bausteine den beteiligten Schülern und Lehrern überlassen. (b)
Die Abfolge der Vermittlungs- und Aneignungsschritte wird durch die
Struktur der Curricula eindeutig vorgegeben. (c) Im Verhältnis zur
ersten und zweiten Planungsvariante deutlich unterrepräsentiert sind
Mischformen relativer Offenheit, die einerseits variable Arbeits- und
Sozialformen sowie situationsspezifische Themenfolgen und unterschiedliche inhaltliche Schwerpunktsetzungen und Erweiterungen zulassen, zugleich aber durch die Vorgabe von ausgearbeiteten Strukturelementen
eine unterrichtliche Integration von Problem- und Wissenschaftsorien-
tierung intendieren.

Zwar wird in der ersten Planungsvariante überproportional häufig von
konkretisierenden methodischen Ausarbeitungen Abstand genommen, dennoch kann festgestellt werden, daß die Vorschläge zur unterrichtlichen
Verlaufsplanung und zum Einsatz von Arbeitsmaterialien und Medien prinzipiell unabhängig von den jeweiligen didaktischen Leitlinien zwischen
einerseits skizzenhaften und mehr summarischen Anregungen und Abfassun-
gen und jedenfalls der Absicht nach minutiös ausgearbeiteten und vor-
strukturierten Unterrichtsentwürfen andererseits variieren.

(4) Typisch für die Mehrzahl der untersuchten Einheiten ist, daß entweder die unterrichtspraktische Ebene ausgeblendet wird oder aber, insoweit Erfahrungsberichte oder Evaluationsergebnisse zugänglich gemacht
werden, die Diskrepanzen zwischen den häufig weitgespannten Intentionen der curricularen Materialien und den unterschiedlichen institutionellen, materiellen, sozialen und qualifikatorischen Ausgangs- und
Realisierungsmomenten nahezu unüberwindlich scheinen.

Für den Versuch, die Spannung zwischen didaktischen Leitvorstellungen
und den Realitäten schulischen Unterrichtens zu antizipieren, lassen
sich bislang nur wenige Beispiele anführen. Hier liegt das Schwerge-
wicht darauf, gerade aus der Analyse der Interdependenzen von Modellplanung und Unterrichtspraxis Anhaltspunkte für eine emanzipatorische,
realitätsnah auf Möglichkeiten schulischer Lehr- und Lernprozesse zugeschnittene curriculare Konzeptionen zu gewinnen. In der pädagogischen
Wendung von vorgängigen unterrichtspraktischen Erfahrungen soll aufgezeigt werden, wie es selbst unter restriktiven institutionellen Voraussetzungen und angesichts knapp bemessener zeitlicher Vorgaben gelingen
kann, komplexe Sachverhalte didaktisch-methodisch aufzubereiten und
unterrichtlich zu realisieren.

In diesem Zusammenhang erwähnenswert sind insbesondere auch auf Themenstellungen und Problembereiche der Arbeitslehre bezogene Curriculum-
bausteine aus dem Umfeld der Jugend- und Erwachsenenbildung, die - insoweit sie in die Untersuchung einbezogen werden konnten - anzeigen,
daß während der vergangenen Jahre in der relativen Besonderung außerschulischer pädagogischer Felder inhaltlich-methodische Ausarbeitungen
entstanden sind und Erfahrungsmomente gesichert werden konnten, die
über den unmittelbaren Entstehungs- und Verwendungszusammenhang hinaus
Impulse für eine Weiterentwicklung des Repertoires schulischer Bildungs-
materialien bereitzustellen vermögen.

Eine andere Tendenz im Verhältnis von Modellplanung und Unterrichtspraxis manifestiert sich in einigen Curriculumelementen, die vornehmlich aus Kooperationsbeziehungen zwischen Schulen und wissenschaftlichen Instituten und Projekten hervorgegangen sind. Sie entwerfen so-
zusagen ein Kontrastprogramm zur "normalen" häufig wenig erfreulichen
schulischen Alltagspraxis und signalisieren insofern, als sie unter besonderen materiellen und personellen Voraussetzungen mögliche Lehr- und
Lernprozesse curricular verankern, zunächst einmal mögliche Perspektiven schulischen Unterrichts. Darüber hinaus transportieren sie jedoch
zugleich eine Vielzahl von didaktisch-methodischen Elementen, die auch
unter weniger exzeptionellen Bedingungen prinzipiell realisierbar sein
dürften.

(5) Insoweit Erfahrungsberichte und Evaluationsergebnisse aus den Ent-
wicklungs- und Erprobungsphasen der Unterrichtsmodelle vorliegen, wird

in einem Umfange von realen pädagogischen Bedingungen und Situationen
abgehoben und abstrahiert, daß sich im Regelfall nur spärliche Anhaltspunkte auffinden lassen, die es dem Rezipienten unter Berücksichtigung
von Vorerfahrungen gestatten könnten, bei der Vorbereitung und Durchführung eigener Unterrichtseinheiten vermeidbare didaktisch-methodische
Fehlplanungen einzugrenzen und existente Gestaltungsspielräume optimal
auszuschöpfen.

(6) Nur noch wenige Unterrichtsmodelle setzen auf eine zentralistische
Unterrichtssteuerung. Ganz überwiegend wird der Anspruch manifest, den
tradierten Frontalunterricht durch weitgehend repressionsarme, zugleich
konfliktfreudige Lern- und Arbeitsweisen anzureichern oder zu ersetzen.
Die auf Emanzipation und Demokratisierung gerichteten Bildungsziele
und -inhalte finden unterrichtsmethodisch ihre Entsprechung in zwei
unterschiedlich akzentuierten Konzeptionen: Zum einen sollen unterrichtliche Situationsfelder etabliert werden, in denen Formen fachlicher und methodischer Schülermitbestimmung bei der Planung und Durchführung von Unterrichtseinheiten und -sequenzen möglich und erwünscht
sind. Zweitens folgen einige Unterrichtseinheiten einem didaktisch-
methodischen Grundkonzept, in dem der Lehrer sein bisheriges Rollenverständnis auf über weite Strecken ausschließlich beobachtende und
beratende Funktionen in der Perspektive zurücknimmt, Handlungsräume
für angstfreie Gruppensituationen zu öffnen, in denen kollektive Bil-
dungs- und Erziehungsprozesse möglich werden.

(7) Charakteristisch für eine Reihe von Unterrichtsmodellen ist die
Diskrepanz zwischen den vorgängigen pädagogischen und inhaltlichen Intentionen und den medienbezogenen Realisierungsvorschlägen. Zwar wird
nahezu durchgängig beansprucht, das Ritual eines sich ausschließlich
in Tafelbildern und Schüleraufzeichnungen erschöpfenden Unterrichts zu
überwinden. In den meisten Fällen wird eine Vielzahl durchaus geeigneter Grundlagentexte für die Hand des Schülers zur Verfügung gestellt.
Dennoch: Die Erweiterung des traditionellen Medieninventars degeneriert
nicht selten zu einer bloßen Wende von tafel- zu materialgestützten
curricularen Konstruktionsmustern. Nur für etwa ein Viertel der analy-
sierten "Orientierungseinheiten" konnten bspw. gegenüber dem herkömmlichen Instrumentarium weiterführende Überlegungen zur Auswahl und zum
Einsatz von audiovisuellen Medien und Anschauungsmaterialien nachge-
wiesen werden.

ANHANG

1. TITELVERZEICHNIS DER UNTERRICHTSMODELLE

ARBEIT und TECHNIK - *Produktionstechnik und Arbeitsorganisation*

1 DILLING, H., REINHARD, J.: Fließfertigung
2 KNOPFF, H.J. u.a.: Kollektives Lernen
3 GEW, Landesverband Niedersachsen: Arbeit als Dienstleistung
4 ARNDTS, R. u.a.: Schüler produzieren Textilien und informieren sich über Arbeitsplätze in der Bekleidungsindustrie
5 AUFDERHEIDE, H.: Arbeitslehre 2: Kraftfahrzeug und Kraftfahrzeugbetrieb
6 BARTHEL, M. u.a.:UE Strukturwandel in der Bauindustrie
7 BÖTTGER, EWERT, M. u.a.: Gesellschaftsrelevanter Technikwirkungsbereich
8 CASPARS, A.F.: Produkt und Serie.
9 DYHR, A.: UE Die Herstellung von Normteilen in Serie
10 GÖRGEN, R. u.a.: Der einfache Arbeitsprozeß
11 HÖMME, G.: Rationalisierung eines Arbeitsablaufes
12 IGS LINDEN: Arbeitsteilung
13 JAHN, K. u.a.: Serienfertigung als Problem
14 KATTNER, K.: UE Problemfeld Arbeitsplatz
15 KLEY, O.: Moderne Unterrichtsgestaltung
16 KREHNKE, J.: Projekt Zeichenmappe
17 KUHAUPT, E.: Produktentwicklung
18 KM Niedersachsen: Arbeitslehre - Aufbau eines Beratungssystems
19 KM Rheinland-Pfalz: Arbeitslehre. Eine didaktische Handreichung mit 27 Unterrichtsmodellen
20 LUGERT, W.-D.: Zur Kritik bürgerlichen Unterrichts
21 Klassenlage als Ausgangspunkt politischer Bildung
22 NITZSCHMANN, J.: Projekt Serienfertigung als Problem
23 GEW, Landesverband Niedersachsen: Schüler fertigen Frühstücksbrettchen
24 SCHMITT-ROSENBERGER, M.: Handwerkliche Produktion
25 WERNER, P.: Zur Organisation eines "Schülerbetriebes"
26 WITTE, R., BROGGEMANN, G.: Planung und Druck eines Schülerinformationsblattes

ARBEIT und TECHNIK - *Arbeit und Herrschaft im Betrieb*

27 BEILER, J. u.a.: Curriculum Betriebsorganisation
28 BÖTTIGER, H. u.a.: UE Arbeit
29 BREIT, G.: UE "Arbeit"
30 CHRISTIAN, W., KINDSVATER, E.: Lohnarbeit
31 DEDERRA, E. u.a.: Der Betrieb als Erfahrungsfeld für Lehrer und Schüler
32 DGB, Bundesvorstand Abteilung Jugend: Leitfaden Stufe I der Gewerkschaftlichen Jugendbildung
33 EVERS, J. u.a.: Baustein: Betriebsgründung, Betriebsstillegung
34 FAULENBACH, K.A.: Sozialpartner oder Klassengegner?
35 HEBEL, H.R., HILGERS, E.: Wie funktioniert ein Betrieb?
36 JANSSEN, B. u.a.: Der Jugendliche im Betrieb
37 LUGERT, W.D.: Zur Kritik bürgerlichen Unterrichts
38 SAURE, H.: Das soziale Beziehungsfeld in einem modernen Industriebetrieb

ARBEIT und TECHNIK - Wirtschaftliche Macht

39 HEITMANN, W.: Wenn die Arbeitswoche kürzer wird
40 KAISER, F.J., KAMINSKI, H.: Der "Fall Erwitte"
41 GOTTWEIS, J.: Rollenspiel: Ein Unternehmer in der Krise

ARBEIT und TECHNIK - Interessenvertretung der Arbeitnehmer

42 Gewerkschaft und Gesellschaft II. Die Gewerkschaften im Kampf für
    soziale Demokratie
43 SCHWEIGER, M., BERNHARD, C.: Streik
44 BUTHIG, W.: Rollenspiele - eine didaktische Notwendigkeit
45 DGB Bundesvorstand: Themenkreis: Gewerkschaften und Gesellschaft
46 ENGELHARDT, R.: Ein Streik ist ausgebrochen
47 GEW, Stadtverband Münster: UE Gewerkschaften
48 GEW, Landesverband Hessen:'Streik und Aussperrung

ARBEIT und TECHNIK - Mitbestimmung

49 GERLACH, G., RANKE, B., TRAUTWEIN, N.: Gewerkschaften und Mitbe-
    stimmung
50 HOPPE, M. u.a.: Mitbestimmung im Betrieb
51 Studienkreis Schule - Wirtschaft: Mitbestimmen - Mitentscheiden
52 AUFDERHEIDE, H.: Mitbestimmung
53 FAULSTICH, P.: u.a.: Unterrichtsmaterial: Mitbestimmung
54 FÖRSTER, H.: Didaktische Aspekte zur Lerneinheit "Partizipation
    und Mitbestimmung"
55 GROSSER, D.: Paritätische Mitbestimmung
56 SCHMIEDERER, I.: Wirtschaftliche Mitbestimmung
57 TESCH, J.: Mitbestimmung in der Wirtschaft

ARBEIT und TECHNIK - Tarifautonomie und Tarifpolitik

58 CONERT, H.: Einführung in die politische Ökonomie der Bundes-
    republik
59 HÄGER, W. u.a.: Tarifgeschehen
60 BUDDENSIEK, W.: Pädagogische Simulationsspiele im sozio-ökonomi-
    schen Unterricht der Sek. I
61 CERFF, A. u.a.: Baustein: Lohn aus der Sicht des Arbeitnehmers
    und des Arbeitgebers
62 ENDLICH, H.: Lohnpolitik und die Verteilung des Vermögens in der
    Bundesrepublik
63 FILBRY, G. u.a.: Lohn- und Vermögensverteilung in der Bundes-
    republik Deutschland
64 HIMMELMANN, G. u.a.: Tarifautonomie und Arbeitskampf
65 KRAMER, J.: Verteilungspolitik als zentrales gesellschaftliches
    Problem
66 LUGERT, W.-D.: Zur Kritik bürgerlichen Unterrichts
67 NEUMANN, F.: Einkommensentwicklung und Vermögensstruktur
68 SILKENBEUMER, R., DATTA, A.: Modell eines Planspiels - Tarifstreit
69 - 72 Tarifverhandlungen, in:arbeiten + lernen 1980

ARBEIT und TECHNIK - Arbeitsrecht

73 AUBEL, U. u.a.: Rentabilität und Arbeitsschutz. Unfälle am Arbeits-
    platz - Ursachen und Folgen
74 SELBMANN, H., SELBMANN, K.-E.: Arbeitsschutz für Jugendliche -
    Gesetz und Wirklichkeit

75 BROICH, J.: Arbeitsrecht. Rollenspiel für Lehrlinge und Schüler
76 BUDDENSIEK, W.: Pädagogische Simulationsspiele im sozio-ökonomi-
    schen Unterricht der Sekundarstufe I
77 MEYER, U.: Jugendarbeitsschutz

ARBEIT und TECHNIK - Die Frau in der Arbeitswelt

78 KELL, A. u.a.: Zum Beispiel Gisela Katz. Die angelernte Arbeiterin
    in der Massenfabrikation
79 KRÖNCKE, B.: Schickt die Frauen doch zurück an den Kochtopf!
80 - 83 Frauen und Beruf. In: arbeiten + lernen 1980
84 DIETRICH, W.: Frauen an medizinisch-technischen Arbeitsplätzen
85 ELLWART, H. u.a.: Andrea ist unzufrieden
86 Frauen im Beruf - Benachteiligt?
87 HOFFMANN, H., PABEL, U.: Benachteiligung der Frau im Beruf
88 KLAMER, U.: Fallstudie/Planspiel: Der Angestellten Gisela Meier
    wird gekündigt

*ARBEIT und TECHNIK - Mensch und Mechanisierung/Automatisierung der
Arbeit*

89 ALBERS, D. u.a.: Technischer Wandel und Lohnarbeit
90 KLESSE, K.: Neue Technik. Rationalisierung und Arbeitskampf in der
    Druckindustrie
91 BEDDIES, F. u.a.: Thema: Auswirkungen einer Rationalisierungsmaß-
    nahme auf Lohn und Leistung
92 BUROW, G., PYSCHIK, J.: Rationalisierung im Betrieb
93 DRUTJONS, P. Mach' mal Pause!
94 EWERT, M.: Projekt "Automation"
95 GEW, Landesverband Hessen: Neuordnung der Lehrerausbildung
96 FAULENBACH, K.A., SIMON, W.: UE: Arbeits- und Wirtschaftslehre I
97 FÜRMANN, K. u.a.: Von der Mechanisierung zur Automation
98 HÄRTEL, H.: Steuerung und Automation
99 HOPPE, M. u.a.: Überlegungen zur Praxis der Berufsorientierung am
    Beispiel der Unterrichtseinheit "Humanisierung der Arbeitswelt"
100 HÜBNER, M.: Arbeitszeitverkürzung
101 GEW, Landesverband Niedersachsen: Humanisierung der Arbeit
102 KAHSNITZ, D.: Arbeitslehre als sozialökonomische Bildung
103 KGS LAATZEN: Industrialisierung im 19. Jahrhundert
104 KGS LAATZEN: Der Übergang zum Maschinenzeitalter (17./18. Jahrhundert)
105 KLESSE, K. u.a.: Automation - Rationalisierung
106 KOCH, J.: Arbeits- und Berufswelt im Unterrichtsfilm
107 KRUTZ, W.: Arbeitsplatzbedingungen im Betrieb
108 KUHN, A.: Industrielle Revolution und gesellschaftlicher Wandel
109 LEHMANN, I.: Humanisierung der Arbeitswelt
110 MATT, K. u.a.: Baustein: Rationalisierung im Betrieb

ARBEIT und TECHNIK - Rohstoff- und Energieversorgung

111 Deutsche Shell AG: Unterrichtsmodell Energie
112 MIKELSKIS, H. u.a.: Energieversorgung durch Kernkraftwerke
113 Bürger entscheiden über Kernkraftwerke
114 GOETZ, V., KOSCHIG, M.: Der politische Prozeß. Meinungs- und Willens-
    bildung
115 Informationskreis Kernenergie: Projekt Kernenergie
116 Kernkraft gegen Kohle. Ein gefährlicher Streit!
117 Risiko Kernenergie
118 - 121 Energiesparen, in: arbeiten + lernen, 1980

REPRODUKTION und FREIZEIT - Emanzipation der Frau

BETRIEBSPRAKTIKUM

BETRIEBSERKUNDUNG

208

ANHANG

3. BEZUGSADRESSEN DER MATERIALIEN

Die nachfolgenden Verzeichnisse geben eine Zusammenstellung von Bezugsadressen und -quellen zu den im Arbeitsbericht dokumentierten Curriculummaterialien. Neben den veröffentlichten - oder über den sogenannten
grauen Markt vertriebene - Unterrichtseinheiten und Projektvorschlägen
wurde auf Beiträge aus Zeitschriften zurückgegriffen (vgl. Liste S. 11).

VERLAGE

Bachem, Ursulaplatz 1, 5000 Köln

BAGEL, Am Wehrhahn 100,4000 Düsseldorf

Beltz, Postfach 1120, 6940 Weinheim

Buchdruckereiwerkstätten, Schwarzer Bär 8, 3000 Hannover 91

Diesterweg, Hochstr. 31, 6000 Frankfurt/M.

Dumont, Postfach 100410, 5000 Köln

Erziehung und Wissenschaft, Rothenbaumchaussee 19a, 2000 Hamburg 13

Europäische Verlagsanstalt, Postfach 210140, 5000 Köln 21

Feldhaus, Postfach 650464, 2000 Hamburg 65

Frankonius, Postfach 140, 6250 Limburg

Friedrich, Im Brande 15, 3016 Seelze 6

Geiß, Schubertstr. 2, 6831 Plankstadt

Greven, Neue Weyerstr. 1-3, 5000 Köln

Hagemann, Kanalstr. 20, 4000 Düsseldorf

v.Hase & Koehler, Bahnhofstr. 6, 6500 Mainz

Henn, Postfach 1180, 5448 Kastellaun

Juventa, Tizianstr. 115, 8000 München 19

Klett, Postfach 809, 7000 Stuttgart

Klinkhardt, Postfach 29, 8173 Bad Heilbrunn

Kösel, Flüggenstr. 2, 8000 München 19

Lang, Wolfsgangstr. 92, 6000 Frankfurt/M.

Level, Postfach 3827, 3000 Hannover

Lexika, Im Forchenrain 11, 7252 Weil der Stadt 5

Maier, Marktstr. 22-26, 7980 Ravensburg

Metzler, Postfach 529, 7000 Stuttgart

päd. extra, Bahnhofstr. 5, 6140 Bensheim

Pahl-Rugenstein, Gottesweg 54, 5000 Köln 51

Poeschel, Postfach 529, 7000 Stuttgart

Prögel, Postfach 326, 8800 Ansbach

Rowohlt, Hamburger Str. 17, 2057 Reinbek

Schroedel, Postfach 810620, 3000 Hannover

Suhrkamp, Postfach 4229, 6000 Frankfurt/M.

Universitäts- und Schulbuchverlag, Saagemünder Str. 6, 6600 Saarbrücken

Urban & Schwarzenberg, Postfach 202440, 8000 München 2

Verlag für Unterrichtsmaterialien, Alt Heilshorn,'2860 Osterholz-
Scharmbeck 4

Verlag für Wissenschaft, Wirtschaft und Technik, Postfach 242,
3380 Bad Harzburg

Verlag 2000, Postfach 591, 6050 Offenbach 4

Westermann, Georg-Westermann-Allee 66, 3300 Braunschweig

PÄDAGOGISCHE INSTITUTIONEN

Bundeszentrale für Politische Bildung, Berliner Freiheit 7, 5300 Bonn

Deutsches Institut für Internationale Pädagogische Forschung,
Kaufunger Str. 24, 6000 Frankfurt/M. 90

Hessisches Institut für Bildungsplanung und Schulentwicklung,
Bodenstedtstr. 7, 6200 Wiesbaden

Hessisches Institut für Lehrerfortbildung, Postfach, 3501 Fuldatal

Koordinationssystem Studienberatung, Frankfurter Str. 28,
6200 Wiesbaden

Landesinstitut für Curriculumentwicklung, Lehrerfortbildung und Weiterbildung, Görlitzer Str. 3, 4040 Neuss

Modellversuch "KORAG", Kaufunger Str. 24/III, 6000 Frankfurt/M.

Niedersächsische Landeszentrale für Politische Bildung,
Hohenzollernstr. 46, 3000 Hannover

Ostfriesisches Kultur- und Bildungszentrum, Georgswall 9, 2960 Aurich 1

Pädagogische Arbeitsstelle Dortmund, Postfach 120143, 4600 Dortmund

Pädagogisches Zentrum, Uhlandstr. 97, 1000 Berlin 31

Regionales Pädagogisches Zentrum des Landes Niedersachsen, Lindenstr. 4,
2960 Aurich (zum 1.1.1979 aufgelöst; Unterrichtsmaterialien etc.
wurden übernommen vom Ostfriesischen Kultur- und
Bildungszentrum, s.o.)

Regionales Pädagogisches Zentrum des Landes Rheinland-Pfalz,
Salinenstr. 60, 6550 Bad Kreuznach

SCHULEN

Laborschule an der Universität Bielefeld, Postfach 8460, 4800 Bielefeld

Ernst-Reuter-Schule II, Praunheimer Weg 126, 6000 Frankfurt/M. 50

HOCHSCHULEN

Institut für die Pädagogik der Naturwissenschaften (IPN) an der Universität Kiel, Olshausenstr. 40-60, 2300 Kiel 1

Projektgruppe "Curriculum der Naturwissenschaften",
c/o Dr. Kurt LIEBENBERG, Universität Bielefeld, Fachbereich Philosophie, Psychologie und Pädagogik, Postfach 8460, 4800 Bielefeld

Projektgruppe "Integriertes naturwissenschaftliches Curriculum"
c/o Dr. Wilhelm QUITZOW, TU Berlin, Fachbereich 2, Curtiusstr. 13, 1000 Berlin 45

Technische Universität Braunschweig, Fachbereich V, Lehrstuhl für Politische Bildung, Adolfstr. 55, 3300 Braunschweig

Universität Bremen, Presse- und Informationsamt, Postfach, 2800 Bremen

Universität Oldenburg, Ammerländer Heerstr. 67-99, 2900 Oldenburg

UNTERNEHMEN UND WIRTSCHAFTSVERBÄNDE

Deutsche Shell AG, Abt. Wirtschafts- und Energiepolitik, Postfach, 2000 Hamburg

Studienkreis Schule-Wirtschaft Nordrhein-Westfalen, Uerdinger Str. 58-62, 4000 Düsseldorf 30

Studienkreis Schule-Wirtschaft Südbaden, Lerchenstr. 6, 78 Freiburg

GEWERKSCHAFTEN

Arbeitskreis Schule-Gewerkschaft im DGB - Kreis Duisburg, Stapeltor 17, 4100 Duisburg

Deutscher Gewerkschaftsbund, Landesbezirk Berlin, Keithstr. 1-3, 1000 Berlin 30

Deutscher Gewerkschaftsbund, Landesbezirk Nordrhein-Westfalen, Hans-Böckler-Str. 39, 4000 Düsseldorf

Gewerkschaft Erziehung und Wissenschaft, Landesverband Hamburg, Rothenbaumchaussee 15, 2000 Hamburg 13

Gewerkschaft Erziehung und Wissenschaft, Landesverband Hessen, Zimmerweg 12, 6000 Frankfurt/M.

Gewerkschaft Erziehung und Wissenschaft, Landesverband Niedersachsen, Sedanstr. 22, 3000 Hannover

Gewerkschaft Erziehung und Wissenschaft, Stadtverband Köln, Hans-Böckler-Platz 9, 5000 Köln

Gewerkschaft Erziehung und Wissenschaft, Stadtverband Münster, Zumsandestr. 35, 4400 Münster

IDK: INFORMATION – DOKUMENTATION – KOOPERATION

Eine Schriftenreihe des IPN im Aulius Verlag Deubner & Co KG

Bisher erschienen (Programm 78/79)

BLÄNSDORF, K., DIERKS, W.: Medien und Geräte für den naturwissenschaftlichen Unterricht. 60 S., Best.Nr. 5401, DM 4,50.

GEISLER, H. STREITZ, N.: Naturwissenschaftsdidaktik als Studienfach. 196 S., Best.Nr. 5402, DM 15,—.

PREUT, M., ZIEGENSPECK, J.: Chemieunterricht in der Orientierungsstufe. 215 S., Best.Nr. 5403, DM 16,50.

RIQUARTS, K. u.a.: Naturwissenschaftlicher Unterricht in den Klassen 5 und 6/Orientierungsstufe. 174 S., Best.Nr. 5404, DM 13,50.

BOLSCHO, D.: Lehrpläne zum Sachunterricht. 324 S., Best.Nr. 5405, DM 24,50.

ECKERT, M., STRATMANN, K.: Das Betriebspraktikum. 182 S., Best.Nr. 5406, DM 14,—.

KOTENKAR, A.: Unterrichtshilfen für den Sachunterricht. 208 S., Best.Nr. 5407, DM 15,50.

SKAUMAL, U., STAECK, L.: Die Biologielehrpläne für die Sekundarstufe I. Ergänzte u. erweiterte Auflage. 236 S., Best.Nr. 5408, DM 18,—

Programm 79/80

EULEFELD, G. u.a.: Umweltunterricht in der Bundesrepublik Deutschland. 257 S., Best.Nr. 5409, DM 19,80.

MAASSEN, B.: Materialien zur Umwelterziehung in allgemeinbildenden Schulen. Band I bis 1974. 143 S., Best.Nr. 5410, DM 14,—.

EULEFELD, G. BOLSCHO, D., SEYBOLD, H.: Unterrichtsmaterialien zur Umwelterziehung im Primarbereich und in der Sekundarstufe I. Band II bis 1979. 164 S., Best.Nr. 5411, DM 16,50.

KRIESEL, P.: Die Chemielehrpläne für die Sekundarstufe I. 196 S., Best.Nr. 5412, DM 19,50.

KÖHNE, M.: Die Physiklehrpläne der Sekundarstufe I. 187 S., Best.Nr. 5413, DM 18,50.

BOSLER, U., CLAUSS, Th., DERLIEN, Th.: Informatiklehrpläne. 185 S., Best.Nr. 5414, DM 18,50.

MIKELSKIS, H.: Materialien zum Thema Kernkraftwerke. 127 S., Best.Nr. 5415, DM 12,50.

Programm 80/81

SCHAEFER, K., WIEBEL, K.H.: Lehrbücher für Physikgrundkurse in der gymnasialen Oberstufe. 159 S., Best.Nr. 5416, DM 12,—.

BECKER, H.-J.: Chemielehrbücher für die Sekundarstufe I. 174 S., Best.Nr. 5417, DM 13,50.

BLOCH, J.A. u.a.: Ausgewählte Biologielehrbücher für die Sekundarstufe I. 200 S., Best.Nr. 5418, DM 15,—.

BROCKMEYER, H.: Physikalische Experimente für die Sekundarstufe I. 139 S. Best.Nr. 5419, DM 10,—.

SCHROER, H.G.: Exkursionsführer Biologie. 160 S. Best.Nr. 5420, DM 12,—.

LIENKER, H.: Unterrichtsmaterialien zur Arbeitslehre. 210 S., Best.Nr. 5421, DM 15,50.

Bezugsmöglichkeiten:

Reihenabonnement mit 30 % Nachlaß: **Die Abonnenten werden rechtzeitig über das Jahresprogramm informiert. Das Abonnement verlängert sich automatisch, wenn nicht innerhalb von 6 Wochen nach Aussendung des Programms gekündigt wird.**

„Auswahl-Paket" mit 15 % Nachlaß: **Bestellung einer beliebigen Anzahl von Bänden eines Jahresprogramms – mindestens jedoch drei – nach Ihrer Wahl.**

Einzelbezug zum angegebenen Preis.

Die „Blaue Reihe" des IPN im Beltz Verlag

Integriertes Curriculum Naturwissenschaft: Theoretische Grundlagen und Ansätze
Bericht über das 4. IPN-Symposion. Hrsg. von Prof. Dr. Karl Frey und Dr. Peter Häußler. 1973, 486 S. DM 38,–   (69101)

System zur Analyse naturwissenschaftlicher Curricula
A Curriculum Material Analysis System for Science. Von Dr. Peter Häußler und June Pittman, M. Ed. 1973, 204 Seiten. DM 24,–   (69102)

Integriertes Curriculum Naturwissenschaft der Sekundarstufe I: Projekte und Innovationsstrategien
Bericht über das 5. IPN-Symposion. Hrsg. von Prof. Dr. Karl Frey und Dr. Klaus Blänsdorf. 1974, 636 Seiten. DM 48,–   (69103)

Sachbezogene Motivation im naturwissenschaftlichen Unterricht.
Von Dr. Gunter Lind. 1975, 373 Seiten. DM 36,–   (69104)

Strategien der Curriculumentwicklung
Berichte und Empfehlungen von OECD/Organisation for Economic Co-operation and Development und CERI/Centre for Educational Research and Innovation. Mit einer Einleitung von Prof. Dr. Karl Frey. 1975, 240 Seiten. DM 22,–   (69105)

Grundlagen und Anwendungen des pädagogischen Simulationsspiels
Von Dr. Jürgen Lehmann. 1975, 239 Seiten. DM 20,–   (69106)

Lehrerfortbildung
Projektorientierte Konzepte und neue Bereiche. Hrsg. von Dr. Kurt Aregger. 1976, 276 Seiten. DM 24,–   (69107)

Schultheorie
Geschichte, Gegenstand und Grenzen. Von Dr. Bijan Adl-Amini. 1976. 129 Seiten. DM 18,– (69108)

Bedingungen und Modelle der Curriculuminnovation
Hrsg. Dipl.-Päd. Uwe Hameyer, Dr. habil. Kurt Aregger, Prof. Dr. Karl Frey. 1976, 498 Seiten. DM 32,–   (69109)

Aussageanalyse in der Curriculumforschung
Von Dr. Henning Haft. 1976, 126 Seiten. DM 15,–   (69110)

Naturwissenschaftlich orientierter Sachunterricht im Primarbereich
Bestandsaufnahme und Perspektiven. Hrsg. Dipl.-Päd. Brunhilde Marquardt und Roland Lauterbach, M.A. 1976, 313 Seiten. DM 28,–   (69111)

Atommodelle im naturwissenschaftlichen Unterricht
Band 1: Bericht über eine IPN-Arbeitstagung. Hrsg. OStD Johann Weninger und Helmut Brünger. 1976, 313 Seiten. DM 13,– (69112)

Beiträge zur naturwissenschaftlich-technischen Fachdidaktik
Von Prof. Dr. Karl Hecht. 1976, 168 Seiten. DM 15,–   (69113)

Wirkungen eines Curriculums
Eine Studie über die Verwendung des IPN Curriculum Physik in der Schulpraxis, in der Lehrplanarbeit und in anderen Bereichen. Von Dr. Reinders Duit, Dr. Kurt Riquarts, Prof. Dr. Walter Westphal. 1976, 260 Seiten. DM 28,–   (69114)

Ziele naturwissenschaftlichen Unterrichts
Zur Begründung inhaltlicher Entscheidungen. Dr. Peter Häußler und Roland Lauterbach, M.A. 1976, 170 Seiten. DM 20,–   (69115)

Atommodelle im naturwissenschaftlichen Unterricht
Bd. 2.: Beiträge zum 11. IPN-Seminar. Hrsg. OStD. Johann Weninger/ OStin Helga Pfundt. 1978, 194 Seiten. DM 35,–   (69116)

Innovationsprozesse
Analysemodell und Fallstudien zum sozialen Konflikt in der Curriculumrevision. Dr. Uwe Hameyer. 1978, 370 Seiten. DM 33,– (69117)

Beschreibung und Bewertung didaktischer Materialien
Erprobung und Adaptation des Sussex-Schemas. Dr. Hille Lucht-Wraage. 1979, 136 Seiten. DM 19,–   (69118)

Ansätze zu einer Didaktik ästhetisch-wissenschaftlichen Praxis
Orientierung für die Theoretisierung eigenen Denkens und Handelns. Von Dr. Wilhelm Walgenbach. 1980, ca. 280 Seiten. ca. DM 40,–   (69119)

Kommunikative Grundlagen des naturwissenschaftlichen Unterrichts
Hrsg. von Prof. Dr. Gerhard Schaefer und Prof. Dr. Werner Loch unter Mitarbeit von Dr. Bijan Adl-Amini und Dr. Rudolf Künzli. 1980, 248 Seiten. DM 29,80   (69120)

Gedächtnispsychologische Grundlagen naturwissenschaftlichen Wissens
Von Dr. Jürgen Rost. 1980, 190 Seiten. DM 22,—   (69121)

Mikroelektronik, sozialer Wandel und Bildung
Bericht über eine Fachtagung vom 31. 1. bis 1. 2. 1980 in Lüdenscheid. Hrsg. von Dr. Ulrich Bosler und Dipl.-Soz. Klaus-Henning Hansen. 1981, ca. 350 Seiten. DM 34,—   (69122)

Curriculumentwicklung im internationalen Vergleich
Hrsg. von Dr. Wolfgang Hörner und Dr. Dietmar Waterkamp. 1981, 309 Seiten. DM 32,—   (69123)

Preisänderungen vorbehalten

**Beltz Verlag
Postfach 1120
6940 Weinheim**